步步为赢

——三步创建强势品牌

谢长海 著

上海社会科学院出版社
Shanghai Academy of Social Sciences Press

品牌的力量

在如今竞争激烈的微利时代,企业日益感受到生存和发展的危机。但为什么像可口可乐、百事、梅赛德思·奔驰等国际知名品牌会屹立百年不倒,而且利润丰厚?

美国营销专家拉里·莱特(Larry Light)在分析 21 世纪营销趋势时曾经说过:"未来的营销战将是品牌争夺市场主导地位的战争——品牌互争长短的竞争。企业与投资者将认清品牌才是公司最珍贵的资产。这一概念极为重要,因为它是有关如何发展、强化、防卫与管理业务的方法……拥有市场比拥有工厂重要多了。而唯一拥有市场的途径就是先拥有具有市场优势的品牌。"

国际知名品牌成功的因素就是做好品牌营销和品牌建设,永远与时俱进,保持品牌年轻化。

中国经过 30 多年市场经济的发展,生产能力不断提高,消费者日趋理性,买方市场已经形成,同时全球化趋势日渐成熟,竞争的激烈程度不断加大。国际竞争就在家门口,国内竞争日趋国际化,靠产品竞争、价格竞争都已经难以胜出,"只要广告做得好,产品就卖得好"的时代已经成为过去。中国市场的竞争已经进入品牌时代。只有品牌,才可以使产品具备区别于其他产品的品质;只有知名的、消费者有认同感的品牌,才可以帮助企业持续成长。不发展品牌经营,企业无路可走。但在中国目前的市场体系和市场环境下,企业的品牌经营还有许多障碍需要突破,还有很长的路要走。

一、互联网时代还要不要品牌?

品牌的存在基于两个因素:产品过剩导致的激烈竞争、消费者的情感需求。

技术的进步使人类的生产能力大大提升,供过于求的同时是同质化的出现。企业要超越竞争,必须通过品牌建设实现差异化。

另一方面,消费者购买产品不仅为了产品的物理功能,很多情况下是一种情感的需要。于是品牌应运而生。

"品牌(Brand)"一词出现时,仅仅作为一种识别符号,是产品差异化视觉标识。可见,品牌的基本功能在于辨识不同厂商的产品,为顾客提供一种奖优罚劣的手段,让市场的竞争机制能够发挥作用。优秀厂商可以利用品牌积累起顾客的好感和信任,在未来获取更高的收益,从而形成一种可以估价的无形资产。

在消费者对品牌的认知和购买中,品牌所包含的精神因素不断被放大。美国学者约翰·奥桑尼认为,购买行为绝非简单地将产品所带来的利益与成本进行理性计算,而是消费过程中个人体验的汇集,消费者购买的依据来自内在主观价值系统。戴维·阿克认为品牌经常被赋予人格化的特征,以调动顾客的情感,从而达到促成购买的目的。

对于经营者而言,良好的品牌形象使产品有了清晰的差异化。但只有获得了目标顾客的认同,品牌才具有鉴别和保护商品的作用,才可以培养目标市场对品牌的偏好,并创造为商品或服务实行差别定价的机会。同样的一只包,有的只卖几十块,有的可以卖到十几万,这种差距就是品牌的力量。由此看来,一个被顾客认同的品牌才能成为企业参与竞争的无形资产,才能成为经营者逐鹿市场的竞争优势。

可见,只要竞争存在,只要人性不变,品牌就会存在。

互联网改变了人们的生活方式,甚至一定程度上改变了人们的思维方式。互联网背景下的品牌营销到底有哪些特点?以小米手机为代表的产品营销让人们震惊的同时,也带来了许多困惑。

回顾互联网发展的历史也许可以帮助我们认清互联网经济的本质。1969年,美军在高级研究项目局(ARPA)指定的协议下,将美国西南部的大学加利福尼亚洛杉矶分校、斯坦福大学研究学院、加利福尼亚大学和犹他州大学的几台主要计算机连接起来,这就是互联网的原型。随后,互联网在 20 世纪 70 年代得到了迅速发展。到了 90 年代,随着越来越多的公司、企业单位连入互联网,互联网已经成为一种全球性的信息交换传输的方式。中国互联网络信息中心发布的《第 34 次中国互联网络发展状况统计报告》显示,截至 2014 年 6 月,中国网民数量已达 6.32 亿,网民中使用手机上网比例继续保持增长,从 81% 上升至 83.4％,中国手机网民数量 2014 年规模已达 5.27 亿。全球网民数量逼近 30 亿。互联网带给我们最重要的一点是它使信息传播从以前的点对点、缓慢的信息传播方式变成了点对面、面对面的即时迅速的信息交换系统。我们发布和获取信息不再由于地域的因素而延迟,世界变成了一个"地球村"。

在互联网发展以前,市场营销的策略是分片的、限制的,在地域和时间上有着很大的局限性,商家在 A 市的商品促销活动的信息可能在 3 天或更久以后才会到达比邻的 B 市。可是因为互联网的横空出世,一切都改变了。市场营销的手段与策划受到了极大的冲击,如其中的产品、价格、渠道、促销等。

互联网改变的是产品、服务和传播的途径,并未改变商业的基本运行规律。有人认为,互联网就是低成本。没错,互联网减少了许多中间环节,商品的整体成本大大降低,但任何互联网时代的企业,都必须有强大的利润支撑,实现利润这一商业的本质并没有改变;互联网改变的只是产品和服务以及传统的界面,运营的支持系统依然需要科学的规划和系统的建设。品牌营销的基础、品牌的管理以及物流体系、客户服务体系依然十分重要。没有这些后台体系的支持,任何品牌都难以生存。互联网时代,除掉渠道的模式和与消费者沟通的模式更加便捷之外,没有纯粹意义的"轻公司"。从企业运营的角度分析,互联网营销模式同样会产生不可避免的成本。选择电子商务还是传统的营销模式,取决于企业的产品、人才、资源等要素,没有更好的,只有适合的。

互联网经济是以用户为中心的交互性的社群经济,因此,传统企业要转变的思维是,如何建立以用户为中心的社群化的产品创新和营销体系,但是这并不代表对于传统营销体系的全盘否定。例如,小米是从推出 MIUI 系统,运营用户社区,然后基于用户的不断反馈来改善产品体验,最后在庞大的粉丝支撑的平台上推出小米手机的。因此,建立以用户为中心的基于社群的创新和营销才是值得关注的,然而,洞悉消费需求,基于消费者生活场景的创新本质并没改变。

好产品依然是品牌的基础,是营销的根本。很多传统企业认为,互联网时代,只要有好创意,再平庸的产品都可以流行,只要吸引眼球,用户不会去计较产品。这显然是片面的。一个产品可以利用互联网不断制造吸引眼球的东西,甚至可以天天制造噱头。但是,没有好的产品作为支撑,最终无法形成品牌,无法留住消费者。也正是因为互联网传播的特点,如果没有好的产品,其失败的速度更快。

互联网时代的品牌建设,要思考的首先是消费者,而不仅是思考互联网。有很多传统企业一想到互联网营销,首先想到的是如何发微博、做微信、开电子商务平台,很多时候却不去研究自己的消费者在哪些互联网空间中出没,在这些平台上的行为是什么?互联网时代的信息传播速度加快,信息越来越透明,"闭门造车"的风险更大。在传统媒体时代,消费者获得信息的成本较高,今天,每个消费者在自己的朋友圈就能了解很多信息,因此,依靠拍拍脑袋就作经营决策的风险比任何时候都要大。

互联网对我们生活的改变同样影响到品牌与消费者的沟通。消费者和族群的形态变化,需要企业重新认识和定义。过去我们对于用户的定义,通常是用人口学、社会学泛化的方式来定义的,但是今天在互联网时代的用户聚合,已经变成了人格认同、兴趣相投或者消费行为一致的族群、圈子、社群,"强关系、小圈子"是社交媒体和移动互联网时代的典型特征。因此,产品和品牌的传播要更加注重垂直化、细分化,也要更加精细化、空间化和社区化,在这样的背景下,传统的消费空间依然有其不可替代的价值,包括传统渠道中的消费体验以及面对面的消费者互动,品牌真实感的强化在于面对面的互动和交流,而不仅仅是数字化的虚拟方式。

互联网时代更需要品牌去凝聚用户,互联网时代的品牌建设规律依然是以消费者为中心,始于产品,成于运动。

二、中国企业品牌发展的思想障碍

中国企业大多是在改革开放后成长起来的,真正的成熟型企业不多,成长型企业是主流。成长型企业的特征是,有良好的产品和市场,发展速度快。但成长型企业也往往存在着管理基础、支撑体系薄弱的问题。在品牌建设方面依然存在许多思想认识上的障碍。

(一) 重资产重营销,品牌意识淡薄

厂房、设备、原材料、批文都是看得见,摸得着的,但是什么是品牌,大多数成长型企业都知道重要但很难说清,加上中国正处于市场经济的发展阶段,成功的品牌运作人才奇缺,真实的成功的全案介绍更是奇缺,让很多企业在品牌运营上雾里看花,隔靴搔痒。

中国市场经济的发展是从产品经济开始的,大多数企业经营者都是做产

品出身，因此对产品营销认识深刻。产品销售能够带来现金流，带来即时利益。所谓品牌建设更多则被认为是营销的工具，只为提升企业形象，锦上添花。外来品牌即使质量、性能超过本土企业，但很长一段时间由于在有些重要资源、市场机制、对市场的了解和成本等方面均处于劣势，只能占据份额较小的高端市场，对于中低端市场而言，外来品牌短时间还无能为力。由于国内企业的营销水平都在一条水平线上，而市场需求又非常旺盛，因此大家都得到了快速的发展。在这个阶段，企业间市场地位的差异最终主要取决于工业实力，而非品牌经营管理能力上。随着越来越多的产品出现，各种产品市场地位相差无几，这时价格战自然也就成了唯一的选择，它是最容易操作的竞争方式。恶性价格战的最后结果就是使大批在资金上无法支撑下去的企业轰然倒下，而勉强生存下来的企业虽然提高了市场份额，但也摇摇欲坠，大伤元气。权威调查显示，目前有 59.3％的企业没有专门的品牌管理部门。人们对品牌的认识可见一斑。

（二）对品牌成长规律认识不足，品牌管理知识欠缺

许多企业管理者认为，品牌就是商标，就是一套看上去漂亮的视觉设计，品牌传播就是打广告、炒概念。认为做品牌是公司做大后的事；认为只有大量广告投入才能建立品牌；认为做品牌就是做销量，只要销量上来了，品牌自然会得到提升。这些误区使我们对品牌建设要么敬而远之，要么简单对待。

我们认为，品牌建设不是做不做，而是必须做，这是市场和消费者的要求。做品牌要从小开始，从基础开始。越早做成本越低、效率越高、收益越大。做品牌也并不是非要投入大量资金，低成本照样可以塑造强势品牌；做品牌也并不是非要大量的广告，塑造品牌的路径很多，要用智慧而不是用金钱塑造品牌。片面地追求销量的提升，而品牌其他要素比如知名度、美誉度、忠诚度等的建设不足，揠苗助长甚至竭泽而渔，最终会导致品牌的夭折。

品牌的设计、推广与管理，涉及企业和产品本身的分析——提炼出独特的卖点；涉及市场环境的分析——巧妙地规避风险、抓住机遇；涉及消费者消费行为的分析——投其所好，以满足需求方为王道；涉及政府法律法规的分析——避免政治、法律风险。品牌的建设是一项复杂的、专业的、长期性的工作，它需要一支专业的团队来负责。

(三)急功近利,盲目扩张,品牌管理难以一致和持续

在品牌的塑造过程中,持续一致的传播十分关键。产品的定位通过传播逐步树立,品牌又通过传播中定位的强化得以表现出与竞争对手的差异。品牌给消费者带来的属性、品牌核心利益点、文化价值,特定消费群体的形成,都在品牌的创造、建设、维护、保持和扩展过程中逐步得到确定。品牌名称的频繁更换、定位的混乱、传播主题的不一致以及盲目的促销,是品牌建设过程中的大忌。

品牌传播过程中不一致的原因不外乎以下几方面:一是品牌核心价值不明确,企业急功近利。品牌缺失明确的核心价值,急功近利的传播主题短期不见预期效果就立即更换,传播成为试错过程。二是团队基础不稳固。在品牌的创建过程中,由于部门和相关人员的更换导致品牌传播主题频繁更换。中国的管理者有一个特点,往往不否定别人不足以证明自己,新来的策划经理只有否定前任的东西,自己才能立足。在企业发展初期,这样的问题是难免的,唯一的解决方案是主要管理者对品牌的创建负责,"一把手"负责。三是合作伙伴和顾问公司的更换。道理其实与前面一样,广告和顾问公司往往只有推翻前任才能说明自己的存在,于是拿着发展商的钱与产品过不去,试错的代价不仅是经济上的损失,更大的损失是品牌成长的最佳时期。

品牌建设是一项系统工程,品牌经营是一项长期性的工作,品牌的成长有导入期、发展期、成熟期、提升期。对众多本土品牌企业而言,也许品牌经营的初衷是良好的。但当面对品牌经营过程中不菲的投入、不算短的培育期、不算轻松的经营压力时,特别是面临竞争日益白热化的市场环境和一些突发危机时,很多企业不得不在企业与品牌、短期销售利润与长期品牌价值的矛盾中谋求平衡。品牌对一些企业而言,可以是企业经营的目标,可能通过不懈的努力而梦想成真;而对于某些企业或个人而言,可能更像是个白日梦,因为品牌无法完成他一夜暴富的梦想。

品牌的成功从来不会一蹴而就,它像生命的成长一样需要持续的营养与运动,它考验的不仅是专业、资金,更需要智慧,还需要决心和耐心。

(四)缺乏管理,频遭抢注,知识产权保护意识不强

据报道,中国遭遇反倾销投诉最多,涉及的行业包括纺织、家电、打火机等。出口的行业,在知识产权方面,商标被抢注、专利被侵权等坏消息不断,中国企

业在知识产权方面到底与国外知名品牌企业有何差距呢？

国际知名企业在保护知识产权方面一直十分重视，其做法值得我们借鉴。(1)依托自身或联盟资源优势进行大规模技术创新，获得尽可能多的专利。(2)以知识产权国际化为背景，控制和转让相结合进行专利经营。(3)专利战略与经营战略互相配合，为跨国公司市场战略目标服务。

而中国企业在知识产权保护方面，由于技术力量薄弱，研发水平低，企业在保护知识产权方面意识淡薄，没有建立相应的联盟组织等，导致中国企业在知识产权保护方面要交更多的学费。知识产权保护的直接体现就是品牌的价值，一个良好的品牌，不仅仅需要去创建它，也需要精心地去保护她，最有力的保障就是知识产权的保护。

品牌战略管理的职责与内容，就是首先要打好品牌基础，就是制定以品牌核心价值为中心的品牌识别系统。其次要展开品牌运动，就是以品牌识别系统统帅和整合企业的一切价值活动(凝聚员工的活动是企业文化活动，展现在消费者面前的是营销传播活动)。最后是持续一致的品牌管理。优选高效的品牌化战略与品牌架构，在品牌与消费者所有接触点持续一致地展示品牌形象和价值，不断地推进品牌资产的增值并且最大限度地合理利用品牌资产。

在国际品牌大鳄纷纷抢滩中国市场的今天，本土企业对品牌实施科学严谨的战略管理，打造强势品牌已是刻不容缓。要高效创建强势大品牌，关键是强化对品牌重要性的认识，把品牌资产作为企业的终极资产；在建设中规范有序，持之以恒，坚持品牌之道。

三、三步创建强势品牌

我们真正市场化开始得晚，对市场的规律认识不够，对品牌建设视为畏途。其实分析西方先进企业的发展过程，学习他们在品牌建设方面的经验，可以节省我们摸索的时间。只要认识到位，遵循规律，建设强势品牌并不是一件多么难的事。通过多年的研究，我们总结出了"三步创建强势品牌"的模型。

(一) 品牌基因：规划以核心价值为中心的品牌识别系统

首先要进行全面科学的品牌调研与诊断，充分研究市场环境、目标消费群与竞争者，为品牌战略决策提供翔实、准确的信息导向。

其次要在品牌调研与诊断的基础上，提炼高度差异化、清晰明确、易感知、有包容性和能触动、感染消费者内心世界的品牌核心价值。

最后要规划以核心价值为中心的品牌识别系统。其核心是基于品牌建设的企业形象识别系统(CIS),基本内容包括:品牌名称、理念系统、标志(品牌标志)及相关应用、行为系统。基本识别与扩展识别是核心价值的具体化、生动化,使品牌识别与企业内部管理、营销传播活动的对接具有可操作性。

(二)品牌成长:以品牌识别统帅企业的经营管理和营销传播活动

每一次管理和营销传播活动都要演绎传达出品牌的核心价值、品牌的精神与追求,确保企业的每一份营销广告投入、品牌与消费者的每一次接触都在为品牌做加法,都在为提升品牌资产作积累。

(三)品牌管理:持续、一致、科学规范

触点管理:持续一致是一种考验。在一个信息爆炸、产品供过于求的时代,营销的本质已经演变为如何传递企业与品牌的信息,如何成功说服目标对象,从而达成消费。唐·舒尔茨说"营销就是沟通"。而一致持续的传播是最"多、快、好、省"的沟通方式。因此,在营销的过程中,"传播"变得十分重要。公司、产品、包装、价格、渠道、广告、公关、服务等一系列可能给顾客留下印象的所有环节,其实都是向消费者不断地发声。声音的传递过程看似简单,却要面对"声场"中众多的噪音与干扰。因此,如何能够让微弱的声音最终"水滴石穿",能否围绕品牌核心理念持续与一致传播无疑十分关键。

组合管理:优选品牌化战略与品牌架构。品牌战略规划很重要的一项工作是规划科学合理的品牌化战略与品牌架构。在单一产品的格局下,营销传播活动都是围绕提升同一个品牌的资产而进行的,而产品种类增加后,就面临着很多难题,究竟是进行品牌延伸新产品沿用原有品牌呢,还是采用一个新品牌?若新产品采用新品牌,那么原有品牌与新品牌之间的关系如何协调,企业总品牌与各产品品牌之间的关系又该如何协调? 品牌化战略与品牌架构优选战略就是要解决这些问题。

这是理论上非常复杂,实际操作过程中又具有很大难度的课题。同时对大企业而言,有关品牌化战略与品牌架构的一项小小决策都会在标的达到几亿乃至上百亿的企业经营的每一环节中以乘数效应的形式加以放大,从而对企业效益产生难以估量的影响。品牌化战略与品牌架构的决策水平高,让企业多赢利

几千万、上亿是很平常的事情,决策水平低导致企业损失几千万、上亿也是常有的事。如"雀巢"灵活地运用联合品牌战略,既有效地利用了雀巢这一可以信赖的总品牌,获得消费者的初步信任,又用"宝路"、"美禄"、"美极"等品牌来张扬产品个性,节省了不少广告费。"雀巢"也曾大力推广矿物质水的独立品牌"飘蓝",但发现"飘蓝"推起来很吃力、成本居高不下,再加上矿物质水单用"雀巢"这个品牌消费者也能接受,于是就果断地砍掉"飘蓝",2001年下半年就在市场上见不到"飘蓝"水了,如果不科学地分析市场与消费者,只是像个"愣头青"一样还继续推"飘蓝",也许几千万、上亿的费用就白白地流走了。

而国内不少企业就是因为没有科学地把握品牌化战略与品牌架构,在发展新产品时,在这一问题上决策失误,给企业带来巨大损失,不仅未能成功开拓新产品市场,而且连累了老产品的销售。因此对这一课题进行研究,对帮助民族企业上规模,诞生中国的航母级企业有重要意义。

品牌化战略与品牌架构具体要解决的是以下课题:在悟透各种品牌化战略模式的规律,并深入研究企业的财力、企业的规模与发展阶段、产品的特点、消费者心理、竞争格局与品牌推广能力等实际情况的基础上,按成本低又有利于企业获得较好的销售业绩、利润与实现培育强势大品牌的战略目标,优选出科学高效的品牌化战略模式。创建强势大品牌的最终目的是为了持续获取较好的销售与利润。由于无形资产的重复利用是不用成本的,所以只要有科学的态度与高超的智慧来规划品牌延伸战略,就能通过理性的品牌延伸与扩张充分利用品牌资源这一无形资产,实现企业的跨越式发展。

资产管理:科学管理品牌资产,持续累积品牌资产。创建具有鲜明的核心价值与个性、丰富的品牌联想、高知名度、高溢价能力、高忠诚度和高价值感的强势大品牌,累积丰厚的品牌资产。

首先,要完整理解品牌资产的构成,透彻理解品牌资产各项指标如知名度、品质认可度、品牌联想、溢价能力、品牌忠诚度的内涵及相互之间的关系。在此基础上,结合企业的实际,制定品牌建设所要达到的品牌资产目标,使企业的品牌创建工作有一个明确的方向,做到有的放矢并减少不必要的浪费。

其次,在"品牌宪法"的原则下,围绕品牌资产目标,创造性地策划低成本提升品牌资产的营销传播策略。

同时,要不断检核品牌资产提升目标的完成情况,调整下一步的品牌资产建设目标与策略。

危机管理：化危机于无形。无论是直接面对市场、面对客户，还是做内部的员工管理工作，品牌成长过程中都有可能遇到一些事件影响品牌的发展，我们称之为危机。在中国，因危机事件而一夜坍塌的企业绝非个案。笔者经历过多次危机事件的处理，对危机以及"中国式"的危机事件处理深有感悟。

危机的形成非一日之功，其影响也可大可小，化危机于无形，重点在于品牌要有一套应对危机的系统策略。熟悉危机管理的人都知道，危机分"积发的危机"和"突发的危机"。品牌危机管理不应该成为被动的反应，而应该成为管理工作的一部分。

品牌危机管理首先要有危机管理意识，首要任务是防范。早期市场中成功的企业往往缺乏危机意识，认为自己只要市场成功便无所不能，常常事件发生后还不能认识到严重性，有的甚至在被处罚、市场受到严重影响后还坚守企业家的"面子"，最后市场被严重影响。我们称之为"赢了面子输了市场"。

危机管理作为一个管理过程，不仅表现为企业内部的对危机的监测、跟踪和预警系统的建设与运作；更为重要的是，它必须将品牌危机的防范意识渗透到企业经营管理的全过程中。

危机管理要从企业价值观的建立开始，从生产的源头开始。不作假，不侥幸。其次要建立相关的制度，防范危机发生。

危机出现后，要沉着冷静，积极应对。切忌手足无措，置之不理；或者得理不饶人，粗暴对待。

值得指出的是，中国的危机处理不能照搬西方市场的危机处理办法，而应该依据中国国情，以品牌的良性发展为前提，灵活处理。

品牌危机处理的原则有许多种说法，主要原则应该是迅速反应和真诚坦率。对消费者真诚，不推诿，不侥幸。

CONTENTS
目　　录

上篇

品牌：无法回避的市场趋势

第一章

品牌为何?

第一节 品牌为什么存在

从相关机构每年所发布的世界品牌价值榜,到消费者对品牌的狂热,"品牌"这个词已经带给了中国企业太多的向往,同时也带来了太多的伤感。2013年9月30日,全球最大品牌咨询公司 Interbrand 发布了2013年度全球最有价值品牌年度报告,在100个上榜的品牌当中,中国品牌无一上榜。

品牌为什么会存在?公司为什么要创建品牌?任何一种市场策略的表达一定要基于对问题本质的理解。回答这些问题,是我们发展所有品牌策略的根本的根本。如果这个问题没有解释清楚,后面的问题我想也很难把握。

让我们基于一个历史和逻辑的角度来理解这个问题。

从历史上看,品牌一词原本是来自古代斯堪的纳维亚语"Brandr"(烙印)。其原始意义就是烙印,用火烫在某个东西上的印记。当时西方游牧部落在马背上打上烙印,用以区分不同部落之间的财产,这就是最初的品牌标志。因此,我们可以认为品牌最初的含义在于区别产品。最早是一个烙印,后来演变为一个标记,首先是起到识别作用,确认所有权,是所有权的标记;其次是通过特定的口号在别人心中留下印象。

而从品牌营销的实践来看,品牌的出现可追溯到19世纪早期,酿酒商为了突出自己的产品,在盛威士忌的木桶上打出区别性的标志,品牌概念的雏形由此而形成。可见品牌是为了帮助消费者识别不同的产品特征而出现的。

那么一个公司为什么会需要一个品牌?一个产品又为什么需要一个品牌呢?它首先是因为要帮助消费者识别出自己产品不同的特征,是要"以示差异"。

表面上看,我们似乎已经触摸到了品牌存在的原因。但是如果我再追问,为什么要以示区别?为什么要帮助消费者识别?

从正面考虑为什么要以示区别似乎很难得到结论,现在让我们从反面来看:当一个事物我们从正面看无法驳倒的时候,我们还可以从反面讨论,通过反证达到我们的目的。

我们假设在一个市场中所有产品与产品之间,如果从消费者看来都没有任何区别,它会出现什么状况?我们可以假设一个二手自行车交易市场。从好车到差车服从均匀分布,只有卖方知道自己车的质量,而买方只能根据市场上的平均质量出价。

换句话讲,这个市场存在典型的信息不对称,产品的特点也不会告诉买者。每一辆车子的性能买者都不会在购买前得知,你不会知道这个车市里面的车子的质量分布情况。我们假设在这个车市中车子的质量分布情况会从 0 到 1。好的时候,这个车子可能是一辆刚刚出厂的新车,而坏的时候买到的可能是一辆骑上去就坏的破车,然而这一切买者在买前都是不知道的。

而卖者不一样。假设卖车的人偷偷地在各个车子上都做了一个编号,然而这个编号作为买者是看不到的。所有各个好车和坏车之间的区别被全部遮蔽。如果存在这种信息不对称的情况,你作为买方会怎么办?

现在假设你来买车,肯定受到两个要素的约束。第一,你作为买者所喊出的报价,卖车者是愿意卖给你的,也就是说你报的这个价格是比较公允的,你不能老把价格报得太低,如果报得太低卖车者不会让车辆出手。第二,你的报价不会太高,你不会让自己吃太多亏。如果你只要能买到多少钱都愿出,卖主毫无疑问会采纳最高报价。

我们现在来做模拟,如果说你现在的报价是按照一定的质量区间来报的,比如 0—1 区间,在不明白每个车子的具体的质量区间之前,你会报什么价?

这种正常的出价的行为举动我们把它叫做"中间价估价"或者叫做"平均成本出价。"在信息不明朗的时候,消费者为了规避风险,往往会采取这种保守的估价方式,往往会报价到 0.5,正好在 0 到 1 之间的平均值。

然而等你按照"中间价估价"或者"平均成本出价"报价为 0.5 的时候,卖家很自然地把品质高于 0.5 的车子悄悄地收起来,退出市场,不会卖给你,因为这样他就赚不到钱。第一个买家过来报价 0.5 他不卖;第二个买家过来再报 0.5

他再不卖;第三个买家过来报 0.5 他还是不卖。慢慢的,品质高于 0.5 的车子都会在整个市场中退出。

而在这个时候,整个车市的平均品质将会整体性降低,降低到 0.5 以下。而当整体二手车的品质在 0—0.5 间分布的时候,买者又将会怎么出价?

同样是平均成本出价,出价为 0.25。在这个过程中,同样的,凡是车子品质高于 0.25 的车子也会被卖家悄悄地收起来,最后退出市场。市场上,只有那些烂得不能再烂的车子它会坚守阵地。直到烂车充斥着市场,整个市场面临彻底瓦解。

这个道理就像金融学里的一个词,叫做"劣币驱逐良币"。以前都是贵金属货币,金子就是金子做的,银子就是银子做的,它的金属的价格是要和它的货币的面值等额的。但是从交易方看,只看面值而不可能深入到去丈量你每枚金币的重量。然而在市场上每个人都是有小心眼、都有小心思的,每个人都会想点心思把金币上的贵重金属刨点下来,而当每个人都在刨一点下来的时候,群体力量构成了贵重金属大幅度流失,最终造成了这样一个结果,即市场上的贵金属货币和它的面值并不相等,甚至差别很大。就这样,慢慢的那些市场上刚刚流通的足金足量的贵金属货币被大家收藏起来,而在市场上盛行的往往是那些痕迹斑斑的劣币。

同样的,劣货驱逐良货。我们常常讲市场经济优胜劣汰,然而这种劣货驱逐良货的情形却让市场上的优秀企业黯然止步。

如果这种状况我们不愿意看到,我们就必须先来找到造成现象的本质原因是什么。究竟是什么原因? 本质上讲,是因为买方和卖方对交易产品所掌握的信息不对等,使得买方在很大程度上不能够区别质量。

当信息不对称的时候,市场按照"平均成本"来定价,而这类市场下的平均成本定价最终会演进到市场整体瓦解。因此,为了能够解决这个问题,不让产品跌入平均成本定价这个陷阱,企业必须要明确地告诉消费者我们的产品和其他的产品不一样、有独特性,换句话讲,企业必须发射市场信号以标示自己的差异性。品牌就是最典型的信号之一。

我们在上面讨论得这么多,目的只有一个,就是要解释品牌存在的意义。表面上讲,品牌存在的本质是标示企业或者产品的差异性,而其背后,从根本上讲是要处理信息不对称下市场瓦解的困境。这是品牌之所以存在的原因背后的原因,是本质背后的本质。

在这个意义上挖掘出品牌存在的意义后,我们会问,品牌对所有的公司来讲,是不是都是必要的?

什么情况下一个公司可以不需要品牌?

第一类是市场上具有垄断性质的公司或产品。像中国计划经济时代的所有产品和企业,以及目前中国市场上的资源类的产品,比如煤炭、石油等。它的定价权不在买与卖的博弈中产生,因为垄断它自身具有定价权,说多少钱就多少钱,不会按照平均成本定价。但如今这种资源类产品进入流通领域后,会产生服务的差别,所以也依然需要品牌了。

第二种不需要品牌的是产品品质大大低于平均定价的企业。比如路边地摊上的山寨产品,它巴不得这个市场混乱,越混乱他越好浑水摸鱼。

第三种是品牌得到的溢价远远大于品牌推广的成本。这也目前很多中国制造厂商专心做代工的原因,因为对他来讲,做品牌,发出这个市场信号的代价实在太大了。

什么产品最需要品牌?供需双方信息越不对称的产品越需要品牌。

品牌的溢价性也与信息不对称程度密切相关。一般而言,品牌具有三种重要角色,即吸引顾客的"磁铁效应"、提醒顾客有关企业的产品与服务的"提示效应"和在顾客与企业之间构建起感情纽带的"联系效应"。不过,品牌资产的作用主要取决于顾客参与的程度、顾客在购买前进行质量评价的难易程度。

在下列情况下,品牌对于企业和消费者的作用尤为突出。

第一,顾客参与程度不高的产品。

许多日常生活中的消费品,购买决策常常已经习惯,购买时不会过多思考和论证,品牌的角色和顾客的感情联系就显得至关重要。这类商品本身很普通,它自己不会在消费者脑海中变得与众不同。品类中出现强势品牌后,曾经普通的商品就变得高度差异化了,比如茶(狮峰龙井)、啤酒(青岛)和水(农夫山泉)等,消费者大多按品牌喜好购买。比较而言,当产品和服务购买决策需要较大程度的顾客参与时,品牌资产的作用一般小于价值资产。例如,在工业品市场上,企业就是否应该采购某品牌的高级机械设备时,价值资产的重要性可能会大于品牌资产。

第二,顾客对产品的使用具有象征意义。

消费者购买产品不仅仅需要功能利益,很多情况下是一种情感需要。开一辆奔驰与开一辆桑塔纳感觉不一定一样,穿一件普通 T 恤与穿耐克 T 恤的感觉不一定一样。这就是品牌的象征意义。品牌能让消费者投射自我形象。当品牌与某种特点类型的人联系在一起时,便能反映不同的价值观或特质。消费这种产品是消费者与他人,甚至与他自己交流信息的手段——他们是什么类型的人,或他们想成为哪种类型的人。

第三,使用前很难评价质量、信用的产品。

例如,律师事务所、投资银行、广告代理公司等,在购买消费它们的产品和服务时,顾客一般很难对其质量进行评价,这个时候品牌的效应就尤为重要,它是帮助顾客作出选择决策的重要因素。

第二节　什么是品牌？

一、什么是品牌?

这么问你时,你会想到什么? 你可能会想到早上刷牙的佳洁士,刮胡子的吉利,欧莱雅的洗面奶,开的奥迪车……

我们生活中到处都是品牌,似乎我们能够叫得上名字的产品都有品牌。真的是这样的吗?

关于品牌的论述林林总总,但真正能揭示品牌内涵、让人明白的并不多。品牌是产品的名称? 是知名度、认知度? 同样的产品功能,消费者为什么要付出更高的代价购买这个品牌而不是那个品牌?

我们知道品牌是区别于其他竞争对手产品的名称、记号、象征或者设计组合。它是构成品牌最基本的一种形式。就像肯德基的标志是爷爷,而麦当劳的标志是大叔。这种标识让人一目了然,容易区别。这是品牌最直接的一种表现形式。我们可以发现生活中各色各样的品牌都有自己的标志(品牌标志),自己的广告语等。仅仅拥有这些还不够,一个新上市的产品,公司都会给这个新产品赋予特定的名称和符号,但是这个时候还不能够说这个就是品牌。只能说这是一个产品标志。产品标志和品牌的区别是什么呢?

我们先看一下可口可乐的故事。

可口可乐已经问世 100 多年,味道、标志和瓶子的形状始终如一,不断给世界上的人们带来"片刻的清爽与小憩"。可口可乐被人们爱称为"可乐",它恐怕是世界上首屈一指的以品牌的力量而自豪的企业。

1983年4月23日,可口可乐公司为了应对竞争,通过广泛的调研论证,宣布将要改变人们熟悉了长达99年之久的味道。这是在花费巨额成本对消费者的爱好进行调查后作出的决定。然而没想到的是,一天之内就接到了8 000多个电话,4万封信铺天盖地而来,全都是对改变味道提出的抗议,全美国的男女老少公开表达了他们的愤怒。

1983年7月10日,推出"新可乐"尚不满3个月,公司又恢复了可乐原来的味道——"古典可口可乐"的味道。

这一天狂热的可乐爱好者欣喜的电话蜂拥而至。这个充满戏剧性的过程不仅给可口可乐公司,而且给从事市场活动的所有人都留下了深刻印象。

这个故事显然揭示了这样一个事实——顾客会对某一件商品怀有一种甚至被认为异常的"爱恋"。这种"爱恋"与产品相联系又在产品之外。"产品之外的某种东西"在企业与顾客之间建立起一条"无形的纽带",并且得到了顾客深切而狂热的"爱恋"。这样的顾客显然是忠诚的消费者,甚至可以称之为"信徒"。

在这条纽带形成之前,顾客对企业而言仅仅是消费者。顾客未与"产品之外的某种东西"结合起来之前,很容易把目光转移到其他公司的产品上,当顾客感受到"商品之外的某种东西",才成为忠诚的消费者,这时的产品才是品牌。因此,我们可以说,品牌是产品之外的东西。

综合上述分析,我们来粗线条勾勒一下品牌的要素:

品牌能够给消费者带来一种消费认知。

产品是具体的,品牌是抽象的、精神上的。比如奔驰带来的属性是:优良制造、工艺精良、高声誉。沃尔沃象征着安全、稳定。这种属性是产品内在最核心的竞争力,也是品牌在思想上带给消费者的一种认知,当消费者想买安全的车时,第一个想到的是沃尔沃车,那么无疑沃尔沃就是一个品牌。而一个普通的产品标志不具有这样的认知情感。

品牌是一种利益价值的实现。消费者购买的是实实在在的产品带给自己的价值,而不是仅仅停留在认知情感上,其中包括功能利益和情感利益。普通的产品不具有这样的功能利益和情感利益。

品牌代表着一种文化。如法国香水表达的是一种浪漫,奔驰、奥迪代表着德国的严谨,可口可乐象征着美国的自由与民主。在我们购买品牌时,无形中就是对相应品牌文化的一种认可,有文化内涵的产品才能称为品牌。

品牌是一种个性。品牌表现出特有的人格特征。表现的是一种鲜明的个性或身份的象征,这种产品特质近似于人的人格特点。当企业的产品被赋予了人格特点时,具有相似个性的消费者必将成为产品的拥护者,相反,愿意购买某种个性的产品时,消费者必定是希望成为那样个性的人。

什么是品牌?品牌就是涵盖上面所有特征的载体。品牌是消费者对产品属性的感知、感情的总和,包括对品牌名称的内涵和与品牌相关的公司或组织的联想。

品牌在我们的生活当中无处不在,任何一个称得上品牌的产品,必定经过了大浪淘沙似的社会选择,能够给消费者带来使用价值的同时,带来更多其他附属价值:文化和情感。

二、品牌的特征

(一) 品牌是专有的

品牌是用以识别生产或销售者的产品或服务的。品牌拥有者经过法律程序的认定,享有品牌的专有权,有权要求其他企业或个人不能仿冒、伪造。这一点也是指品牌的排他性,然而我们国家的企业在国际竞争中没有很好地利用法律武器,没有发挥品牌的专有权,近年来我们不断看到国内的金字招牌在国际市场上遭遇的尴尬局面:100多个中国品牌被日本抢注,180多个中国品牌在澳大利亚被抢注……因此我们应该及时、充分地利用品牌的专有权。

(二) 品牌是企业的无形资产

品牌影响消费者的购买决策,品牌拥有者可以凭借品牌的优势不断获取利益,可以利用品牌的市场开拓力、形象扩张力、资本内蓄力不断发展。这种价值我们并不能像物质资产那样用实物的形式表述,但它能使企业的无形资产迅速增大,并且可以作为商品在市场上进行交易。1994年,世界品牌排名第一的是美国的可口可乐,其品牌价值为359.5亿美元,相当于其销售额的4倍。到2013年可口可乐的品牌价值上升到784亿美元。中国的品牌创造虽起步较晚,但国内的名牌发展迅速,像深圳的华为、杭州的娃哈哈、青岛的海尔等知名品牌也价值不菲。

（三）品牌转化具有一定的风险及不确定性

品牌创立后，在其成长的过程中，由于市场的不断变化，需求的不断提高，企业的品牌资本可能壮大，也可能缩小，甚至某一品牌在竞争中退出市场。品牌的成长由此存在一定风险，对其评估也存在难度，对于品牌的风险，有时由于企业的产品质量出现意外，有时由于服务不过关，有时由于品牌资本盲目扩张，运作不佳，这些都给企业品牌的维护带来难度，给企业品牌效益的评估带来不确定性。

（四）品牌的表象性

品牌是企业的无形资产，不具有独立的实体，不占有空间，但它最原始的目的就是让人们通过一个比较容易记忆的形式来记住某一产品或企业，因此，品牌必须有物质载体，需要通过一系列的物质载体来表现自己。品牌的直接载体主要是文字、图案和符号，间接载体主要有产品的质量、产品服务、知名度、美誉度、市场占有率。没有物质载体，品牌就无法表现出来，更不可能达到品牌的整体传播效果。优秀的品牌在载体方面表现较为突出。

第三节　为什么要创建品牌

美国学者蒂姆·卡尔金斯做过一个实验，说明品牌对人们心理期望的影响有多大。他首先询问一组 MBA 学生，问他们如果购买一副优质的、带有两个 0.3 克拉钻石的 18K 金耳环，会付多少钱。接着告诉第二组学生，如果购买一副与第一组一模一样的金耳环他们愿意付多少钱。这次他强调了这副金耳环是知名品牌的。他问了第三组学生同样的问题，只不过这次将这副金耳环改成了超市自制品牌。

结果没有告知这副金耳环任何品牌信息的第一组学生，他们愿意购买这副金耳环的平均出价是 550 美元。告知这副金耳环是知名品牌的第二组学生，愿意购买这副金耳环的平均出价增加到 873 美元，其价格暴涨了 60%，而暴涨的原因仅仅是由于增加了知名品牌这一信息。而告知这副金耳环是超市自产品牌的第三组学生，他们愿意购买这副金耳环的价格只有 81 美元。这个价格相对于没有告知品牌信息的第一组学生的出价下降了 85%，相对于告知知名品牌信息的第二组学生的出价下降了 91％。

这一研究充分说明品牌对人们认知的影响。知名品牌让人们联想的是"优质、高贵"等,而"超市自产"给人的联想是"天天低价",戴上知名品牌金耳环与戴上"超市自产"金耳环的感受肯定也是不一样的。事实上,对于非专业的普通人而言,一个人戴的是知名品牌金耳环还是超市自产金耳环,如果不通过品牌标识人们很难辨别出来。

一、品牌对消费者的作用

品牌可以帮助消费者降低搜寻产品的成本,降低使用产品的风险。如果消费者知道每个品牌,并且对它有一定了解,那么他在选择产品时就不必再多作有关信息的思考或分析。品牌的存在有助于消费者识别产品的来源和制造厂家,更有效地选择或购买商品。借助品牌,消费者可以得到相应的服务便利,如更换零部件或者维修服务。品牌有利于消费者权益的保护,品牌实质上代表着卖者交付给买者的产品特征、利益和服务的一贯性的承诺。有助于消费者避免购买风险、降低购买成本,从而更有利于消费者选购商品。好的品牌对消费者具有很强的吸引力,有利于消费者形成品牌偏好,满足消费者精神需求。

品牌与消费者之间的关系可以视作一种合同关系,消费者对品牌的信任和忠诚暗示着他们相信这种品牌会有良好的表现。当意识到购买这种品牌的好处及利益时,并且他们在使用产品时有满足感,消费者就会继续购买下去。

此外,现在的消费者不再只注重产品的功能,而是越来越注重产品功能之外所表现出来的文化、价值、个性等特色。品牌的形成更容易去迎合消费者对个性和价值的表现,更容易彰显消费者的个性和文化需求,更容易去形成品牌的忠诚客户。

二、品牌对生产者的作用

品牌使生产者能够对其产品的独特性进行法律保护。品牌享有知识产权,使得品牌拥有者具有法律权利。通过商标注册可以保护品牌,通过专利可以保护生产工艺流程,版权和设计可以保护包装,这些知识产权使生产者安全地投资品牌,并从中获利。

品牌的存在有助于产品占领市场、提高销量。品牌知名度形成后,企业可利用品牌优势扩大市场。同时也有助于稳定产品价格,减少价格弹性,增强对动态市场的适应性;有助于新产品的开发,节约产品投入成本;有助于企业抵御竞争者的攻击,保持竞争优势。

产品可以模仿,标准可以突破,品牌因其个性与消费者的情感很难复制。

总之,对于生产者而言,品牌代表了一份价值连城的资产。这种资产能够影响消费者的行为,能够进行买卖交易,能够为未来稳定的收益提供安全保障。因此,在企业兼并收购过程中,为获得品牌出现过大笔交易。

品牌对消费者的作用	品牌对企业(组织)的作用
识别产品	合法保护产品独特性的工具
降低搜寻成本	赋予产品独特联想的途径
减少风险	提升营销计划的效率
产品质量的承诺	竞争优势
象征意义	财务回报

消费者心中的品牌常常与生产者所谓的品牌有很大不同。

生产者所谓的品牌常常首先指质量、功能等,而消费者心中的品牌则首先指的是认知,是情感、偶像。生产者认为更好的产品一定能赢得市场,而消费者更强调自己的感知,真正是跟着感觉走。经典的例子是上文中提到的"新可乐"的推出。可口可乐公司在推出新可乐前对 2 500 名左右的消费者进行了口味测试,证明新可乐的口感要好于原有产品。但消费者并不买账。"新可乐"最终无疾而终。因此,如何在消费者心中建立产品的感知就是生产者的一项持久的课题。

消费者选择品牌是基于对这些品牌的感知,这些品牌在他们心中的地位是否与他们的自我认知相匹配。

生命中每个阶梯上都会有我们的偶像,因此更换品牌就成为某个人不同阶段的标志。从某种角度上讲,对于一些消费者来说,品牌的追求也是人生成长的动力之一。

品牌各自的特定内涵决定了它们在消费者心目中的地位,决定了它们在现代社会高节奏、高效率的生活情境中,能否进入消费者头脑中的待选品清单或者更进一步成为首选。消费者的购买行为并不仅仅取决于购买力或一般的心理、生理需要,而主要取决于对某个企业、某种品牌的感知、感情等综合印象。

因此,有战略眼光的企业,都把塑造强势品牌作为企业的主要目标。

三、品牌体现企业生命力

企业存在的状态有两种:生存、生命。大部分企业的大部分时间在为生存而奋斗,稍有风雨,就是生死的考验。有调查资料显示,我国中小企业的平均市场寿命是2.9年,只有极少数的企业能发展为大企业。而另外一些企业却表现出顽强的生命力,迎风雨而成长,历百年而不衰,即使面对金融海啸这种巨大灾难依然能活出自己的风采。

企业发展有三台发动机:经营、财务和品牌。大多数企业只启动了前两台发动机,费时费力,效率不高。如果把第三台发动机——品牌启动起来,企业就可以由"好"变"优",驶上快车道,实现可持续。

从历史的角度来看,产品本身是有生命周期的。只有产品,没有品牌,或者是只有贴牌,没有品牌的企业是没有生命力和延续性的。可口可乐公司执行总裁罗伯托·郭思达曾说:"我们所有的工厂和设施可能明天会被全部烧光,但是你永远无法动摇公司的品牌价值;所有这些实际上来源于我们品牌的良好商誉和公司内的集体智慧。"品牌是企业生命力的体现,是一个企业存在和延续的价值支柱。因此,只有重视品牌,壮大自身发展的生命力,我国的一些企业也才能从目前的"世界工厂"转变为世界级公司。

竞争是残酷的,很多挣扎在市场底层的中小企业,无一不是在企业发展的路上遇到品牌发展的瓶颈后才恍然大悟,原来小企业也需要做品牌。其实,任何大企业都是从小企业开始的,事实证明,在发展初期,就有品牌意识和长远品牌经营理念,制定了长期的品牌战略目标的企业,会有更大、更快的成长机会。苹果公司创立之初,乔布斯就明确了企业的价值观:用产品改变世界;于产品研发的同时,乔布斯对品牌名称、品牌标志都作了精心设计。在企业成长的过程中,乔布斯对价值观的坚持缔造了苹果对产品、服务以及在营销中所有的坚持。也是企业对价值观的坚持使得苹果对品牌具备长远的规划,并且一步步朝着他的计划不断前进。改变世界是乔布斯的个人理想,这种使命感使得他拥有顽强的意志和永不磨灭的动力,这其实也是苹果的精神所在,而这些正是品牌成长的动力所在。企业浓烈的文化氛围在影响员工的同时,也影响了消费者,使得苹果在消费者眼中的诚信度大大提高,进而认知度和美誉度也随着提高。品牌的价值来自产品,来自服务,来自营销,更来自品牌的价值观、定位,而价值观和定位则是品牌系统中最关键的部分，苹果抓住了最关键的，于是它在起跑线上首先就成功了。

四、品牌代表着企业的竞争力

企业产品参与市场竞争有三个层次，第一层是价格竞争；第二层是质量与服务竞争；第三层是品牌竞争。

一件普通的 T 恤，打上某运动名牌的品牌标志，价格就会增加数倍，这就是品牌的力量。今天中国的市场竞争已经发展到了品牌的竞争。品牌意味着高附加值、高利润、高市场占有率。早在 40 年前美国著名广告专家拉里·莱特就根据他对市场发展的研究大胆地提出：未来的营销之战将是品牌之战，是为获得品牌主导地位而进行的竞争。未来的企业和投资人都将把品牌视为企业最有价值的资产。拥有市场比拥有企业更重要，而拥有市场的唯一途径是拥有占据市场主导地位的品牌。由此可见，品牌及品牌战略已经成为企业构筑市场竞争力的关键。

国内各企业中，价格战愈演愈烈，降价空间越来越小，而这也导致了严重的后果，企业没有盈利，谈何发展？而消费者对价格战也并不买账——"这么便宜，怕没有好货吧"。

在汽车行业，国产车对于进口车无疑有着明显的价格优势，但在品牌时代价格优势已经不是优势。2011 年上半年我国国产车的销售量只同比增长3.35％，而进口车同比却增长 36％。更引人注目的一个数据是，上半年豪华车的增长为 45.8％，超越了进口车的整体增长，也就是说名牌车正在中国迅速抢占市场，上牌量最多的为德系两大巨头宝马和奔驰。企业的竞争，再也不该停留在价格战上，而需要拿起品牌的武器，在品牌的层面上进行竞争。对于竞争者而言，品牌是一种制约。在这个层面，有它既定的游戏规则，任何品牌都必须自觉遵守这些规则。频频的价格之争在此不会发生，因为那样无疑是对自身价值的否定。巨大的中国市场已经成为国内外企业共同争夺的主战场，企业不论实力、不论规模、不论资历，注定要在同样的竞争环境下求得生存、实现发展。在某些领域，市场形势已经尘埃落定，强势品牌业已形成，后来者的市场机会不多。而在没有形成强势品牌的领域，竞争者将面临大好的市场机会，受到的制约相对较少，这对于以"利基市场"为目标的中小企业来说，如果选择了正确的细分市场，以自己的品牌进入，优势是显而易见的。产品可以很快被竞争对手模仿、超越，而品牌却难以逾越，所以真正持久的竞争优势往往来自强势品牌。

可以说,谁树立了品牌,谁就掌握了未来市场竞争的主动权。

五、品牌意味着客户群

前文已说过,"品牌"(brand)一词来源于"brandr",意思是"烙印",它非常形象地表达出了品牌的含义——"在消费者心中留下烙印"。品牌消费者通过认知、体验、信任、感受,建立关系,在消费者心中占得一席之地的。

美国营销专家菲利浦·科特勒认为,品牌是一种名称、术语、标记、符号或设计,或是它们的组合运用,其目的是借以辨认销售者的产品或服务,并使之同竞争对手的产品和服务区别开来。品牌的目标是向购买者长期表达一组特定的属性、利益和服务,而这些特定的属性、利益和服务对产品或服务的目标客户群来说,又必须是正面的,能激发购买欲望,维持对品牌的忠诚。

品牌能反映消费者的生活理念。现代意义的品牌,是指消费者和产品之间的全部体验。它不仅仅包括物质的体验,更包括精神的体验。品牌向消费者传递一种生活方式,人们在消费某种产品时,被赋予一种象征性的意义,最终反映了人们的生活态度及生活观念。产品是冰冷的,而品牌是有血有肉的,有灵魂有情感的,它能和消费者进行互动的交流。在产品日益同质化的今天,同类产品的物理属性已相差无几,唯有品牌能给人以心理安慰与精神寄托,能够展现消费者的个性和身份。同样是牛仔,一些品牌传达的是粗犷、豪迈的男子汉气概;另一些则表达自由、反叛、有个性。

在物质生活日益丰富的今天,国内同一类产品多达数十上百甚至上千种,消费者不可能逐一去了解,只有凭借过去的经验或别人的经验加以选择。品牌反映了无数人的经验。对于品牌和非品牌的产品,消费者更愿意选择的是有品牌的产品,这时,品牌会使人产生信任与安全感,使消费者购买商品的风险降到最低。消费者相信,如果在一棵果树上摘下的一颗果子是甜的,那么在这棵树上的其余的果子也是甜的。这就是品牌的"果子效应",它能大大减少消费者购买商品的风险。

对于企业而言,最重要的不是你怎么样,而是消费者认为你怎么样,为了留住顾客的心,实现企业的持续发展,必须要加强品牌建设。

六、品牌是一种重要的无形资产

企业开发一个品牌,建立一个品牌,推广一个品牌,需要投入一定的人、财、物,这就构成了品牌的经济价值。消费者在与其他产品比较的基础上,产生的在公众心目中的名气和声望,构成了品牌的无形价值。从品牌身上你可以看出企业或产品的文化、传统、氛围或者精神和理念。奔驰的稳重大方,高贵舒适;宝马的驾驶乐趣等,无不建立了消费者对这些品牌所有者所提供的产品和服务的信心。品牌价值的大小,取决于消费者对这种品牌特征的看法和评价。因此品牌是企业最重要的资产之一。

七、品牌是全球化的需要

市场这块蛋糕,只有做大,大家才有好处。加入世贸组织后,进入中国市场的国际品牌越来越多,国内的企业也有了更多走出去的机会,而现在的形势是,出口的企业是受到了越来越多的"反倾销"投诉,给企业的发展造成了很大的障碍。同样一双鞋,加上某运动名牌的标志,就能卖上几百元甚至上千的好价钱,而自己出口,就只能卖上几十元,弄不好,还被指控为"倾销",要想打开国外市场,仅凭价格是难上加难,所以树立自己的品牌是当务之急。

在未来的市场竞争中,无品牌或弱势品牌的企业将成为强势品牌企业的贴牌加工厂,不会拥有自己的终端市场;只有拥有自己的品牌,才有竞争的基础和可能性。对于品牌产品而言,不仅会由于价格适当,获得更多的盈利空间,还会更容易打开国际市场,在国外市场建立知名度与忠实度。现在有更多的中小企业把眼光盯住了国外市场,希望能通过全球化的市场实现资源整合,快速发展。但没有品牌就没有市场,就没有话语权。品牌是企业在市场竞争中胜出的最有力的武器,也是我们走向全球的利器。

第四节　品牌创建是系统工程

"品牌",就两个字,但创建品牌是一个系统工程,从产品生产的前期采购、生产流程、品牌传播到售后服务,都需要细心谋划,用心执行。

一、品牌的本质是产品品质

品质首先是质量。世界上的知名品牌无不体现出高质量,品牌产品意味着更结实耐用,购买品牌意味着放心。大多数消费者宁愿买价高质优的产品,也不愿意买价廉质次的商品,这已成为当今市场的主流消费心理和普遍规律。

日本本田汽车进入美国的案例告诉我们质量在消费者心中的地位,在品牌创建中的重要性。美国一向有"装在轮子上的国家"之称,汽车制造业十分发达。但是,日本的本田公司不仅将产品打进了美国的汽车市场,而且在美国的俄亥俄州建立了一家汽车装配厂——简称 HAM,成为第一家在美国制造日本小汽车的日本汽车制造商。

本田公司在打进美国市场之前,曾细致地研究过德国一个品牌在美国失败的原因。这家汽车公司在 20 世纪 50 年代和 60 年代,曾是最大的小轿车出口商之一。但由于它对质量不够重视,在引擎的研发还不够完善的时候便迫不及待地推出产品,潜伏着大量的事故隐患,致使美国的汽车代销商拒绝进货。后来,它虽然在设计和工艺上作了改进,但已很难改变美国人已经形成的对它的负面看法,败局无法挽回。1987 年这家公司只好关闭了其在宾夕法尼亚的汽车制造厂,无奈撤出美国。

20 世纪 70 年代中晚期,为在美国推出本田公司第一辆阿考特牌轿车做准备,本田首先派遣一批工程师到洛杉矶地区美国的高速公路,测量每一段路面的宽度和各岔路口的进出坡道。然后回日本模拟铺设几英里的高速公路,连各处接缝等细节都模拟得惟妙惟肖。这就使得阿考特轿车能完全适应美国的道路状况,美国买主驾驶起来感到得心应手。1985 年 9 月,本田公司开设在俄亥俄州的 HAM 公司开始了在美国制造日本汽车的历史,并且源源不断地推出新车型。总裁本田宗一郎始终把保证质量和尽量满足顾客需要放在第一位。他强调:"当我们开始在美国制造小汽车时,所做的第一件事就是在生产流水线试运行时,严格检查,一旦 HAM 生产出的汽车质量比不上在日本制造的,则我们良好的质量名誉全毁了。"因此 HAM 生产汽车从一开始就把重点放在工艺质量上而不是产量上。每辆新车在出厂前都经过严格测试,包括两英里的实际行驶里程试验。而大多数汽车制造厂只采用抽样行驶试验。要保证汽车的质量,必须领先于技术新潮流。本田汽车拨出年收入的 5％用于研究和开发,而一般汽车制造厂家平均只拨出年收入的 3.5％。本田公司还十分注意信息反馈。当他们了解到妇女驾驶汽车抱怨方向盘太重时,就在 6 个月内推出的第二代"序幕"车上装了电动方向盘。1985 年 1 月,美国的《轿车和驾驶员》杂志将本田公司的阿考特轿车列入十大汽车品牌排行榜,并称道:"阿考特车是世界汽车工业有史以来最接近于全世界通用的小轿车。"

本田公司的做法,是开始时降低了发展速度,承受了较高的管理成本和研发成本,但由于质量过硬,最终赢得了消费者的信赖,形成了自己的品牌形象,实现了了可持续发展。

品质还包含了产品的外观设计。良好的外观设计能帮助消费者建立品牌意识,产生品牌认知和品牌联想,帮助消费者区分产品并将品牌内涵和外在设计风格联系起来。

研究结果显示,中国消费者在市场日趋成熟的过程中,消费观念逐渐理性,保护自身权益的意识也更加强烈,不会简单地凭借一个品牌的口碑或知名度而轻易对企业许下"关系承诺"。因此品质是赢得消费者信赖的关键。

二、品牌的支撑是服务

在产品质量、性能等技术性要素实现后,服务成为产品差异化的一部分。随着市场竞争的加剧,服务不仅是商品不可分割的一部分,而且已成为市场竞争的焦点。服务包括售前传播、咨询甚至试用,售后的安装、维修、培训等。服务质量是由消费者感知的,它建立在顾客的需求、向往和期望的基础之上,具有极强的主观性和差异性。与有形产品不同,服务质量是在服务提供者与服务接受者的互动过程中形成的。因此,服务质量的好坏直接影响到顾客的感知、评价及其购后行为。消费者在购买和消费实体产品时大多数情况下接触不到生产企业,只能通过品牌或分销渠道来推知企业,因此品牌或分销显得很重要。但是在服务业,提供服务的组织要直接面对消费者,其服务质量则直接影响到消费者对其品牌形象的印象和评价。服务是品牌强有力的后盾,有效推动品牌成长。世界成功品牌在成长过程中无不把为客户尽善尽美的服务作为他们成长的要诀和标志。

三、品牌的形象是外在表现

这种表现不仅指视觉方面,还包括品牌与社会的一切接触点上的表现。品牌形象指产品或服务在消费者心中的个性特征,它体现公众特别是消费者对品牌的认知与评价,它影响消费者的购买和消费行为。它往往能反映品牌的实力与实质,品牌形象与品牌不可分割。好的形象给品牌加分,成为赢得顾客忠诚的重要途径;负面的形象则给品牌减分,成为顾客认知的瓶颈。

美国营销专家科勒将品牌形象定义为消费者的网络式联想的记忆模式,品牌形象作为品牌知识是品牌资产的来源,对品牌形象结构的分析进一步细化,属性(产品相关属性和非产品相关属性)、态度以及利益(功能、情感和象征利益)构成了品牌联想的类型。

四、品牌的内涵是文化

品牌也属于文化价值的范畴,是社会物质形态和精神形态的统一,是现代社会的消费心理和文化价值取向的结合。品牌包含着文化,品牌以文化来增加附加值。文化支撑着品牌的丰富内涵,品牌展示着其代表的独特文化魅力,没有文化就不可能创造品牌,更不可能成就品牌。

汽车的发展史让我们深深体会到文化的力量。从马车到汽车的飞跃,从单一外形模式到个性十足外观设计的转变,从纯粹交通工具到世界潮流时尚的跨越,汽车的发展无不体现着文化的力量。

文化,可以温柔似水打动人心,同时也可以坚如磐石给人信任。它可以涵盖产品和品牌的方方面面,服务、质量、生产、销售,从高层官员到基层职员,从销售人员到顾客群体,企业可以感受到一种力量与信心,顾客则可以感受到一份信任与安心。世界上大多数知名汽车公司都拥有自己独特的品牌文化。如意大利汽车品牌法拉利自诞生之际就与赛车运动联系在一起,法拉利也因此成为动感和速度的代名词,成为世界上最著名的赛车和运动跑车品牌之一;英国的劳斯莱斯则以其一贯的贵族豪华作风与名贵轿车结下了不解之缘,占据着世界顶级轿车中的一席之地;美国通用的凯迪拉克则是美国豪华汽车的标志,凯迪拉克盾形徽章复杂而精致,表现了底特律创始人的勇气和荣誉,象征着凯迪拉克在汽车行业中的领导地位;福特品牌则基于"为全世界大多数人造车"的理想,以提升顾客价值作为福特汽车的最高宗旨,成为性价比高、可靠运输工具的品牌象征,始终处于全球最受欢迎的轿车和卡车品牌的行列。

从世界知名汽车品牌来看,一个汽车品牌背后往往蕴含着企业所在国家或者城市的文化传统,并通过汽车产品演绎出更为丰富多彩的文化内涵。

随着中国汽车自主品牌的发展,在目前整个国内市场的轿车品牌处于一种直线交火的白热化同质竞争的现状下,品牌推广和品牌文化建设也成为各个商家推广其产品的必要手段。当国内一些小型厂家还在依靠降价的旗号吸引顾客时,一些汽车厂家已开始由"卖汽车"步入"卖文化"为主题的各种文化活动。

在这些活动中,你感受到的不是浓浓的促销味,而是一份浓厚的人文关怀。

推出一个汽车品牌也许只要三个月就够了,而要成功打造一种汽车品牌文化则往往需要几年甚至更长时间的培育。

五、品牌的基础是管理

品牌的成功是优秀管理的结果,成功的品牌无不依靠管理创立、发展、创新,管理是品牌成功的依靠,是品牌得以健康成长的基础。良好的管理使品牌资产保值增值。

品牌管理可以从三个层次考虑:公司品牌策略、产品品牌策略和组合品牌策略。公司品牌策略即所有产品均与公司名称相同,又称为"伞状品牌策略"或"集成品牌策略"。产品品牌策略指各产品都有自己独立的品牌名。而所谓组合品牌策略就是公司品牌、产品品牌、一个企业内各品牌之间的组合与管理。

品牌战略管理是站在全局的高度去统筹和规划的,是一个体系,是一个系统工程,它具有长期性、连续性、系统性、全局性与全员性等战略特征,它需要企业以战略眼光,综观全局,长期地、持续地操作,不可能一蹴而就。

品牌管理是现代企业市场营销的核心。从品牌战略的功能来看,一个品牌不仅仅是一个产品的标志,更多的是产品的质量、性能、满足消费者效用的可靠程度的综合体现。它凝结着企业的科学管理、市场信誉、追求完美的精神文化内涵,决定和影响着产品市场结构与服务定位。实践证明,良好品牌品牌管理能有效提升品牌忠诚度,实现品牌的持续发展。

六、品牌的活力在于创新

品牌创新包括产品、服务层面的创新和品牌传播层面的创新。苹果手机在技术上的领先成为苹果品牌影响力不断增强的引擎。耐克在广告策略上的一系列创新、阿迪达斯的街头篮球挑战赛等传播手段的创新让品牌大放异彩。创新对组织的战略能力有着很高的要求。戴维·阿克认为:"如果这个组织太保守,任何超越常规的事都不能做,那要创新就不容易了。"

"品牌"就两个字,说起来容易做起来很难,必须有清晰的战略、持续一致的坚守,必须用行动表示,孤注一掷。

第二章

何为品牌？

第一节 品牌建设的迷思

关于要不要做品牌的争论似乎已经无须讨论。但目前企业界说的多做的少，真正开始品牌创建，或者顾虑重重，或者不得其门而入。究其原因，是我们对品牌知之甚少，迷思重重。

一、小资金能不能做成大品牌？

很多所谓的业内专家、学者挂在嘴边的一句话就是："做品牌是要花很多钱的"；"如果你不能用大量的广告宣传支撑品牌，你就不能真正创立品牌"。

事实真的如此吗？

我们要理解什么是大品牌。

大品牌是指品牌在受众中的影响力大，目标消费者对你的产品、服务有了宗教般的信仰，它就成为大品牌。当许多人把开宝马、坐奔驰作为人生的梦想，当众多"果粉"期待着新一代 iPhone 面市的时候，宝马、奔驰和"苹果"就成了大品牌。

认为"做品牌需要大量资金"是因为并未真正理解品牌，更没有理解品牌建设的规律。

企业建设品牌是要获得持续的销量，获得持续的发展；换句话说，做品牌的最重要的原因是带来未来的收入流，或者说为了投资回报。从长远来看，做品牌不是花钱；相反，品牌应该为企业带来回报。有数以百计的成功企业和数以千计的成功品牌，他们运用各种方式方法，没有像人们想象的那样花费太多品牌建设费用,创立并维护了成功的品牌形象。品牌建设并不是许多人理解的巨额的广告费,它是一个循序渐进的过程,它的推广和表现形式各种各样,广告只是建设品牌的形式之一。只要在向消费者传达品牌的情感价值,就是在创建品牌时,稳扎稳打,步步为营,进行准确的定位,采用合适的传播形式,有效利用有限资金,低成本一样可以创建强势品牌。品牌的形成一个必要的因素就是:能够满足消费者某种需求和欲望的产品或者服务。比如有名的"淮南臭豆腐"、"沙县小吃"、"武汉鸭脖"等地方特色品牌,在品牌形成之前可以说基本没有资金的运作在里面,完全是产品的特色吸引消费者。

在创立品牌的过程中,企业将面临的第一个真正的挑战并不是你能够投入多少资金,而是"你将为潜在的顾客提供什么基本价值",接下来的问题是:"你将以什么方式方法向顾客提供价值,以便潜在的顾客能够用自己手中的钱来交换你的价值?"然后你才可以进入下一个问题:"你如何向需要或者渴求该价值的特定人群传递你的特定价值?"

星巴克是唯一一个把店面开遍全球的世界性咖啡品牌,其实它很少在大众媒体上花钱做广告。"我们的店就是最好的广告",星巴克的经营者这样对采访的记者说,但是他们仍然形成了强有力的品牌。星巴克认为,在服务业,最重要的行销渠道是分店本身,而不是广告。如果店里的产品与服务不够好,做再多的广告吸引客人来,也只是让他们看到负面的形象。另外,星巴克的创始人霍华德·舒尔茨很早就意识到员工在品牌传播中的重要性,他另辟蹊径开创了自己的品牌管理方法,将本来用于广告的支出用于员工的福利和培训,使员工的流动性很小,使消费者和星巴克的每一个接触点都能体验到星巴克品牌的品质。这对星巴克"口口相传"的品牌经营起到了重要作用。

不一定必须花一大笔钱才可以创立一个品牌,但是,确实需要费一番心思才能创造、维护品牌。换一句话说,品牌创建最重要的不是资金投入,而是品牌意识。

小资金可以创造大品牌,小资金不等于不花钱。

我们也不能矫枉过正,幻想不付出一毫一厘就能坐享品牌带来的收益。不妨把品牌建设看成一种投资行为,既然是投资,就一定要付出一定成本。品牌基础塑造需要确定产品品牌的理念识别、行为识别以及视觉识别系统,这些通常都需要深刻理解产品的本质,有时需要专业的外脑介入。产品营销过程中如何积淀品牌,品牌形象如何管理等都需要专业品牌管理机构给予一定智力支持。这些都需要一定的资金投入。

二、品牌是企业做大、做强后才考虑的事情吗？

这种认识的背后其实隐藏着这样几种假设：

一是做品牌是锦上添花的事，没有多大用。

二是做品牌需要大量的资金。

三是做品牌是一件复杂的事，企业创立之初难以顾及。

实际上，品牌是伴随着企业一同成长的，需要持续的推广和建设；企业的持续发展必须有品牌的支撑。真正形成品牌认知度和美誉度，品牌才开始发挥它不可替代的作用，从情感层面吸引消费者、黏住消费者，从而带动销售额的提升。因此，是品牌的建设带动企业发展，而不是企业做大后再做品牌。

企业、产品品牌化是大势所趋，是企业求得长远发展的必然选择。

农业时代竞争土地，工业时代竞争的是技术和机器，但如今是信息时代，产品种类丰富、样式齐全，同质化日趋严重，在激烈的竞争中胜出唯有靠品牌。越来越多的企业开始认识到，单纯靠产品功能吸引消费者越来越难，让目标消费者在情感层面对产品产生一定的信赖和依赖，对产品有情感层面的偏好，才能实现持续的成长。这就是做品牌。

品牌是产品在目标消费者心目中形成的认知和情感。一方面，品牌能够给企业带来溢价的空间。因为当消费者对产品有了情感层面的偏好，品牌使消费者降低了购买的时间成本和风险，产品价格高一些或者维持不降价，不参与价格战，消费者也能接受。另一方面，当产品品牌在消费者心目中形成了一定情感认知，消费者心目中不自觉对竞争对手的产品产生一定抵制态度，对本产品而言，也就是提高了竞争壁垒，由此能降低产品的竞争风险。还有，情感层面的认知相对产品功效、使用价值更持久。技术、功效都很有可能比较迅速地被模仿、取代，但是情感诉求则能维持很长一段时间。这使得品牌产品的市场生命周期更长。

品牌建设并不复杂，其关键在于企业的品牌意识。

很多企业说到品牌建设就会联想到花哨的奢侈品广告、复杂的互动活动、高昂的公关费等，会认为那是一项浩大的工程。但是，品牌并不是高端产品的专属，低价格一样可以形成品牌，低成本一样可以建设品牌，而且，越早做品牌其给企业带来的收益就越大。

品牌建设要从品牌基因植入开始。

这好比秧苗之所以成长为稻穗是因为其有着稻穗的基因。成长型企业要成为知名品牌也得有品牌的基因。品牌的基因包括品牌的定位、品牌的理念、品牌的承诺；统一的视觉识别系统；品牌发展中的行为规范。比如永年堂的经营理念是专业经络调养机构，品牌标志设计则富有中国中医特色，具有历史积淀感和内涵，它的广告语是"感觉越来越好"，这十分符合其养生的诉求。我们可以说永年堂有了品牌的基因，有了长成大品牌的基础。

有了品牌基因，才可以通过营销推广运动让品牌不断成长。还是拿稻穗作比，秧苗有了基因，要长出稻穗还需要空气、阳光以及施肥除虫等精心打理。同理，品牌有了定位、理念、视觉、行为规范等之后，还得将其高效落实。品牌内涵落实的过程是和营销紧密联系的过程。在传统营销过程中植入品牌的元素，品牌就有了成长的土壤。用品牌理念统一产品销售终端展示、陈列，统一宣传册、海报等基本商务工具；统一一线销售人员的行为规范。要求一线销售人员在穿着、语言等与消费者的互动和服务中充分传递品牌视觉及理念。

其中，品牌基因的植入并不是非常复杂、费时费钱的工作。品牌价值体系的梳理与提炼，更多的靠企业对自身的认识；品牌行为识别体系的规范，需要企业出台有关规范制度，对员工进行培训；品牌视觉体系的规范，以品牌标志为核心和前提，兼具一系列基础应用规范。这些都可以由专业的外脑提供智力支持和执行计划，其中费用并没有企业想象中的那么高昂。实际上，上述品牌建设的基础工作也是企业管理和日常营销中必须的，只是如何比它更规范、更符合品牌规律。

企业在成立之初就应该为自身植入品牌的基因，在营销传播过程中慢慢积累品牌，而不是等企业做大做强之后再来考虑品牌建设。而且品牌战略并不像很多企业主想象的那样，复杂而高深，只要企业能把握住点滴的机会，将品牌一点点积淀，小企业一样可以做成大品牌。

三、只有快速消费品需要做品牌吗？

快速消费品的确需要做品牌，但并非只有快速消费品才需要做品牌。

对于我们大众消费者而言，日常所接触到最多的产品就是快速消费品。快速消费品是指那些使用寿命较短，消费速度较快的消费品，包括包装的食品、个人卫生用品、烟草、酒类和饮料等。中国有着以十几亿人口为基础的巨大消费市场,中外企业在食品、饮料、洗护用品等战场上展开"白刃式"的争夺,整个行业已步入微利时代,产品同质化程度越来越高。同时随着中国消费者的消费习惯慢慢成熟,人们在选购快速消费品时对品牌的认同程度也日益增强。建立自有品牌已成为快速消费品生产企业解决同质化竞争,获得更大利润空间的唯一手段。

但是,如果因此认为只有快速消费品需要做品牌,那是片面的。所有企业和产品都需要品牌支持才能持续发展。

心理学和行为学告诉我们,没有任何人能在没有感性认识的情况下作出决策,也就是任何人的任何决策都不是完全理性的。麦肯锡咨询公司曾经做过一个调查,被调查者是著名的 IBM 公司的采购部,我们通常认为采购部的人都是完全理性的,他们只看性价比而不问其余。当被问及为什么他们选择的供应商并不是性价比最高的时,他们几乎一致的回答是他们选择的虽然不是性价比最高的,但却是最让他们放心的。而最终能够让 IBM 的采购部感到放心的因素就是品牌。

这是个品牌化的世界。任何一个希望在消费者心里留下印象的组织、企业,甚至个人都需要树立品牌。随着产品或服务的同质化现象越来越严重,产品或服务之间的差异性也越来越小,企业能获得的利润空间也越来越小。激烈的竞争加快了行业内的品牌集中速度,品牌企业占据着越来越大的市场份额,经营不善的企业渐渐陷入困境,最终被优势企业兼并或从市场中消失。

建立自有品牌已成为企业解决同质化,在激烈市场竞争中占据有利位置的唯一手段和方法。

全球最大的半导体芯片制造商——英特尔公司就是一个通过创建品牌实现企业腾飞的典型案例。20 年前,默默无闻的英特尔(Intel)开始生产 CPU 时,它曾在 IBM 等 PC 主机巨头的打压和竞争对手的价值围攻之下举步维艰;15 年前,英特尔开始启动"Intel Inside"计划以创建强大的公司品牌;今天,英特尔占据全球 CPU 市场 80% 以上的份额,凭借着品牌魔法的巨大能量反控戴尔、康柏、IBM 等实力强大的主机厂商。

有竞争就需要品牌。

四、企业对企业(B2B)的营销模式要不要做品牌?

我们先来对这一商业模式作一个简单了解。企业对企业商业模式通常有以下特点：

产品市场较专一。这一商业模式产品的客户对象不是广大的普通消费者，而是为数不多的专业公司或组织。

企业客户群体具有特殊性。该模式公司客户通常都是行业内的专家，对相应的技术和行情非常了解。

产品或服务的销售是一个长期而复杂的过程。这一商业模式产品买方的购买决策基于分析、数据、事实和以往记录等客观理性的分析，以及对卖方企业及其竞争对手提供给他们企业的"利益"的权衡比较。

产品生命周期相对较长。

基于这一商业模式的特点，这类企业品牌的建立应该从以下三个方面入手：

首先要建立扎实的品牌基础。如果把品牌的建立比作一座大厦的落成，那么品牌基础就是大厦的根基。

品牌基础包含品牌核心价值的确立，以品牌核心价值为出发点的市场定位、产品定位及品牌定位，品牌个性、愿景、使命、广告语及品牌故事等。

一粒种子能否长成一棵参天大树首先最关键的决定因素是基因。品牌的建立同样需要良好的品牌基因，而品牌核心价值就是品牌的基因。市场定位、产品定位及品牌定位，品牌个性的塑造，愿景的描绘和使命的确定，广告语和品牌故事等都将围绕着品牌核心价值进行。

其次是开展广泛持续的品牌运动。品牌是有血有肉的。品牌就像人一样，是有生命的。生命在于运动。品牌从最初建立到发展壮大，同样需要进行品牌运动以不断推动品牌的成长。

由于这一商业模式产品或服务面向的客户对象一般是一些专业的公司或者组织，因此，该模式企业通常不需要大打广告吸引客户，而是通过行业内营销（会议营销、展会推广等）等特别的沟通方式与客户建立关系。

除了行业内营销的方式之外，这一商业模式的品牌运动还需要另辟蹊径。借势营销是提升品牌影响力的重要手段。企业选择恰当的事件或活动发动营销攻势所获得的巨大影响力，不但能够覆盖企业的最终用户，而且也能触及与企业有关系的人与团体，企业的品牌形象将得以深化。

再次是开展全方位品牌管理。品牌从无到有，就像一个生命从诞生到长大一样，需要精心呵护。品牌管理就是通过组织职能的界定以保证品牌健康、茁壮成长。

通常,企业需要在内部建立由专人负责的品牌管理组织或者邀请外部咨询公司对公司品牌建设工作进行管理。品牌管理包括对品牌知名度、美誉度、联想度、忠诚度等品牌资产的管理,营销过程中与客户直接接触的人或事物的触点管理及对相关多个品牌的品牌关系管理,保证品牌创建过程中品牌核心价值的持续性、一致性。

采用这一商业模式的企业品牌管理更强调对人的管理。相对于采用企业对消费者的商业模式(B2C)企业而言,他们与客户的联系更为紧密,它与客户是一种"共创、共赢"的关系,因此,对服务的要求会更高,对人员的要求也会更高,这就需要树立全员品牌的观念,让每一个员工都成为品牌的建设者和维护者,从而在顾客心中打造一个完美的品牌。

五、没有核心技术与产品可以做品牌吗?

拥有核心技术与产品对于企业建立品牌确实有帮助。但没有核心技术一样可以做品牌。在传统商业模式中,代理商是通过代理其他产品实现利润,求得发展,是典型的没有核心技术。

国内两大家电连锁零售巨头苏宁和国美都没有核心技术。苏宁以空调专卖起家,国美以影音产品作为主要出售产品,两家公司通过不断地提升管理水平和优化服务,都取得了消费者的认可,成就了国内家电连锁零售行业的领导品牌。

上海三脉泉养生机构是一家代理保健品的企业,这一类企业在中国有许多。和许多代理公司一样,发展中遇到最大的问题是与上游生产商的配合,一是产品质量难以控制;二是进货价不断上升。这就造成对消费者的持续服务难以保证。艰难生存 6 年后,经营者意识到,必须打造自己的企业品牌,让产品方面的问题通过服务弥补,让服务积淀企业品牌。于是他们与上海龙新品牌管理机构开始了创建品牌的合作。龙新对三脉泉的商业模式、产品和市场全面调研后,对三脉泉品牌进行了重新定位,提炼规划了全套的品牌 CIS 系统,并在员工中全面培训。一年之后就显示了明显的效果:月销售额由每月 200 万元左右上升到 600 多万元,顾客重复购买增长了 200%,消费者忠诚度明显提高,三脉泉作为养生品牌的知名度和美誉度不断提高。

品牌包含着企业、产品在消费者心中的认知和情感,建立品牌的关键是差异化。在绝大部分保健品企业忽视品牌建设的背景下,三脉泉以全新的形象给消费者信赖,建立了自己的竞争优势。

在这个充斥着价格竞争、产品和服务同质化竞争的时代,实现品牌差异化不仅能够帮助企业赢得消费者信赖,增强品牌竞争力,而且能够为企业带来更大的竞争空间和利润空间。

品牌的差异化即满足目标消费者的个性需求。当品牌差异化结果能够与目标消费者心理形成一定契合度时,品牌便成功了。

消费者每天都要接受到数以万计的信息,但消费者的脑容量却是有限的。在信息过度、产品竞争同质化的形势下,必须抢占消费者头脑,形成壁垒。因为一旦某个品牌进入消费者脑海并建立定位,再改变它就很困难。

想占领消费者头脑,必须坚持两大原则:

一是快速抢位。消费者信息存贮空间有限,一定要快速抢占,快速置换。只有在消费者的脑海中抢占有利位置,消费者才会在消费的一刻条件反射地想到你。

二是入眼入心。要通过向消费者传播、沟通企业个性化的品牌理念、品牌视觉形象、行为规范等,让品牌从吸引消费者眼球到最终进入消费者内心,形成品牌个性化形象。

六、行业已有老大,我们还需要做品牌吗?

现在很多企业经营者都会有这样的错误观念:品牌是可做可不做的。尤其当行业内已有老大的时候,做品牌更不是一件那么重要的事情了,反正竞争不过老大。但是,这样的观念是不可取的。即使行业已有老大,我们还需要做品牌。

第一,企业品牌是企业生存和发展的必要条件。

在企业经营过程中,越来越多的企业家都会有这样的体会:随着社会信息化程度的加深,产品或服务的同质化现象越来越严重,产品或服务之间的差异性也越来越小,企业的利润空间也在不断缩水,企业的生存环境越来越恶劣,企业的长久生存和发展也越来越艰难。

在这样的生存条件下,我们却依然能够看到很多品牌企业始终能够保持较高的利润空间,在激烈的市场竞争中,赢得消费者的青睐,在市场上占据越来越大的份额。而非品牌企业的生存空间却越来越小,难逃被兼并的危险,甚至从市场上消失。可见，企业品牌已成为企业生存和发展的必要基础。

另外，消费者选择的多样性，也使企业建立品牌成为必然趋势。

并且，企业品牌除了能够帮助企业为更多人知道并获得良好声誉之外，品牌个性还能够通过满足消费者对于自身风格、身份和地位等的体现，使企业赢得消费者的青睐和信任，最终形成对企业和品牌的忠诚。由此带来的消费者消费行为的倾向不仅仅能够为企业带来更大的利润空间，为企业后续即将推出的产品或服务奠定基础，还能帮助企业在行业内保持相对竞争优势，保证企业的可持续发展。

还有，人们都倾向服务于一家知名度高、社会形象好的企业。通常品牌企业都具备一定的社会影响力，在大众心目中也有好的企业形象，更容易吸引社会优秀人才的加入。

第二，行业老大是可以超越的。

在同一行业同一市场中，主要分为以下四类：市场领导者；市场挑战者；市场追随者；市场补缺者。

在这个行业中，没有谁一直能够是行业的领导者，市场的领导者最大的竞争对手就是市场的挑战者，就像可口可乐和百事可乐，肯德基和麦当劳，中国移动和中国联通。行业的老大如果没有把握住市场的变化，适应变化的消费习惯，那么行业的领导者可能明天就变成市场的追随者。最具说服力的就是柯达公司，曾经是全球最大的胶片冲洗市场领导者，但随着市场的变化，人们不再用胶片拍照而是用数码相机，柯达只有走向破产的边缘。所以，即使行业中有了领导者，我们也应该积极去做大品牌，成为领导者最大的挑战者，寻找机会，取代领导者的市场地位。

当海尔集团刚刚起步还是个亏损147万元的集体小厂的时候，日本三洋、德国利勃海尔集团早已经成为全球家电行业的知名企业。1999年，当伊利在中国乳制品行业奠定了自己至高无上的地位时，蒙牛也只是个名不见经传的小公司。可如今呢？

因此，即使行业内已经有领导者，企业建立品牌也是必要的。

七、品牌与销量一定要二选一吗？

关于做品牌还是做销量的争论，在很多企业内都存在，有些企业甚至喊出了"不做品牌做销量"或者"不做销量做品牌的"的口号。其实，品牌始终与产品的市场销量相伴相生,相辅相成。每一个产品的销售都应该为品牌加分,品牌的每一点进步都是为了促进销售,做品牌就是做销售,做持久的、不断增长的销售。

品牌形成和发展由两个阶段构成:品牌成长阶段和品牌成熟阶段。

第一个阶段,我称之为品牌成长阶段。从零做起的品牌,是以产品为开端的。这时所谓的"品牌"靠产品在市场上的良好表现形成市场声誉,不断积累到品牌上。品牌在市场上、在消费者心中的形象逐渐丰富丰满起来,品牌定位、鲜明的个性和形象等诸多无形资产逐渐形成。

此阶段的品牌对产品的作用更多依靠外在形象,使产品区别于其他,而销售行为又使得品牌逐步清晰化,品牌对销售的促进作用从无到有,由小到大,到后期才渐渐强大起来。

第二个阶段是品牌成熟阶段,对销售形成反哺作用。这时产品品牌在市场上不断清晰,在既定的品牌价值上声誉不断提高,这种声誉超越产品功能,对消费者形成黏附作用,有力拉动销售;同时可以为企业随后推出的同一品牌下的新产品罩上一轮光环,使新产品很快拥有同样的美好声誉,新产品迅速为消费者接受。这时的品牌对同一品牌下新推出产品的销量能够产生明显的促进作用。

品牌的形成不会一蹴而就,需要积累,品牌反哺力量的形成同样需要时间和过程,消费者对品牌的情感越深厚,品牌价值就越大,对销售的反哺促进力量就越是强劲。

随着社会的进步和经济的发展,人们的生活水平不断提高,消费结构不断发生变化。当衣食住行等维持生理需求的物质消费已被基本满足以后,人们在精神方面的消费需求就表现得越来越突出;消费者在选购商品时,比以往更加注重心理上的、情感上的满足。品牌的作用也越来越重要。

其实关于到底做销量还是做品牌的问题实质是:如何兼顾企业生存(短期利益)和可持续成长(长期发展)两种需要?对许多企业而言则是一个简单的问题:做品牌(长期发展)和做销量(短期利益),企业如何平衡?

因此,做品牌与做销量对企业来说并不是一个二选一的问题,做品牌的终极目标还是为了企业的销售。通过实施品牌战略规划,以品牌战略理论来指导企业营销实践,平衡企业短期效益与长期发展的问题。品牌战略是市场经济发展到一定阶段的产物,品牌战略直接产生于两种需要:一是企业发展到一定阶段,脱离了生存危机后进一步成长的需要;二是高度同质化的产品间高度竞争的需要。

忽视品牌的企业无法形成积淀,或者只能沦落为大型企业的附庸,以代工的角色赚取最可怜的一点利润;或者在每一次的价格战中被清洗出局,取得了一定的(也可能是辉煌的)销售业绩后烟消云散。

当然那些以品牌为借口不做销量的企业也是危险的,一些企业盲目追求品牌建设的唯大唯豪,一提到品牌战略,说的就是赶超行业第一,力争业内领导品牌。他们认为,做品牌就是做广告,只要广告做得好,就能给企业创造奇迹,看不起土里土气的竞争对手,无视市场的现实状况,盲目地追求所谓"品牌"。这种企业大多数都在一知半解地运用品牌战略,或将知名度作为品牌的全部,或者将某一种战术(最典型的是广告)当作品牌的一切;或者一边在传播上培育品牌,一边又乱定价、乱促销、乱出产品毁掉品牌。

因此,我们不应再让"不做品牌做销量"之类的观点蒙住眼睛,阻碍我们的发展。特别是对正在二次创业的企业而言,以品牌战略理论来指导企业营销实践,平衡企业短期效益与长期发展两者间的关系有特别的意义和作用。不过由于品牌战略牵涉面广,既需丰富理论,又强调实际运作,对企业生存发展关系重大,因此我们建议企业在实施品牌战略的时候多与专业品牌管理公司、专业人士沟通接触,使品牌战略真正符合企业需要,成为市场竞争锐器。

八、做品牌关键在于大规模的广告投入吗?

国内很多企业管理者都认为,只要加大广告投入,进行铺天盖地的媒体轰炸,就可以促进产品销售,迅速建立一个品牌。

的确,按照传统的观点,塑造品牌必须依靠这样的模式来做:企业首先将产品定位,例如定在低价格或高价格,或某种产品理念上。根据这种定位提出一句引人注目或"耸人听闻"的广告词,然后花巨资铺天盖地地打广告,再辅以一些常规推销手段,把产品打入市场,最终就可以确立自己的品牌地位了。

事实确实如此吗?

目前的所谓经典的品牌建设案例基本都是建立在传播的基础上的,而一些媒体或专业策划机构也有意无意地放大了媒体和广告的作用,因此才形成了"品牌是需要几千万大投入"的印象,一说品牌往往动辄就是几千万元的媒体宣传费用。

虽然上述方式帮助了一批企业快速成长,但因此认为做品牌就是"拼广告"，做知名度，就过度依赖传播的外在表现，显然是以偏概全。这样做而失败的例子也数不胜数，广告停止后人们很快将其忘却。

如果管理者从观念上仍然认为做品牌是要先投入数百万甚至数千万的话，那事实上已经把自己排除在品牌建设之外了。企业不知道做品牌还有其他的办法，担心巨额投资放弃品牌建设，结果品牌就成了无辜的牺牲者，就像倒洗澡水，把孩子也给泼出去了。事实上，广告传播只是品牌建设的许多手段中的一种，且广告也有不同的做法，并不一定要国家级媒体，或者用狂轰滥炸的方式。

品牌建设不完全等同于广告投入。成功的品牌包括诸多要素：知名度、忠诚度、认知质量、品牌的联想等。而采用广告塑造品牌，如果方式得当可以使品牌知名度在短期内达到一定水平，但品牌的联想确实是品牌建设的一个长期系统工程，它是品牌在长期运作中建立的资产，保持品牌稳定销售的主要指标——品牌忠诚度更不是短期广告所能达成的，除了以完善的品牌规划设计和持续优良的产品品质获得顾客满意外，更有品牌长期一致的传播在消费者心中建立的溢价效应（与其他品牌相比，顾客愿意在多大程度上额外付出）；同时，消费者对品牌品质的肯定更是广告所无法做到的，不仅是品质恒定如一，更对品牌在发展过程中提出创新要求。所以，品牌的创建，广告只是工具，而非制胜的关键，创建一个品牌，何止做些广告那么简单。

创建一个品牌，关键在于人，在于做品牌的企业家以及企业的全体员工对品牌建设规律的把握，将企业的核心价值、视觉形象、行为规范等在企业营销行为中保持相一致。

或许，品牌建设需要投入一定的广告费用，但是大规模广告费用堆积出来的却不一定是品牌。

九、一个品牌好还是多个品牌好？

一家公司究竟应该有多少品牌，不能一概而论，需要依据市场情况、消费者习惯、企业资源及品牌的影响力决定。单一品牌战略和多品牌战略都有成功与失败的案例。因此，品牌组合战略是一种因地制宜的选择，没有对与错，只有是否合适。品牌组合大体可以分作三类：

第一类是单一品牌战略。一个品牌统领企业所有产品和服务，成功的案例有索尼、康师傅、联想等，品牌旗下的所有产品都是一样的产品标识和符号。

企业采用单一品牌战略的好处主要是：

（1）所有产品共用一个品牌，可以大大节省传播费用，对一个品牌的宣传同时可以惠泽所有产品。

（2）有利于新产品的推出，如果品牌已经具有一定的市场地位，新产品的推出无须过多宣传便会得到消费者的信任。

（3）众多产品一同出现在货架上，可以彰显品牌实力。

但采用单一品牌战略隐藏的危险是，当品牌旗下某一产品出现危机时，极有可能产生连锁反应，影响其旗下所有产品，而且出现危机的产品影响力越大，企业的危险也越大。且实施单一品牌战略，当同一品牌下不同产品之间的差异性太大时，也可能引起消费者心理不适，造成品牌稀释。

第二类是多品牌战略。采用这种品牌组合战略的典型企业是联合利华、宝洁等。其特点是企业和产品通常使用不同的品牌名称，或者企业同初创产品的品牌名称相同，但随着企业产品线的延长和多元化发展，延伸产品同企业使用不同品牌名称，例如可口可乐和百事可乐公司的初创产品是可口可乐和百事可乐，但随着产品线和多元化发展，可口可乐的芬达、雪碧等，百事可乐的美年达、七喜等都已经是完全独立的品牌形象了。

这种品牌组合战略的应用基础是：

（1）产品品牌相互独立。

（2）企业品牌和产品品牌各自专注于不同的理念和形象。

（3）产品品牌针对人群细分化程度较高。

宝洁旗下的飘柔、潘婷、沙宣、佳洁士等，各产品的品牌定位、形象、功能、价格、传播等都是各自独立的，从价格到功能都进行了多角度细分。

多品牌组合战略的各品牌独立发展，互不干涉，可对消费者产生交叉覆盖；企业和产品之间的社会形象不会对彼此产生直接影响，能有效降低企业经营的风险，即使一个品牌失败，对其他的品牌也没有形成太大冲击。

但是多品牌战略中的品牌独立，从零做起，需要有足够的传播资金保障，对公司的资源、实力和品牌的管理都有很多的要求，是地地道道的强者的游戏，非强势企业不能轻易尝试。

第三类是综合品牌组合战略。采用这种品牌组合战略的典型企业是杜邦、茅台、蒙牛等。其特点是母品牌是企业初创品牌，企业产品线延伸和多元化发展时，母品牌的核心价值和良好的社会形象持续得到延续和扩展，虽然外延产品的形态和消费者细分不同，但母品牌一直是消费者选择产品时的重要考虑因素,因此子品牌的发展一直受益于母品牌良好口碑。

这种品牌组合战略的应用基础是:

(1) 母品牌是企业品牌或母品牌产品同子品牌产品之间有从属关系。

(2) 母品牌已经形成了广泛的正面的品牌影响力。

(3) 子品牌产品在功能上能够延续或补充母品牌的品牌理念。

例如蒙牛,蒙牛旗下涉及鲜奶、奶粉、酸奶、冰淇淋、奶酪等产品种类,各产品虽然消费对象、价格、功能等都各不相同,但主要原料都是牛奶,这也正是蒙牛成长的基础,因此,消费者对蒙牛牛奶的品牌印象会转嫁到各延伸产品和品牌上。消费者在购买各种产品时会考虑到母品牌的企业形象,各子品牌产品同时也是对母品牌的补充和延续。

品牌组合战略清晰地展示了品牌组合的结构,以及各品牌的范围、职能、相互关系。目标是实现品牌间的协同效应、杠杆作用,实现品牌的清晰化,创造出充满活力的品牌。

第二节　品牌创建难在何处

每一个管理者都希望创建自己的品牌,但它是管理者面临的巨大挑战。无论是星巴克还是耐克,所有受尊敬的知名品牌的创建都经历过许多失败,并非一帆风顺。

龙新品牌管理机构在服务企业创建品牌的过程中发现,无论行业是机械制造还是生物医药、时装还是快速消费品,管理者绝大多数都相信品牌的力量,都希望建立自己的品牌,也都认为创建品牌并非易事。他们对品牌创建过程中面临的挑战有着大同小异的描述,概括起来不外乎三个方面:长期收益与短期收益的矛盾问题、持续和一致的问题、创新传播的问题。

一、长期收益与短期收益的矛盾

品牌是企业的长期资产,而企业管理者往往需要考虑企业的短期财务业绩;品牌的建立是一个长期的过程,需要保护消费者感知形成良好的品牌形象,而为了实现短期财务目标的行为常常会损害品牌形象。

在品牌开发的过程中,管理者很容易陷入短期利益的恶性循环。为了实现短期的销售额和利润目标,经营者会不惜代价推行有短期效果的营销行为,如价格促销、买赠促销,所有实现短期利益的促销都不外乎让消费者得到即时的物质利益。而这些短期内证明非常有效的营销行为,从长期看会产生消极的影响。第一,这种营销行为可能是为了应对竞争环境而作出的快速反应;第二,消费者对促销价格会形成期望和依赖,进而促使企业要持续靠降价来刺激消费者购买来推动销售;第三,管理者会减少服务和市场营销的投入,以补偿价格降低的收益,会依赖价格促销促进消费者购买,更加忽视或无力进行品牌建设。价格促销依赖会使经营者进入恶性循环。

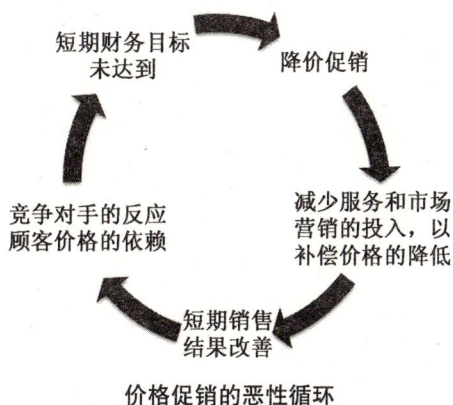

价格促销的恶性循环

企业经营者的短期行为会使品牌创建处于非常不利的地位,产品销售业绩最终也会使人大失所望。这种状况又迫使管理者实行更短期的营销行为,使品牌创建难以为继。这也是市场上产品很多,而真正让人尊敬的品牌很少的原因。

收益往往是难以量化的、不确定的、在未来发生的,而成本则是可量化的、确定的、即时的。所以经营者在投资品牌建设和企业短期财务利益发生矛盾时,常常会选择后者。现实中,一个追求短期利益但损害品牌长期健康的管理者通常会受到公司的奖励,而一个为投资品牌而损失短期利润的管理者通常会受到惩罚。这种有关品牌开发的成本——收益分析,使我们清楚地感受到品牌创建的挑战与压力。因此,管理者必须要平衡好短期财务目标与创建长期品牌两者之间的关系。

二、持续与一致

产品营销的传统思维是卖货收钱,而品牌创建是通过长期建设实现长期收益。在创建过程中如果短期收益不能兑现，品牌创建将面临两个问题：品牌创建活动被中断；定位被改变。一旦信息、品牌、产品这三者之间出现了不一致，那么品牌开发这一愿景就很难实现。

品牌的创建是长期的，品牌的形成往往是顾客通过与产品或服务的接触点广泛持续的互动而实现的。顾客每一次与品牌进行接触、互动，都会形成相关的积淀，最终形成品牌。这就意味着，无论是品牌的媒体传播，还是公司的前台接待人员和服务代表，品牌传出的每一个信息都对品牌产生着影响。一个广告的风格、前台接待员的穿着与谈吐、办公室的布置等，都是顾客与品牌接触的接触点，这些接触点传递的信息实际上就代表了品牌的个性与承诺。从某种意义上说，品牌就是顾客在与产品的每一个接触点上所产生的每一个想法。

人们对海尔品牌的印象不仅是从广告中得来，也从海尔的产品展示、后期服务中得来。

星巴克这一品牌不是通过广告创建起来的。星巴克公司在创立初期的前30年里几乎没有在市场上做过任何广告。星巴克品牌通过其产品特点、店面风格、服务行为建立起来，顾客对星巴克品牌的忠诚度是顾客在与星巴克员工的许多积极的接触中逐步形成的。

星巴克和许多其他知名品牌的成功在于，在顾客与产品进行相互作用的过程中，在顾客与产品的每一个接触点上，品牌都给顾客提供了一致的经历和体验。因此，在品牌创建过程中，信息、品牌及产品的持续一致非常重要。甚至可以说，保持持续与一致是品牌建设的原则，也是对经营者的考验。

三、创新传播

消费者每天都会受到数以千计的产品广告和促销信息的狂轰滥炸。从早上睁开眼到晚上上床睡觉，人们无时无刻不受到产品广告信息的影响；在产品生产者看来，每一个人都是产品信息和市场营销活动的对象。

在中国改革开放30年中，营销活动经历了五个阶段：胆量取胜、音量取胜、创意取胜、整合取胜、品牌取胜。改革开放之初，一部分有胆量的企业首先胜出。面对价格昂贵且难以估量成效的媒体，他们抢先一步，率先占领市场。这是第一阶段，胆量取胜。当大部分企业经营者觉悟以后，投放量、投放密度成为吸引消费者的重要因素，音量成为杀手锏，市场发展到了第二阶段，音量取胜。

随着企业数量的增加,想以音量取胜已十分困难,新颖独特变得十分重要,市场进入创意取胜阶段。市场发展到现在,媒体碎片化,消费者更加理性,要使品牌受到关注,要突破媒体混乱异常困难,传播已很难靠某一种手段取胜,必须实现内容、手段与媒介的整合才能取得好的效果。

内容整合首先要设计一个清晰的品牌定位,这种独一无二的定位是建立在完善的品牌理念之下的。对于顾客而言,购买产品不仅仅购买产品的功能,而且要购买品牌所代表的独特价值。强大的品牌意味着某些独特的价值,沃尔玛代表性价比,蒂凡尼是奢华、高贵;德国宝马汽车意味着优良的性能驱动。这就是品牌定位非常重要的原因。

人类的每一次进步都是对自身的突破,品牌建设也是这样。

第三节　城镇也需要品牌

我国已经进入城镇化加速发展的阶段。

新中国成立初期,我国城镇化率为 10.64%,2000 年城镇化率是 36.2%;到 2009 年,城镇化率是 46.6%。"十二五"期间城镇化率提高到 51.5%。未来 10—25 年我国将有 5 亿—6 亿农业人口转化为城镇人口,这将是人类历史上规模最大的社会与地理变迁之一。

诺贝尔经济学奖获得者、美国经济学家斯蒂格利茨曾经预言,有两件大事将影响未来世界经济的发展,其中之一就是中国城镇化发展。

城镇化首先需要城市自身的发展。

改革开放后我国城市发展大致经历了三个阶段:景点思维、项目思维、品牌化思维。

景点思维是希望通过景点的建设、开发来吸引和留住游客,各地人造景观一哄而上,结果留下一批投资巨大而游客稀少的"主题公园"。

项目思维,就是寄望于一个或几个"大项目"能带旺城镇的经济,招商成为最重要的工作,招商引资成为考核干部的重要指标。项目思维往往成了"押宝思维",眼睛向外,最终反而限制了自己的思维,看不见自己真正珍贵、自然、文化的价值。比如有的城镇毁掉青山绿水,大建污染超标的工业项目,为了短期经济利益毁掉了生态环境。那么,等到明白了青山绿水也是宝贵资源,回头再治理时，不仅成本代价昂贵，而且失去了原生态的韵味，"山已不是那山，水已不是那水"。

品牌化思维，像运营品牌一样运营城市，像营销品牌一样营销城市。一些思维前卫的城市迈出了重要一步，并且结出了累累硕果。

随着中国改革开放的进程，城市的形象建设不再停留在美化市容的表层，吸引投资促进本地经济的巨大动力驱使城市将自己像商品一样包装和品牌化。另外，全国统一的要素市场开始形成，城市住宅、教育、医疗、养老等各项改革不断深化，各个城市要吸引投资者、旅游者，纷纷打出品牌的旗帜。

一、快速城镇化必然导致城镇品牌化

我国现代大中城市人口日趋增多、用水用电日趋紧张，交通日趋拥堵、环境日趋恶化，并由此带来的城市人群的身心健康问题。在城市化发展阶段，如果人口的集聚超过了工业化和城市发展水平，就会出现"过度城市化"现象，产生一系列被称为"城市病"的问题。会出现大批失业、水和能源供应紧张、犯罪增加等各种危险因素。

中国农村人口向城镇的集中是现代化进程中面临的一场深刻的制度变迁。城镇化是人口持续向城镇集聚的过程，是世界各国工业化进程中必然经历的历史阶段。当前世界城镇化水平已超过 50%。我国将进一步推进城镇化、加强城镇化管理及推进农业现代化。城镇化有力地吸引了生产要素向城镇聚集，促进了产业结构的调整和资源的优化配置，成为解决就业、实现市场拓展、推进新型工业化的重要举措。

但是在快速城镇化这一宏观社会经济发展背景下，城镇发展出现了明显的重数量轻质量、重外表轻内涵的问题。城镇建设的质量问题被提到议事日程，城镇品牌是城镇建设质量的综合表现和最终衡量，城镇的品牌化运营成为一种趋势。它是中国城镇化由行政主导型向市场主导型、由被动转变型向主动市场拉动型过渡的必然要求。

二、品牌化是城镇化从重"量"到重"质"的必然要求

在既往的城镇化建设过程中，我们习惯于用刚性的数字描述来衡量城镇化的进程，于是粗放的用地、用能导致了资源浪费和环境污染；盲目的边界扩张削

弱了城市群的辐射能力;对工业化的过分依赖导致了农业和服务业的"短腿";对中心城市带动作用的放大导致了城乡发展的失衡。因此新型城镇化建设更要强调内在质量的全面提升,力求实现由偏重数量规模增加向注重质量内涵提升的转变。因此新型城镇化应该是与工业化、农业现代化、信息化协调发展的城镇化;是人口、经济、资源和环境协调发展的城镇化;是大、中、小城市与小城镇均衡发展的城镇化;是人口数量聚集与公共服务协调发展的城镇化。

新型城镇化就是要由过去片面注重追求城市规模扩大、空间扩张,改变为以提升城市的文化、公共服务等内涵为中心,真正使城镇成为较高品质的宜居之所。

新型城镇化的"新"还体现在对"幸福"的关注。城镇化的核心是人的城镇化,简单的农民进城、人口集聚肯定不是真正意义上的城镇化。城镇化进程中,通过改革城镇人口社会管理制度,逐步建立城乡统一的居住地登记体制,让进城农民在医疗、教育、养老、失业救济等方面与城市人口享受平等的权利,切实改善他们的就业、居住、就医等基本生活条件。完成农民变市民的转变才是新型城镇化对幸福的最佳注解。除此之外,新型城镇化对资源节约和环境友好的要求,也使民众对绿色健康生活有了更多的期许。而提升城市文化品位,提高其公共服务水平等软实力,是构建高品质的宜居之所必需的。

城镇品牌建设就是强调发展从重"量"转向重"质",从外在的粗放型发展转向内外兼修的精细化发展,增强城镇品牌的吸引力和核心竞争力,让城市人口和农村人口合理流动,进而宏观上克服"大城市病"问题,加速新农村建设。

三、城镇品牌化是城镇间竞争的结果

以前,中国城镇之间的竞争,主要体现在它们拥有的自然资源和特殊改革政策倾斜,这时城镇之间的竞争焦点在于争夺上级政府提供的政策和资金。随着改革的深入,全面开放使这一情况发生了变化,城镇竞争的焦点已经由向上争夺政策和资金,转为向市场争夺"顾客"。市场竞争成为当代的主旋律。"得人心者得市场",因此市场成为众人角逐的战场。

城镇之间的竞争综合起来看是对资源、市场、生存空间、人才及发展机遇的竞争与较量。因此,要求城镇必须和企业一样,以各种方式和策略争夺"顾客",获取优势,实现发展。城镇营销的目标在于提高增值能力,提升综合竞争力。

营销学家阿斯沃兹(Ashworth)说,城市之间面临着居民、企业流失的巨大压力，以及财政收支、城市声誉与竞争力的问题，而城市品牌化则提供了一个较完整的城市辨识系统。

四、区域品牌化已经成为国际大趋势

就像产品品牌、企业品牌竞争一样，区域品牌竞争也会日趋加剧。菲利普·科特勒在其《地方营销》一书中指出，"所有的城市都在为资源和'眼球'而竞争"，"在这个全球化的、充满竞争的市场中，无论已经建立的还是正在崛起的城市，如果想要为人所知或与众不同，就必须学会如何让人们思考：本地如何去吸引游客、工厂、总部或有技术的工人"。

区域品牌不仅是某一产业核心竞争力的体现，也是一个地区经济综合实力的重要标志，它既能托起一种产品，也能带动整个区域经济的迅速发展。

区域品牌也是一种资源，与矿产、水力等自然资源和人文景观一样，同样具有支撑区域经济发展的强大功能。我国区域经济发展状况表明，经济发达的地区也正是区域品牌发展相对较好的区域，区域品牌建设对产业集群的升级及区域经济的发展都具有重要意义。集群内的许多企业，特别是民营中小企业不仅要依靠自己的商标、品牌和企业知名度去拓展市场，更要依靠区域市场和区域品牌的知名度去参与市场的竞争。区域品牌的竞争力是区域产业集群竞争力在市场上的物化和商品化的外在表现，产业集群中现有的任何核心竞争力优势，如资源优势、技术优势、人才优势、管理优势、营销优势最终都应转化表现为区域品牌竞争力优势，只有这样，广大民营中小企业才能在激烈的市场经济竞争环境中取得可持续生存和发展。

五、何谓城镇品牌

鉴于目前城镇品牌化建设中的种种认识误区，我们先明确什么不是城镇品牌。

首先，城镇的外在形象不代表品牌。目前国内"园林城市"、"文明城市"等各种类型的评选如火如荼，都把城镇的卫生、绿化、市民的文明行为等作为重要内容进行评选。许多城镇一味追求城镇标志建筑、广场、街道等外在景观的美化，结果造成许多城镇外表雷同，缺乏个性。

其次，知名度不代表品牌。今天的中国，城镇营销传播意识已经大大加强，城镇电视广告大战愈演愈烈。应该说，广告宣传在比较短的时间内最大化地传播了城市的形象，使城镇有了知名度，但它只是城市品牌营销的一个开端。

城镇品牌是在商品品牌基础上的发展和延伸，是对城镇经营管理的一种新的观念和意识。它与商品品牌具有类似之处：城镇品牌是人们辨认和区分一个城镇的标识，是这个城镇形象和特色的抽象概括和凝聚，也是这个城镇定位发展的导向。

城镇品牌的内涵又远比商品品牌来得广泛：它是以城镇为主体，包含但不局限于城镇形象、城镇文化、城镇营销等各个方面，是一个由许多综合因素构成的复合体系。

城镇品牌可以被看作城镇地理名称在某一空间区域内政治、经济、社会、文化、环境等方面所传递信息的总和，以及由此所产生的感觉、认知与联想，是城镇政府、社会组织、企业、居民及其产品、服务等品牌的综合。

美国杜克大学富奎商学院凯勒（Kevin Lane Keller）教授在《战略品牌管理》中论述"城市品牌"时指出：像产品和人一样，地理位置或某一空间区域也可以成为品牌。城市品牌化的力量就是让人们了解和知道某一区域，并将某种形象和联想与这个城市的存在自然联系在一起，让它的精神融入城市的每一座建筑之中，让竞争、生命与这个城市共存。

与商品品牌、企业品牌相比，城镇品牌又有其自身特点：

第一，城镇品牌首先是一个地理名称，这一名称是相对固定的，是城镇属性和利益的诉求，体现着城镇的个性和价值。

第二，城镇品牌不仅是一个单一的地理名称，而且是一个地区政治、经济、文化、技术等层面的综合象征。

第三，城镇品牌是一个品牌体系，且内容不是固定的，是城镇在不同的领域、不同的方面所创造的品牌的综合。

第四，城镇品牌是城镇的资源和资产，并随着城镇的发展和时间的推移而不断变化，且这种资产是可以积累和运营的。

城市品牌是城市营销的产物，也是城市风貌的综合展现。

城市品牌塑造应是城市政府从影响城市品牌受众或利益相关者的体验、满意度和感知度出发，本着"以人为本"的理念，分析城市环境建设和城市品牌塑造的所有要素，从城市中的人、事、物等细微处着手，并调动政府各级部门、企事业组织和个人（市民）全面参与和领会，真正建立一个让利益相关者满意的诚信、友爱、互助、和谐、优美、卫生、舒适、愉悦、快捷、高效的现代城市。要做到这些，需要从城市品牌定位、城市精神与核心价值、城市"名片"工程(内部品牌培育工程)、城市的整体建设和环境综合整治(包括城市经济发展、城市功能提升、市民素养与城市文化营造、政府形象以及市容、环境和交通建设等)、城市品牌整合传播以及城市品牌塑造的组织与管理等方面进行系统规划。因此，城市品牌塑造需要整合运用城市营销、城市形象、城市文化和城市内部品牌等各分支领域的理论与方法。

六、城镇品牌需要营销

所谓城镇品牌营销，是指在全球背景下，将城市视为一个市场导向的企业，将城市历史、现在、未来确定为产品，通过分析城市在区域、国家、全球竞争中的优势和劣势来确定城市的目标市场，并针对目标市场对产品进行包装和行销，以最大效率满足与吸引潜在消费者的一系列活动。

"城镇品牌营销"的概念实际上是从"企业营销"借鉴过来的，其实质是政府的一种管理制度。城镇品牌营销是指政府借鉴市场营销理念和方法管理城市，把城市或城镇类比成企业，把城市的环境以及未来发展视为城市的商品，分析它的内外部环境，揭示城市在竞争中的强项和弱项以及面临的机遇和威胁，确定城市的目标市场，包括人群、目标产业以及相关产品和服务的组合。

城镇品牌营销不是简单意义上的对外宣传，更重要的是练内功，从品牌塑造开始进行公共管理和服务的变革。城镇品牌塑造应是政府从影响城镇品牌受众或利益相关者的体验、满意度和感知度出发，本着"以人为本"的理念，分析城镇环境建设和城镇品牌塑造的所有要素，从城镇中的人、事、物等细微处着手，并调动政府各级部门、企事业组织和个人(市民)全面参与和领会，真正建立一个让利益相关者满意的诚信、友爱、互助、和谐、优美、卫生、舒适、愉悦、快捷、高效的现代城镇。

城镇品牌营销的产品包括城镇的物质系统、行为系统、理念系统；是城镇物质文化、精神文化的综合，也是城镇硬环境、软环境的综合。菲利普·科特勒指出："从社会学角度，营销是个人和集体通过创造，提供出售，并同别人交换产品和价值，以获得其所欲之物的一种社会和管理过程。因此，城市品牌营销必须综合考虑城市的社会经济、历史文化、自然环境等诸多因素，从市场经济的观点，充分研究城市在总体环境中的位置、作用以及竞争对手、目标受众等方面的情况，对众多要素进行整合，通过创造、传递和沟通优质的顾客价值，获得并保持和增加顾客。"城镇品牌营销必须体现市场需求导向和市场竞争驱动两条基本原则,其实质是利用市场营销理念和方法管理城镇。

与产品一样,城镇没有品牌,就没有灵魂、没有生命力。品牌化使城镇管理者、市民、外来者等所有利益相关者有了共同的价值观和愿景,于是有了沟通的标准;使城镇的历史变得鲜活生动,使城镇的发展有了清晰的目标,使城镇的未来有了内涵;使管理有了标准,不再盲目模仿和无序竞争。品牌化使城镇有了灵魂和生命。

不管愿不愿意,市场经济的进程必然将城镇带入一个开放的交易平台之中,如果这座城镇不想被淘汰,就必须像经营品牌一样经营自己。

下篇

三步创建强势品牌

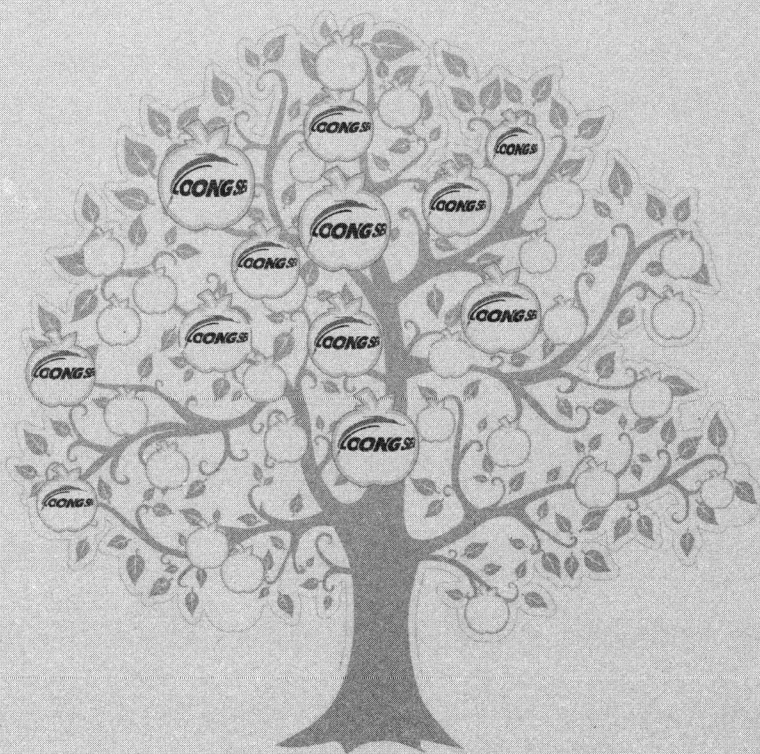

无论是传统营销，还是新兴的电子商务，品牌化的趋势都无法回避。无视或是轻视品牌，都会对产品和企业的可持续发展带来不利影响。很多企业之所以把品牌创建视为畏途，很重要的一个原因是品牌知识的缺乏；而大多数品牌论著都来源于西方国家的成熟市场的总结，理论高度有之，但叠床架屋，烦琐杂沓，缺少对本土市场的针对性，尤其缺少可操作性。本书所论及的"三步创建强势品牌"的模型来源于中国企业的实践和总结，是多、快、好、省地创建品牌的本土路径。

第一章

品牌创建第一步：品牌基因规划

　　基因支持着生命的基本构造和性能。生物体的生、老、病、死等一切生命现象都与基因有关。它是决定生命的形态与质量的内在因素。老鼠的基因决定了它永远无法成长为大象。品牌的生命、成长依赖于品牌的基因。

　　品牌的基因即品牌最基本而独特的识别体系，它是品牌形象形成的先决条件，先于品牌形象存在，然后由信息发布者依据这一品牌识别体系，通过传播渠道，对公众和消费者就品牌的含义、目标、使命进行详细说明与宣传。它决定了品牌的形象最终形成。我们提倡用种树的思维建设品牌，就是首先植入优良基因，打好基础，然后科学管理，不懒惰懈怠，不急功近利，持之以恒，才能创建强势品牌。

　　品牌基因主要由以下三个方面构成：

　　一是品牌理念。它是品牌形成的最核心的部分，包括高度概括品牌特性的品牌名称、品牌核心价值、品牌定位、品牌愿景、品牌使命等。

　　二是品牌视觉。品牌应为什么模样？品牌符号（品牌标志等）、包装等其他相关形象应如何？视觉结果源于理念，品牌的风格与其秉持的理念有着极大的相关性。

　　三是品牌行为。包括传播行为、促销行为等。行为源于理念，有什么理念才会产生什么行为。品牌行为更多是指与消费者相关的行为，企业内部的行为直接影响到员工和产品，因此也应该纳入一体化的管理之中。

　　基于操作中的共性以及叙述的方便，本书将重点介绍品牌理念与品牌视觉。

（一）品牌基因是品牌成长的关键

品牌基础中最核心的部分即品牌基因，它包括：品牌名、符号、核心价值及其依托的文化。所谓"品牌基因"是借用细胞生物学理论的概念。正像生物基因通过指导蛋白质的合成来表达自己所携带的遗传信息，从而控制生物个体的性状，品牌基因也决定着品牌的成长和未来。科学家研究证实，老鼠这种"低等动物"，竟有99％的基因与自诩"高等动物"的人相同，这说明基因的差异对生物体的成长优劣有着极其重要的意义。因此植入优良基因是品牌塑造的关键。

品牌基因形象地表现了品牌的关键元素对品牌成长的决定作用。品牌基因是品牌成长、壮大的裂变因子，是品牌发展、实现战略目标之核心的、不竭的推动力。具有不同的品牌基因是品牌之间形成差异化的根本原因。品牌基因是品牌资产的主体部分，它让客户明确、清晰地记住并识别品牌的品质与个性，是促使客户认同、喜欢乃至爱上一个品牌的主要力量。

（二）优良的品牌基因的来源

基于消费者认同的品牌和人的生活环境有着紧密的关系，其成长规律和人类发展有着高度相关性。品牌基因既有沿着先天基因传承的一面，也有因内外部环境变化而引发的基因变异。

品牌基因首先来自传承，即来自品牌企业的文化。品牌是企业文化的外化，有什么样的企业文化就会产生什么样的品牌文化。苹果、IBM、华为、阿里巴巴等品牌的发展证明了企业的信仰和价值观在品牌发展过程中所起的重要作用，这种文化导向能使企业团队充满活力，并通过与客户联系的触点与消费者互动形成品牌文化，推动品牌朝着预定目标前进。

品牌基因其次来源于品牌应对环境变化而产生的变异。品牌因需求而存在。产业内各品牌为争夺市场份额而斗争，在一定阶段达到相对均衡状态。市场需求的变化往往会打破短期的均衡状态，这就会为品牌带来新的机遇与挑战。市场需求的变化导致新的市场需求的诞生和传统市场需求的萎缩。产业内优质的品牌就会及时感知到这一变化，并针对新的市场需求特点适当变异形成适合新环境的基因以争夺新的市场份额，从而得到发展壮大；如果品牌仍然反应迟钝，执著于过去的辉煌与成功模式或拒绝对变化作出反应，就会丧失发展的机遇,最终被淘汰。同时有一些变异的品牌基因也不符合新市场的需求,那也必将不适应新的生存环境,最终被淘汰。

(三) 品牌基因的特点

1. 差异性

品牌基因的差异性是市场多元化,以及部分品牌脱颖而出,形成并实现企业可持续增长的动力源泉。品牌基因进化的结果,一是使商品或服务等更加优质;二是更加深化品牌独有的经营思想和理念。可以通过品牌前两种属性中的任意一种属性形成差异性品牌基因。

华为与中兴:狼与牛的品牌文化

华为与中兴同在深圳,差不多同时起步,行业都属通信科技,同为世界瞩目的公司。在各类含金量极高的中国企业排行榜上,华为和中兴长时间占据前列:中国电子百强企业中纳税前两名是华为和中兴;中国软件百强、中国专利百强、中国最具企业创新能力的排行榜上,华为和中兴依然占据前二位。

2013财年华为实现销售收入2 390亿元人民币(约395亿美元),同比增长8.5%,净利润为210亿元人民币(约34.7亿美元),同比增长34.4%。首次超越爱立信,成为全球最大的设备商。作为通信行业龙头企业的中兴通讯也交出了不俗的年报。报告期内,中兴通讯实现净利润13.6亿元,而2012年同期为亏损28.41亿元。

一样的辉煌,却有许多差异。从企业性格到企业体制、管理思想、企业文化甚至发展战略,同一行业的两个核心企业表现出了巨大差异,形成了不同的成长路径,成就了各自的辉煌……

中兴在发展战略上谨慎而稳健、宽容而执著,相信物质与精神同等重要,强调中庸和平衡;而华为的处事风格是雷厉风行,以结果为导向,强调纪律、规范,相信物质对人的激励作用。在做思想工作时华为则更强调灌输而非双向沟通,强调服从,强调对人的主观控制和统一性;中兴比较强调沟通,比较宽容。

文化的差异,导致了两家公司在增长方式、执行力和市场进攻能力方面的差异:中兴更加稳健,而且不太容易错失重大机会,未来更具有可预测性。所以当2000年全球高科技业的泡沫开始破裂时,中兴宣布这一年是"速度年",2001—2003年包括华为在内的各厂商在大量裁员或停止进人,中兴却大量招人。而华为则具有更强的执行力,在市场上也更具有攻击性,敢于冒险——中兴像一头牛,而华为则更像一匹狼。

两家公司都十分重视技术在企业发展中的作用。中兴技术战略秉承了其温和宽容的企业文化特征,研发的未必都是绝对市场领先的高新技术,其核心要点在于适应成熟的市场,是一种防守型的技术发展战略。而华为实施的是一种领袖型战略,即不单纯注意市场需求,还注意竞争对手的攻防转换,强调以高投入获得的高壁垒,并形成的绝对技术领先。

从基本的组织框架来看,中兴有更多分权。通过分权,中兴层层分解落实了以经济指标为纽带的责任,把压力传递给每一位员工,让公司上下都感受到市场化运作中的风险和压力,进一步激发员工的主动性,增强团队意识,提高公司的整理凝聚力和经营管理水平。

而华为则更强调集权,在中央集权的基础上,层层有序分权,口号是"充分授权,严格监督"。作为事业部对外扩张动力的三大权力——经营权、财务权和人事权,都掌握在公司手中。把事业部的三大权力集在公司政策层面,实际上造成了组织结构上的矩阵结构。

在人才观方面,中兴认为"世上没有庸才,有的只是放错了地方的人才"。中兴提供了一个选择性更多也更加稳定的环境,被中兴人称为"现实主义者的栖息地"。

中兴认为,期权不是唯一的方式,它有正面作用,但负面影响也相当大。所以一直以来,中兴的物质激励主要是现金奖励而非期权。

中兴力图实施一种以人为本的管理,其核心是用感情、待遇、事业相互结合留人。这缘于侯为贵等人将"人性本善"作为一个基本假设的思想。

华为推行的是高薪制度。在任正非眼中,华为是"三高"企业:高效率、高压力、高工资。他坚信,高薪是第一推动力,重赏之下才有勇夫。除此以外,还有股权和其他待遇。

华为力图营造这样一种氛围:在这里,只有那些具有冒险家特质的人才能受到重用。在华为,你可以一夜之间从一个普通员工升为高级管理者,比如有一位员工升为高级工程师时才 19 岁,还有一位员工工作后第七天就被提升为高级工程师。

华为文化可被称为"狼文化",中兴文化可被称为"牛文化"。

尽管中兴和华为这两家总部均设在中国深圳的全球经营的跨国企业,在很多方面都存在着较大的差异,有时甚至根本就是完全矛盾。但他们仍然得以在曲折中前行,彰显品牌的魅力。

2. 持续一致与与时俱进

坚持品牌核心价值,持续一致进行品牌运动,是品牌成长的机理,是品牌传播的原则,也是对品牌所有者的考验。优势的品牌基因一经设定,便应形变而神不变,既要洞察消费者需求,因时因势而变,又要使品牌内涵在创新中传承。正如"创新"理念在苹果品牌建设中的运用。

创新的理念造就独特的苹果产品。iPod、iPhone、iPad 这三代具有开创性意义的苹果产品刚刚进入市场时,无不独树一帜。一个产品推出市场之后,每隔一段时间就会有技术上的补充和更新换代。但苹果清晰的品牌基因贯穿每一代产品:极简主义美学设计、人性化功能创新、完美平衡的感官表现力⋯⋯消费者可以很容易地从众多电子消费品中辨认出它来。

甚至"创新"本身就是苹果品牌自诞生之日起就具备的品牌基因。

坚守并不容易,我们看到的更多的是随意性和见异思迁,比如某原本知名的洗发水。其结果必将导致品牌的被淘汰。

1996 年以前,飘柔、海飞丝和潘婷占据国内市场高价洗发水 60% 以上的市场份额。某洗发水公司选择了"植物洗发"这一概念,成功区隔了"植物洗发"和"非植物洗发"的市场空间。该品牌在消费者头脑里形成了"植物洗发"的定位。1997 年,其以全国平均 13.8% 的市场占有率,成为洗发水的第三品牌。但是,1998 年以后,不知出于什么样的考虑,该品牌洗发水又选择了"国货当自强"等品牌理念和传播口号,其实质上抛弃了"植物洗发"的理念。这也意味着其前期确立并形成影响的品牌认知付诸东流。由于这一错误的决策,给了竞争对手极好的成长机会。而该品牌也最终从市场上消失。

该品牌未能坚持"持续和一致"这一品牌成长原则,是其失败的根本原因。因为品牌基因的坚守来自对社会公众或顾客长期需求及其变化趋势的把握,缺少这种洞察必然会导致见异思迁。从品牌来说,优质品牌基因的优势在于对具体产品的兼容；从品牌拥有者角度来说，其关键在于对其优势的坚守。

3. 社会责任彰显品牌魅力

品牌的成长由低到高会经历三个不同的层面，即知名度——美誉度——忠诚度。多数品牌停留在知名度这个层面，很少能进入美誉度与忠诚度层面的原因，正是因为大多数品牌缺少社会责任这一优良品牌基因。优良的品牌基因能够给人类的物质生活和精神生活带来正能量，成为社会公众或消费者不可或缺的一部分。

随着社会经济的发展和消费者素养的不断提高，消费者更加迫切地要求高质量的生活环境及高质量的消费，不但要求自己的消费过程不会对自身健康造成任何不良影响，也要求不会对自然环境造成不良影响。这意味着企业在拓展业务与赚取利润的同时，必须有一个更值得追求的社会义务方面的目标。对这种目标的追求，可以使消费者对企业和品牌产生强烈好感，加强消费者与品牌之间的关系。

通过品牌背后富含社会责任的企业文化，赢得消费者乃至社会公众对品牌更广博的认同，已成为一种深层次、高水平的竞争选择。我们可以想象，对一个汽车制造商来说，如果其新车设计不能充分考量应该履行的环境责任，使尾气排放大幅度降低，其品牌力量也必将大打折扣。

中国第一本关于企业社会责任的年度报告《中国企业社会责任报告 2006》（蓝皮书），收录了吉利集团积极履行社会责任的案例。报告在"国内企业 CSR 实践案例"章节中指出，吉利除了完成一个企业所应该承担的基本责任外，还一直热衷于社会公益事业，积极用爱心回报社会，尤其对中国教育事业的发展作出了很大的贡献。其中最重要的就是向中国教育发展基金会捐资 5 000 万元，并专门设立吉利教育资助办公室，计划通过 4 年的时间，寻找 1 000 名品学兼优的贫困学生，无偿资助他们大学 4 年的学习费用。吉利对社会责任的承担大大改善了它的品牌形象。

反过来社会责任的缺失，则会丑化企业形象，令企业品牌蒙羞（即通常所说的"倒牌子"）。我们可以断定，企业承担社会责任与企业品牌建设将产生直接的、深切的正向关联度，承担社会责任终将成为企业品牌建设的最重要的路径。

第一节 品牌理念

品牌理念是为能够创造客户价值,同时又得到社会普遍认同、体现品牌自身个性特征、促使并保持品牌发展而构建的反映整个企业明确的经营意识的价值体系。品牌理念包括品牌核心价值、品牌定位等,它是品牌与消费者、社会沟通的桥梁,是品牌成长的动力,又是品牌管理的原则。

一、品牌核心价值

品牌核心价值是品牌能够为消费者提供的最具差异性的、独一无二的价值,是一个品牌区别于其他竞争最为显著的特征。品牌核心价值主要包含三个层面:理性价值、感性价值及象征性价值。

理性价值:着眼于产品的功能性或者相关的产品属性。如:沃尔沃的"安全",舒肤佳的"除菌"、海飞丝的"去除头屑"等。

感性价值:着眼于消费者在购买和使用过程中产生的某种感觉。如:雅芳的"女性的知己"、海尔的"真诚"等。

象征性价值:着眼于消费者对于自身个性或者地位的表达。如:维珍的"反传统"、奔驰代表的"权势、成功、财富"等。

(一)品牌核心价值的基本特征

1. 排他性

品牌的核心价值应是独一无二的,具有可识别的明显特征,并与竞争品牌形成鲜明的区别。如海飞丝的品牌核心价值是"去屑",潘婷的品牌核心价值是"滋润营养",飘柔的品牌核心价值是"柔顺"。虽然这三个品牌同属于宝洁公司,但都有着显著区别于其他品牌的特征。

2. 感召力

品牌的核心价值还应具备强大的感召力,体现出其对人类的终极关怀,引发消费者的共鸣,拉近品牌与消费者的距离。永年堂将"中医药养生"定为其品牌的核心价值,目的就是满足消费者对自然养生的需求。在养生成为人们关注的重点,而西方医学又无法满足人们这一需求时,"中医药养生"无疑对这一人群产生了极强的感召力。

3. 兼容性与可持续性

品牌核心价值应该着眼于品牌的发展，不能短视和狭隘。中国品牌传播中的随意性除了企业家的主观因素，大多来源于品牌核心价值的狭隘。品牌核心价值在兼容性上体现在两方面：一是空间的兼容。品牌的核心价值应可包含企业的所有产品，并且为企业日后跨行业发展留下充分的空间。二是时间的兼容。企业的品牌核心价值一经设定，便应可长久坚持，以使品牌内涵延续百年，基业长青。当发现品牌核心价值难以容纳新的产品品类时，正确的做法是创建新品牌。

丰田汽车的核心价值诉求是"可靠耐用、追求品质和技术"，其产品设计、制造也完全围绕该核心理念进行。当丰田希望打造高端车品牌时，雷克萨斯品牌便于1989年应运而生。雷克萨斯作为丰田集团精心打造的高端品牌，则与丰田原有品牌定位有着明显的区隔，它一开始就瞄准了奔驰、宝马等高级轿车，主打"豪华、舒适、品位"的高端情怀，其产品在静音设计、性能配备、内饰装潢及空间打造上极尽奢华，完全超越了丰田原有产品的概念要素。雷克萨斯在终端4S店建设上，也与丰田其他品牌渠道完全隔离，以突出其高端精致的形象。

4. 可执行性

品牌的核心价值应该与企业的核心竞争力，以及长远发展目标相一致。这也就是说，对品牌的核心价值，企业应有充分的资源和能力体现；否则，其所倡导的品牌核心价值将难以贯彻始终。如果一个品牌将其核心价值定位于"创新"、"科技"，那么，它须拥有持续的技术优势来支持这一定位，否则这一核心价值就会越来越弱化。

（二）品牌核心价值的作用

1. 品牌核心价值是品牌定位的基础

品牌定位是通过对目标消费者及品牌自身情况的分析与了解，在消费者心中占据并确定一个独特的价值地位。品牌定位着眼于使消费者对品牌产生特定联想，并与竞争对手之间形成差异。品牌定位以品牌核心价值为基础，两者在表述上有时可以合二为一；如果缺少核心价值的支撑，品牌定位就没有支撑点，则难以在消费者心中留下印象。

2. 品牌核心价值是品牌识别、传播与推广的核心

品牌识别是指能打动消费者并区别于竞争对手的符号化的部分。它有利

于品牌长期驻留在消费者心中,使品牌核心价值的抽象内涵形象化和易识别化。

一个强势品牌往往有一个让消费者耳熟能详的品牌识别口号,如宝马之"驾驶的乐趣"、金利来之"充满魅力的男人"、迪士尼之"有趣的家庭娱乐",这些品牌口号能体现相应品牌定位与品牌核心价值。品牌推广的中心是品牌核心价值。企业把以品牌核心价值为基础的品牌识别系统传播给消费者、塑造品牌形象固守品牌核心价值为品牌推广的中心,可以给企业带来巨大的回报,构筑强大而独特的品牌形象。

(三)品牌核心价值的提炼

企业在品牌战略规划过程中,往往需要提炼品牌核心价值,然后在品牌核心价值的基础上规划品牌定位和识别系统,通过品牌传播把品牌核心价值传递给消费者,形成消费者的共鸣,在消费者心中烙下品牌印记。

品牌核心价值来源于对消费者的洞察和企业的资源。品牌核心价值首先应该反映消费者的需求,在竞争激烈的市场中,消费者最期望的是什么?深刻洞察消费者的内心和对品牌利益的追求是准确提炼品牌核心价值的前提。另外品牌核心价值需要区别于竞争对手,是一种独特的、差异性品牌资产,所以品牌核心价值需要勾起消费者对竞争品牌的差异化联想。

核心价值不能是随意规划的空中楼阁,要以产品实际功能性价值为支持,因此提炼品牌核心价值需要考虑企业自身的资源与能力,同时还要考虑到企业内部员工对企业品牌的期望。

(四)品牌核心价值提炼的方法

品牌核心价值的提炼要着眼于两个层面:产品、消费者。产品能够支撑品牌核心价值;而消费者能够与之共鸣,乐意接受。

1. 着眼于产品的功能、属性

首先要基于产品或服务本身的功能及属性,找出其能够与同类产品或服务相区别的较明确的特征,对这些特征进行提炼。产品本身确有的独特的,对顾客而言极为重要的,且竞争对手又尚未重点传播的特点,是品牌核心价值提炼的基础。如高露洁牙膏之防蛀功能,舒肤佳香皂之除菌功能,以及海信空调之变频功能,强生婴儿护理用品之温和特点等都是功能型品牌核心价值提炼成功的结果。

中华灵芝宝凭"抗癌"独步市场

中华灵芝宝是上海绿谷集团1997年推出的"药健字"产品,其主要原料是灵芝。灵芝俗称灵芝草,古代称之为瑞草或仙草。历来它是一种治病的良药,也是吉祥的象征和天然的观赏品。灵芝作为药用,古代认为有益心气、安精魂、坚筋骨、好颜色等功效,主治神经衰弱、头昏失眠和虚劳咳嗽等症。东汉时期的《神农本草经》、明代著名医药学家李时珍的《本草纲目》,对灵芝的功效都有记载。现代药理与临床实践也进一步证实了灵芝的药理作用,并证实灵芝多糖是灵芝的主要药用成分。灵芝作为药物已正式被国家药典收藏,同时它又是国家批准的新资源食品,无毒副作用,可以药食两用。中国医学科学药物研究所等科研单位的实验结果表明,灵芝的药理成分非常丰富,对人体具有双向调节作用,所治病种,涉及心脑血管、消化、神经、内分泌、呼吸、运动等各个系统,尤其对肿瘤、肝脏病变、失眠以及防治衰老作用显著。这种广泛的药理作用是优质产品的良好基础,但从品牌营销的角度却很难形成独特的冲击力。

通过与民间中医和科研机构的合作研究,绿谷集团发现,灵芝作用广泛,对抗癌尤其是改善肿瘤治疗(放疗、化疗)带来的脱发、呕吐等副作用方面有明显的效果,而正是癌症患者及家属急需而其他产品又缺乏的功效。于是,绿谷把"抗癌"作为中华灵芝宝的品牌核心价值。在传播中主要依靠软文而不是硬广告,以深度、全面地与消费者沟通;销售渠道则采用专柜或专卖店的形式,以突出其稀有、珍贵。

1997年1月《为癌症患者盗仙草》一文详细叙述了灵芝抗癌的机理,引起强烈的市场反应;《灵芝抗癌——来自中国癌症研究基金会的调查报告》等文章,通过对中华灵芝宝的科研、生产全过程的考察,调查了中华灵芝宝抗肿瘤疗效,详述绿谷集团进一步探索和推进灵芝药品的研究与开发,努力使中华灵芝宝尽快走出辅助治疗的水平,成为人类战胜肿瘤的良药。之后,市场反应热烈,中华灵芝宝当年销售超过4亿元,创造了营销的奇迹。

2. 着眼于消费者的情感

提炼品牌核心价值要从消费者的心理需求出发，与目标群体价值观、个性及风格等相关联。

比如乐百氏水的"二十七层净化"强调的是纯净，提炼的是产品能满足消费者生理需要的功能型核心价值；而娃哈哈水的"我的眼里只有你"打的是"纯净纯情"牌，提炼的是产品能满足心理需要的情感型核心价值。

同样，金娃果冻的"营养"属于功能型核心价值。喜之郎果冻的"亲情无价、欢乐无价"则属于情感型核心价值。

3. 着眼于消费者的自我表现需求

此即洞察消费者的价值需求，从自我表现角度提炼。赋予品牌表达个人价值观，象征财富、地位和审美品位的价值。此时的品牌则成为个人成就、身份地位、自我价值的象征，品牌的象征作用大于产品的实用价值。如众多奢侈品的品牌核心价值都属于自我表现型。

自我表现型价值品牌往往具有很高的溢价能力。

（五）品牌核心价值提炼的原则

品牌核心价值应是品牌发展过程中最稳定的因素。因此品牌核心价值的提炼既要符合产品特征，又要适应市场需求。

1. 产品能支撑

品牌核心价值就其本质而言不是一个传播概念，而是客户价值。核心价值不仅要通过传播来宣传，更要通过产品、服务不断地将其实现，才能使消费者真正地认同其核心价值。否则，核心价值就成了空洞的概念，不能持续打动消费者。因此在提炼核心价值过程中，必须考虑到企业资源和能力、产品的功能能否持续支持核心价值。企业的资源和能力包括：有形资源，如资金、设备、土地；无形资源包括服务、技术、组织流程以及企业文化等。企业资源是企业能力的基础；企业能力是企业资源的体现。

沃尔沃公司早在 20 世纪 20 年代创立之初，就给自己定位，要制作最"安全"的汽车，沃尔沃的核心价值是"安全"，"安全"成了企业一切产品的灵魂。因此在汽车的设计过程中如果操纵性、舒适性等其他性能的强化会降低"安全"性能，就要毫不犹豫地为"安全"性能让路。创立以来，沃尔沃在安全性上锲而不舍，受到世界各国车厂及车迷的尊重和推崇。有人曾经统计过从 1945 年到

1990年,沃尔沃公司在车型设计中配置了32项主动或被动安全装置,其中有多项已被全球其他厂商广泛应用。在国际汽车工业界,沃尔沃公司以在安全方面屡有建树而著称,很多安全技术都是由沃尔沃首创。1959年,该公司发明了现已成为所有小汽车法定装备的三点式安全带,1972年首创了目前也已普及的安全气囊。2001年,沃尔沃公司推出新一代安全概念车,全方位提升汽车的安全性,沃尔沃在技术创新与产品研发设计上贯彻"安全"这一品牌核心价值可谓用心良苦。

企业活动说到底就是为客户创造价值的过程,工业设计、制造、包装、分销、物流、售后服务、品牌建设等所有活动串成了企业一整条价值活动链,链上的每一个点都应能为客户创造价值。所以更深一层讲,企业的一切价值活动都要体现品牌核心价值。

2. 差异化

这是一个产品过剩的时代,消费者的选择越来越多;这是一个多姿多彩的社会,消费需求越来越趋向个性化。在竞争激烈的市场中,吸引消费者不仅要靠过硬的质量,还要有鲜明的个性。没有一个品牌可以成为"万金油",对所有的消费者都产生吸引力。一个品牌的核心价值如果能触动一个细分消费群就已很了不起。此外,媒体爆炸、信息极速膨胀使消费者身处广告海洋的包围之中,一个品牌的核心价值与竞争对手没有鲜明的差异,就很难引起公众的关注,会石沉大海,更别谈认同与接受了。缺乏个性的品牌核心价值是很难在市场立足的,它既不能吸引消费者的关注,也不能给品牌带来增值。只有核心价值高度差异化,成为万绿丛中一点红,才能以更低成本吸引眼球,引发消费者的内心共鸣。差异化的品牌核心价值还是避开正面竞争,低成本营销的有效策略。农夫山泉在竞争异常激烈、几无立锥之地的瓶装水市场杀出一块地盘,如果没有"源头活水"这一高度差异化的品牌核心价值是难以想象的。

提炼规划差异化的核心价值要拓展思路,既要深入研究产品,又要洞察消费者的内心世界,分析消费者的深度需求,不能紧盯着功能型的理性价值。如果消费者在消费品牌的过程中获得情感的满足,表达了个人的价值观、财富、地位与审美品位,品牌核心价值的差异化就得到了加强。

3. 要有感染力

一个品牌只有触动消费者的内心世界,才能引发消费者共鸣。

提炼一种有很强的感染力的核心价值,其关键在于真正洞察消费者的内心世界，以此为出发点，发掘产品卖点，满足消费者的渴望、审美偏好、价值观和未满足的需求。

4. 要具兼容性

品牌核心价值在兼容性上体现在两方面：一是空间的包容。品牌的核心价值应可包容企业的所有产品。二是时间的兼容。企业的品牌核心价值一经设定，便应可长久坚持，以便品牌内涵延续千百年。

核心价值不能仅是某一具体产品的功能或属性。强调功能性利益的品牌核心价值固然能使品牌的功用清晰而具体，从而短时间内获得显著的竞争优势。但也会作茧自缚，使品牌的延伸力下降。比如洗浴产品的核心价值是"有效除菌"，故很难用以推广其品牌延伸出的润肤霜、口红、粉饼。如果企业想通过品牌延伸加速扩张，那么即使品牌核心价值强调的是功能性作用，也不宜仅针对某一具体产品，否则在推出稍有差异的同类产品时，就有可能不能借用旧品牌的人气，而须另起炉灶。

品牌的核心价值属于价值观、生活理念等情感性、自我表达型时，包容力就较强。企业如果希望通过品牌延伸来获得更高的销售与利润，核心价值就要按这一原则提炼。当然，核心价值的包容力大小要视企业战略而定。对于希望更牢固地占据某一细分市场的品牌而言，突出某一主打产品的功用是完全对的。

另外，品牌核心价值的提炼不能脱离品牌所处的社会文化环境。不同的文化环境孕育不同的消费理念。脱离实际文化环境而提炼品牌核心价值往往无法受到消费者的认同。中国之所以一直没有真正的本土奢侈品品牌，是因为不具备培育奢侈品品牌的贵族文化环境。世界顶级奢侈品大多产生于以时尚和浪漫闻名的法国，法国巴黎素来被称之为"浪漫之都"，其香水和高级女装闻名全球，因此其奢侈品品牌更容易为大众接受。

（六）品牌核心价值的体现

持续一致的营销与传播是品牌核心价值体现的关键。营销传播形式的多样化与创新应始终围绕品牌的核心价值而展开，才能使消费者在不同场合、不同时间，通过旗下不同产品体味该品牌的核心价值，并逐步形成印象，建立感情。

从整合的角度来看，要建立消费者对品牌核心价值的信任，企业任何形式的传播、营销都要保持与核心价值的一致，营造信任度。任何一个环节的脱离都有可能导致品牌受损。如某彩电就曾因来自对手的低价格压力而改变营销策略，从而损害了品牌的核心价值。最初它的核心价值是"高科技、现代感"，一直以来以技术、设计为基础支撑起这一品牌核心价值，树立起它的高档形象。在对手通过总成本领先战略建立起价格优势时，它并没有坚持和培育自己的核心价值，而让战略发生了偏离，频频推出大量普通机、中低档机、特价机等，使其已建立的品牌形象受到破坏。结果，价格战失利，而高精尖的品牌形象又受损最终导致自身的损失。

从整合营销传播角度塑造品牌的核心价值，具体来讲应做到以下几个方面：

1. 通过视觉识别系统体现核心价值

许多企业都认识到视觉设计的重要性，非常重视品牌的视觉呈现，但仅仅局限于美观，而这种美观又基于管理者的审美取向，忽视了视觉对传播核心价值、塑造品牌的意义。创造性的标识、包装，尤其是色彩的运用仅仅起到美观、易于记忆和识别是远远不够的，还应当传达品牌的核心价值，捕捉消费者的内心渴望。好的视觉设计应当促进品牌形象塑造；把产品的功能性、情感性（个性）和社会性（身份、地位和生活方式）巧妙地融合在一起。

成功的品牌视觉识别系统的设计应符合四个准则：

简明易认。构图简洁，容易识别记忆，能产生品牌核心价值联想，不论以图形或以文字构成，不论是具体的或是抽象的，均应一目了然，便于记忆。

独具一格。设计造型新颖独特，别具匠心，有鲜明的形式美和时代感，能给人以美的享受。

能传播理念。图形的含义或色彩的象征，必须能正确传达特定产品或企业的理念，表现品牌个性。

可持续性。即具有时间上的长期性和使用上的广泛性，可以在不同场合使用。只有这样才能加深消费者记忆，在消费者心目中建立牢固的品牌形象。

2. 通过广告与公关活动正确传达核心价值

广告与公关活动的主要目的是建立品牌的知名度，这种知名度如果不能反映品牌核心价值不仅无益于销售，也无益于品牌的塑造。在品牌核心价值保持稳定和不变的同时，表现其核心价值的手段和方式则应与时俱进，进行适当调整。只有这样，才能使消费者在耳目一新的感受中记忆和认同其品牌的核心价值。

粗犷的美国西部牛仔,高大的骏马,辽阔的西部大草原,褐色的山峦……一看到这则广告,大家就想起万宝路香烟,豪迈、阳刚的男子汉气概一直是其主诉求。而万宝路香烟在中国则是"威风锣鼓舞狮篇",没有用牛仔和马。其喧天的锣鼓和令人震撼的场面照样演绎了万宝路的"阳刚、豪迈"。在中国香港,原来被西方人看作男子汉形象的牛仔,在港人心目中的地位却不高,不少港人觉得牛仔外表落拓,是失败者的形象。对此,广告公司对牛仔形象进行了调整,将他演绎成一个英武俊秀、衣着整齐的牧场主,身边有助手前呼后拥,并乘私人飞机观察牧场,与亲朋好友分享万宝路,共度好时光。广告在表现"阳刚、豪迈"的同时,让港人领略到其"尊贵、闲适"的风格,这也正是港人普遍追求的生活,因此大受欢迎。

企业任何一次营销和广告活动都应力求体现、演绎品牌的核心价值,让消费者任何一次接触品牌都能感受到核心价值的信息,否则,企业的营销传播活动没有中心和目标,大量营销广告费用仅停留在无法积累品牌资产。

3. 通过终端展示和消费者体验传达

消费者体验往往能够通过口碑更直接地传达核心价值,效果并不亚于广告的作用。海飞丝的核心价值是"去头屑",上市之初采用了小包装的试用赠品,让消费者从试用中去感受其价值。美国连锁便利店"7-11"迄今已有 70 多年历史,该连锁店除经营日常必需品外,为真正便利顾客,将营业时间定为早上 7 点至晚 11 点。还特别推出了为附近居民收取电话费、煤气费、保险费、水费、快递费、国际通讯费等,对附近居民切实起到了便利作用。"7-11"通过自身的良好服务让消费者切实体验到了企业所提出的"便利顾客,提升价值"的核心理念,消费者对品牌从满意上升为忠诚。

销售终端是指产品销售渠道的最末端,是产品到达消费者完成交易的最终端口,是商品与消费者面对面的展示和交易的场所。终端展示管理就是通过有效的商品陈列、终端生动化布置,加强终端售点对消费者的吸引力,营造气氛,引导、促成消费,实现售点及整体品牌形象的迅速提升,提高产品在众多竞争同行中的品牌地位。商品及包装、商品的形式、商品的附件以及售卖形式(隔柜售卖、开架自选、体验销售、人员直销)都是终端的表现形式。

终端展示要体现生动化原则,就是使企业终端与其他产品(尤其是竞争对手)有明显的展示差异,使消费者能明显地看到产品、了解并信任企业,产生购买行为。终端生动化的主要内容包括:商品的陈列位置、陈列方式及其整洁度、鲜明性,以及存货管理(安全库存);售店广告物(易拉宝、小报等)张贴(或悬挂、摆放)位置、发放方式;对售点人员的要求。

随着竞争的加剧和消费者的日趋理性,以广告为主演绎品牌核心价值是不够的,要让消费者发自内心地认同,要通过种种手段让消费者真真切切地体验核心价值,抢占消费者,以此作为品牌建设的重中之重。

4.以顾客忠诚为目标全面推进品牌核心价值建设

著名营销专家菲力普·科特勒指出:营销的本质不是卖,而是买,即买顾客忠诚。因为在激烈的买方市场时代,没有消费者对品牌的忠诚,就谈不上企业的持续健康发展。

客户忠诚是指由于质量、价格等诸多因素影响,使消费者对某一品牌产生感情,形成偏爱并长期重复购买该品牌产品的行为。提高品牌忠诚度,就是通过加强消费者与品牌之间的关系,提供消费者对品牌的认知和情感。其主要措施有:

(1)创新产品。

产品是联系企业与消费者的纽带,消费者对产品的肯定是单纯广告传播所无法达到的,它不仅需要品质稳定,更需在产品发展过程中根据顾客需求变化不断创新,包括产品的式样、色泽、技术含量、文化附加值等。如美国麦特尔公司的"芭比"娃娃在全美家喻户晓,这个金发碧眼的小东西在美国3—7岁的小女孩中,有95%拥有它。该公司董事长约翰·艾默曼在谈到成功秘诀时说:"芭比"常出常新,年年出新。"芭比"的着装打扮和形态仪容随社会潮流和时尚的变化而变化,以适应孩子们新的价值观和审美观。孩子们感兴趣的是摇滚乐,于是就有了爱跳摇滚的"芭比";当孩子们热衷于钻石项链等漂亮饰物时,"芭比"就开始雍容华贵、珠光宝气;1989年社会上兴起保护野生动物的热潮,"芭比"又成了一位野生动物的保护神,怀抱一只未成年的大熊猫亲密无间,极为纯真可爱。"芭比"随时代变化的产品创新,既符合了时代潮流,也把"芭比"时尚可爱的品牌核心价值演绎得淋漓尽致。

(2)价格策略。

实施品牌形象战略的主要目的就是要创造极高的知名度、较高的信誉度、较大的市场份额和巨大的经济效益。而价格,这一经济效益的直接创造因素更显得尤为重要。

不同的价格策略会给一个品牌的形象带来不同的影响,这个影响可能是正面的,亦可能是反面的。比如:一些品牌实施高价位策略则可能会被认为是高档的,而且还有一种引领潮流或者行业龙头的感觉。但它们也可能带来的负面作用是让人感觉世故和俗套。相反的,一些走低价位战略的品牌虽然会让大家感觉到亲切、实用,但又不可避免地给人略显落伍的感觉。而经常改变价格,会被认为是轻浮的、难以捉摸的,更给消费者一种价格水分太多的感觉。有些品牌会奉行永不打折的原则,这样就会被认为是专一的、真实的,可也会使消费者感到它不近人情。所以,我们在制定价格战略的时候先要考虑塑造一个怎样的品牌形象,扬长避短。

价格是产品品质、服务、信誉等的反映,一个品牌的产品价格为多少,没有一个固定的标准,但有一点是肯定的,那就是产品的价格应让目标消费者感到物有所值。相反,漫天要价,即便是名牌产品,也很难让人问津。同时,价格也是影响品牌形象的重要因素。价格策略的滥用会使一个已经建立起来的品牌形象受到致命的伤害。

(3) 用好促销手段。

促销,就是通过一定手段推动目标消费者采取购买行动。促销具备短期内立竿见影的特点,缺乏品牌差异化,易复制。短期内要快速增加销量,促销是必不可少的,但频繁的以短期销量为目的的促销,往往不能够影响新的消费者,而且透支未来的销量。策划促销活动既要考虑对销量,又要考虑对品牌资产的建设效果。良好的促销活动能培养品牌持续增长能力,培养忠诚的消费者,使销量呈良性增长;盲目的促销只是抢了未来的销量,而损伤品牌长远利益。

在所有促销手段中,常客奖励计划与会员俱乐部比较能兼顾短期销量与品牌建设。常客奖励计划是留住忠诚顾客最直接有效的方法,它不但能提高一个品牌的价值,同时能让消费者觉得,自己的忠诚得到了回报。

和"常客奖励计划"一样,会员俱乐部能让顾客有较高的参与感,能让忠实的顾客感觉到自己被重视。它给消费者提供了一个管道,抒发他们对这个品牌的想法和感受。

以产品和服务为依托的顾客忠诚营销是强化消费者与品牌关系的重要手段,我们要避开只塑造品牌而不要销量的误区,任何脱离产品而塑造的品牌,犹如大厦建设没有根基,最终必然倒塌。更要避免只注重短期销量而忽视品牌的做法,应该用品牌核心价值打动消费者,让每一次销售都为品牌加分。

5. 精确传播品牌核心价值

目标群体及品牌建立的不同阶段决定品牌的传播方式。如目标群体为普通大众可以选择电视和报纸,面对某些特定人群可选择特定的杂志或报刊等;在品牌创立知名度初期,以让目标群体知晓产品名称及品牌核心价值为主,在品牌达到较高知名度阶段,以让目标群体认可品牌核心价值及品牌附加值为主。

6. 持续维护品牌核心价值

品牌核心价值一旦确定,就应持续保持一致。

二、品牌定位

品牌定位是指企业在市场定位和产品定位的基础上,对特定的品牌在文化取向及个性差异上的商业性决策,其目的是为某个特定品牌确定一个适当的市场位置,使品牌在消费者心中拥有特殊的地位,当消费者提到该品牌就会产生对应的品牌联想。如,"三星"的品牌定位是"数字技术领导者,高价值和时尚",沃尔沃的品牌定位是"安全"等。

(一)品牌定位对品牌建设的作用

1. 品牌定位是形成市场区隔的根本

准确的品牌定位能使你的品牌与其他品牌区别开来,从众多同类或同行业的品牌中脱颖而出,从而在消费者心目中形成一定的地位。例如,上海三脉泉养生机构将自己定位为"自主养生专家",与传统的保健品销售企业清晰地区隔开,迅速获得了消费者青睐,当人们提到"自主养生专家",第一个想到的就是"三脉泉"。

2. 品牌定位有利于树立品牌的形象

品牌定位是针对目标市场及目标消费者确定和建立起来独特的品牌形象。它是人们在看到、听到某一品牌后所产生的印象,是消费者通过对品牌感觉、认知和理解,在脑海中储存的品牌的信息。如孔府家酒定位为"叫人想家的酒",那么它在消费者心目中就形成一个"顾家的、爱家的"品牌形象。

3. 品牌定位有利于塑造品牌的个性

品牌定位不但有利于向消费者提供个性化的需求,而且也有利于塑造品牌的个性。品牌和人一样都有个性,品牌个性的形成与其定位是息息相关的,也可以说品牌定位是品牌个性的前提和条件。品牌定位不同,体现的个性就不相同。同是可乐,可口可乐体现的品牌个性是"经典",而百事可乐体现的是"前卫、时尚"。

4. 品牌定位有助于与消费者沟通

说得通俗一点,品牌的定位就是品牌要弄明白"我是谁、我该怎么做、我做什么"的过程。要想与消费者沟通,取得消费者的认可,首先要告诉消费者"我是谁、我能为你做什么"——这就是品牌定位。只有说清楚你是谁,消费者才能根据自己的情况,看看是不是需要你,要不要接触你,了解你。例如佳洁士告诉消费者它是"防蛀牙专家",又通过广告画面传播和证明自己能做什么,从而与消费者有效沟通。品牌定位实际上是品牌与消费者沟通的前提。

5. 品牌定位有利于品牌的整合传播

品牌定位必须通过有效的传播才能由理念变为现实,真正在消费者心中占有自己的位置。所谓品牌传播就是通过广告、公关等手段将企业设计的品牌形象传递给消费者,以获得消费者的认知和认同,并在消费者心目中确立一个企业刻意营造的形象。没有定位的传播必然是想当然的、杂乱的,当然效率低下。品牌的定位与品牌传播在时间上存在先后,正是这种先后秩序决定了两者之间相互依赖、相互制约的关系。品牌定位必须通过品牌的传播才能实现。在当今竞争如此激烈的市场中,唯有整合营销传播才能使定位真正有效,相反,如果定位不准,再好的传播也很难到达预期的效果。传播要依赖于品牌的定位,同时也为定位服务。没有品牌定位,传播就会缺少针对性、更难以系统和一致,导致消费者心目中不好或不统一的品牌形象。因此说品牌定位是品牌整合传播的基础。

6. 品牌定位有利于企业占领市场和开发市场

品牌定位不仅明确了自身的形象,也明确了目标消费者。一个品牌成功的定位,对企业占领市场、拓展市场具有很大引导作用。品牌定位已远远超出了产品的本身,产品只是承载品牌定位的物质载体,人们使用产品在很大程度上是体验品牌定位所表达的情感诉求。万宝路香烟最初问世时,将女性烟民作为目标市场,而女性烟民购买力不稳定,且重复消费低,致使万宝路从问世以来一直默默无闻。在这种情况下,万宝路改变品牌形象,将目标市场重新定位为男性烟民。在品牌塑造中以铁骨铮铮的男子汉作为形象代言,一改过去女性十足的品牌形象。新的品牌形象一问世,就受到男性烟民的青睐,给万宝路带来巨大财富。由于品牌诉求一发生变化就带来不同的市场反应,因此品牌定位准确与否将直接影响市场开拓。

(二)中国企业品牌定位误区

"定位"已经成为中国企业耳熟能详的概念,但在实际操作中,不同环境、不同人所说的定位有很大差异,在实际应用中更存在许多误区。

1.把市场划分看作品牌定位

很多企业一说定位,就喊出我们做什么行业,不做什么行业,然后把市场再分成高、中、低端。或者把目标消费者确定看成品牌定位。分析定位就是"我们到底做哪个","哪个已经做了","哪个还没做",等等。其实,这个问题在业务战略或市场细分、目标市场选择时就应该定好。因为市场细分时,这一项是不可或缺的。品牌定位是在目标消费者心中找到合适的"位置",不是市场划分。

2.把产品差异化看作品牌定位

产品差异化更多意味着战术。定位也讲差异化,但更多的是战略层面的,在同一定位下面,不同产品可以有不同的差异化策略。比如一个品牌的定位是健康,其下面的产品一个可以讲健康的营养,另一个可以讲健康的能量,都可以,但"健康"的定位却不能变。

3.把竞争优势看作品牌定位

这也是人们常犯的错误。主要原因来自竞争优势与品牌定位的目的是一致的,都是为了赢得竞争的主动权。比如,一个品牌的定位是"天然",他们的员工会到处说:天然是我们的优势。这句话,就在定位和竞争优势间画等号了。再如,一个品牌具有领先的技术优势时,员工也会宣传:我们这个品牌的定位就是技术领先。同样在定位和竞争优势间画等号了。

竞争优势与品牌定位不是一回事。品牌定位是在某一认同(通俗地说是给消费者的印象)上积累品牌资产,从而与对手区隔开,而竞争优势是为品牌定位的所作的各项努力。

4.把广告语看作品牌定位

广告语,确实有传播定位的职责。所以,从广告语里能够看出一个品牌的定位和承诺。但广告语可以不断更换,定位却不可以。从表达上看,定位可以用很朴实的语言来表达,如"安全"、"健康"、"快乐"等。但广告语则不行,必须讲究生动、有趣、琅琅上口、容易记忆、难以忘怀等,比如农夫山泉的定位是"天然",其广告语是"农夫山泉有点甜"、"我们不生产水,我们是大自然的搬运工"。

5. 把企业价值观看作品牌定位

在概念的外延上,企业价值观应该大于品牌定位,它是针对企业生存价值而言的,包含企业是非标准、做事原则、整体风气等。通俗来讲,是企业的宗教。而品牌定位是针对消费者而言的,是在价值观的基础上的,与消费者直接沟通的工具。

企业文化侧重于建立良好的人文环境,让员工心甘情愿地为企业工作;品牌定位侧重于实现与消费者的良好沟通,给企业直接带来效益。

(三) 品牌定位原则

1. 品牌定位要源自对目标顾客的洞察

品牌定位首先必须要针对目标顾客,因为只有目标市场才是其特定的传播对象。只有对目标顾客作深入的了解,与目标消费群的需求相吻合,定位才有意义。

比如,永年堂"经络养生"的定位正是出于对消费者需求的考虑。现代职业人士生活、工作压力大,常常出现胸闷、乏力、睡眠质量不高等症状,但体质检查又常常都是指标正常,处于亚健康不至于服药、住院,永年堂发掘传统中医药文化,通过艾灸、推拿等外治手法,可以有效缓解亚健康状态。永年堂既不是医院,也不是足疗休闲场所,它成为"经络养生"的第三种业态,深得消费者喜爱。

2. 品牌定位要与产品本身的特点相结合

品牌是产品的形象化身,产品是品牌的物质载体。品牌能使人想到某种源自产品但高于产品的重要含义。像钻石戒指这类消费品,可以将其定位于富贵、爱情的象征;酒类产品,可以将市场进行细分后,以不同的定位满足消费者不同的需求,如白酒市场既有高档尊贵的国宴佳酿茅台,又有为广大群众所钟爱的二锅头。

3. 品牌定位要与企业的资源条件相匹配

品牌定位要充分考虑企业的资源条件,以优化配置和合理利用资源为宜。品牌定位是为了让产品占领和拓展市场,为企业带来利润,在品牌定位上的投入与企业所得的经济效益比是企业经营者应该着重考虑的问题之一。因此,企业一定要做"力所能及"的事,而不是好高骛远地做"想当然"的事,定位必须结合企业的规模、技术水平和实力等相关因素。比如,企业要进军高科技产品领域,就必须有相应的高科技和研发能力;定位于国际性的品牌,就要有雄厚的支持资金和运作全球市场的经营管理水平。

4. 品牌定位要关注竞争者,应该区别于竞争对手

竞争者是品牌定位要考虑的重要因素,是品牌定位的参考系。企业在进行品牌定位时应力求在品牌个性和形象风格上与竞争者有所区别,否则,消费者很容易将后进入市场的品牌视为"模仿秀"而难以产生信任感,哪怕企业做得再好,顶多也不过是个"超级模仿秀"。百事可乐刚进入市场时,使用"ME-TOO(我也是)"的战略,可口可乐借机推出"只有'可口可乐'才是真正的可乐"的战略进一步提醒消费者,"可口可乐才是原创,其他皆为冒牌货",给了百事可乐以迎头痛击。因此,拥有属于自己的品牌特色并与竞争者区分开,是企业在进行品牌定位时不可忽视的重要一环。

5. 品牌定位的表达要简明扼要

品牌定位的表达要简单化,要基于消费者的洞察力和市场空白,抽取其具备代表性的要点来说明其品牌的本质特征,同时还要激发消费者的购买欲望。沃尔沃用"安全"来释义其产品的特点,而奔驰则处处彰显"尊贵"。

6. 品牌定位要始终如一

定位可以在顾客心中形成一个特殊的品牌形象,不要轻易改变。如果轻易改变,可能会给顾客带来反感,或者让顾客感到无所适从,使得此前积累的品牌资产流失,导致资源的浪费。

(四) 品牌定位的步骤

品牌定位是品牌创建至关重要的环节,如何进行定位规划,杰克·特劳特提出了品牌定位的四个步骤。

第一步:分析行业环境

品牌定位不是想当然,而是基于行业特征、竞争环境、消费者需求与企业的资源四个维度进行规划,需要切合行业环境属性与要求。

首先,从市场上的竞争者开始,弄清他们在消费者心中的大概位置,以及他们的优势和弱点。这样可以弄清不同品牌在人们心中的位置,寻找空白点。

同时需要考虑的是市场上正在发生的情况,以判断推出区隔概念的时机是否合适。绿谷集团 1997 年推出抗癌产品中华灵芝宝时,正值中国肿瘤发病率

急速上升的初期，人们惧怕癌症，把癌症等同死亡，而西方医学对癌症的治疗主要是靶点治疗，手段更多集中于手术和放疗、化疗，效果不一定好，副作用大。中华灵芝宝强调"扶正固本"和多靶点治疗，副作用明显减少，与西医结合效果更明显，很快受到消费者欢迎。而绿谷10年后推出的产品"道生四诊仪"开始并没有这样的好运气。这是一款中医现代化的产品，把中医的"望、闻、问、切"量化、智能化。产品推出后中医不认同，因为"望、闻、问、切"自古就是凭经验；西医也不认同，因为它的理念、指标体系都与西医不相容。但随着政府对中医药文化推广力度加大，"道生四诊仪"不仅获得消费者的认可，也获得了专家的认可，逐渐成为医院的专业设备。

特劳特协助莲花（Lotus）第一个推出网络使用的"群组软件（Groupware software）"Notes时，全美国的企业正在赶赴电脑联网的热潮（此案例曾使濒临倒闭的莲花公司起死回生，并卖出35亿美元）。就像是冲浪，太早或太迟，你都可能身葬大海。把握住最佳时机，你才有可能得到一个好的区隔。

第二步：寻找区隔概念

分析行业环境之后，要寻找一个概念使自己与竞争者区别开来。美国有3 600所大学，比世界上任何地方都要多，但他们在很多方面都很相似，尤其是愿意接受政府援助作为奖学金和贷学金方面。位于底特律西90英里的休西岱洱学院（Hillsdale College），就此提出了一个区隔概念：拒绝政府资金，甚至包括联邦背景的贷款。几乎没有竞争者敢这样做。休西岱洱的口号是"我们脱离政府影响"，将学校定位为"保守思想的乐园（a mecca for conservative thought）"，使自己的区隔概念深入人心。

工业园建设已经成为各地政府吸引投资、加快经济建设的重要手段，但往往大同小异，多数以"一站式"供应链为主要特色，集生产加工、物流储运、交易展示、信息商务、管理检测和综合配套等功能为一体。龙新品牌管理机构在协助安徽淮北临涣工业园区进行品牌定位时，通过调研分析中国工业园区建设情况，尤其重点分析了淮北市的资源情况后，提出了"中国循环经济发展的引领者"的品牌定位，"循环经济"成为工业园的产业特征，使临涣工业园品牌形象的区隔十分清晰，为以后的宣传推广和招商活动找到了支点，得到了当地政府的首肯。

第三步：找到支持点

任何一个区隔概念，都必须有据可依。可口可乐说"正宗的可乐"，是因为它就是可乐的发明者;沃尔沃强调"安全",它在汽车安全性能的研发与制造方面都作了超出一般企业的投入。

消费者需要你证明给他看,你必须能支撑起自己的概念。

第四步:传播与应用

有了区隔概念,并不意味着定位的建立。企业要靠传播才能将概念植入消费者心中,并在应用中建立起自己的定位。要在每一方面的传播活动中,都尽力体现出区隔的概念。可口可乐的每一次广告、活动都不断提示其"正宗",而百事可乐则持续彰显其"年轻、活力"。

企业员工对定位的认同十分重要。当你的区隔概念被员工接受,而且在企业的销售、产品开发,以及任何可以着力的地方都得到贯彻,你才可以说,你为品牌建立了定位。

(五)品牌定位的策略

基于客户的品牌资产强调的是产品服务及形象在目标客户心中占有独特的价值地位。因此我们这里所说的品牌定位可以从功能、情感、自我表现三个维度去规划、提炼。

1. 从功能维度定位

产品功能是整体产品的核心部分,事实上,产品之所以为消费者所接受,主要是因为它具有一定的功能,能给消费者带来某种利益,满足消费者某些方面的需求。功能定位的实质是突出产品的效用,一般表现在突出产品的特别功效与良好品质上。如果产品具有与众不同的功能,那么该产品品牌即具有明显的差异优势。例如,本田节油,沃尔沃安全,宝马的操作系统有优越性;飘柔使头发光滑柔顺,潘婷能为头发提供营养,海飞丝去屑出众。来自泰国的红牛(Red Bull)饮料提出"累了困了喝红牛",强调其功能是迅速补充能量,消除疲劳。

任何产品都不可能拥有同类产品的所有竞争优势,也不可能占领同类产品的全部市场。市场总是存在一些为消费者所重视而又未开发的空当。善于寻找和发现这样的市场空当,是品牌定位成功的一种重要选择。美国玛氏公司生产的 M&M 巧克力,其广告语为"只溶在口,不溶在手",给消费者留下了深刻印象,其关键是找到了一个市场空白地带,使定位获得成功。

从功能维度定位可以侧重客户利益定位。顾客购买产品,是因为产品能满足其某些需求,带来某种利益。利益定位就是将产品的某些功能特点和顾客的关注点联系起来,向顾客承诺满足某利益点上的诉求,以突出品牌个性,获得成功。例如"高露洁,没有蛀牙";"保护嗓子,请选用金嗓子喉宝"。摩托罗拉和诺基亚都曾是手机市场的知名品牌,但它们强调的利益点却截然不同,摩托罗拉强调它"小、薄、轻",诺基亚则宣传它"无辐射、信号强"。

利用利益定位时,利益点的选择可以是一个,也可以是两个或两个以上。如利比公司 UmBongo 品牌定位为"为妈妈带来健康,为小孩制造乐趣"。由于消费者不喜欢复杂,其对信息的记忆是有限的,因此一般来说,利益点以单一为好。

产品外观是产品的外部特征,是产品的基本属性之一,会给消费者留下第一印象,而第一印象常常是消费者接受或拒绝产品的重要依据。功能定位的维度还可以选择产品的外观作为品牌定位的基点,可使品牌更具鲜活性。如白加黑感冒药将产品分为白、黑两种颜色,并改变了传统感冒药的服用方式。这两种全新形式本身就是该产品的一种定位策略,而"白加黑"的名称则使它更明朗。

功能定位集中表现为 USP,是英文 Unique Selling Proposition 的缩写,中文意思为"独特的销售卖点",即一个产品只提供一个卖点,这个卖点是独一无二的。USP 定位策略的内容就是在对产品和目标消费者进行研究的基础上,寻找产品特点中最符合消费者需要的、竞争对手所不具备的、最为独特的部分。例如乐百氏纯净水的"27 层净化"就是国内 USP 定位的经典之作。宝洁公司相继推出汰渍(Tide)、波尔德(Bold)、德来夫特(Dreft)、象牙雪(Ivoly Snow)、伊拉(Era)等多种品牌的洗衣粉,每个品牌都有其独特的 USP:汰渍"去污彻底",波尔德"使衣物柔软",德来夫特"适于洗涤婴儿衣物",象牙雪"去污快",伊拉声称"去油漆等顽污",等等。宝洁通过 USP 定位,发展多种品牌,占据了很大的市场空间。

2. 情感定位

情感是维系品牌忠诚的纽带,它能激起消费者的联想和共鸣。情感定位就是利用品牌带给消费者的情感体验来进行定位。海尔以"真诚到永远"作为激发顾客情感的触点,博得顾客青睐;百事可乐发展出了以"百事,为心态年轻的人而存在"为主题的广告宣传活动,以激发人们的青春活力,使它拥有越来越多的消费者。

有效的品牌建设需要与根深蒂固的人类情感建立恰当而稳固的联系。伟大的品牌都知道必须尊重顾客的物质与情感需求。然而,同巨大顾客群建立的情感纽带并不是万无一失的。正如美国品牌专家斯科特·贝德伯里所说:"消极的情感反应后果严重,即便是只有一小部分顾客有这种反应,也可能产生强烈的影响。由于媒体对大公司越来越多的评判,微小的错误都可能成为公司的灾难之源,使花费数年心血建立的品牌信任纽带在一瞬间断裂。要使纽带建立在更牢固的基础上,就要给予顾客以尊重。要永远记住,爱与恨之间往往只有咫尺之遥。"

3. 自我表现定位

自我表现定位是通过勾画独特的品牌形象,宣扬独特的品牌个性,使品牌成为消费者表达个人价值与审美情趣的载体。汽车的基本功能是代步工具,我们愿意花更多的钱去买奔驰、宝马,其实是在传达一种"自我"。

市场可以依据商品的价位划分为高价市场和低价市场。对于像手表、香水之类的奢侈品,定位于高价市场往往很有效。例如"世界上最贵的香水只有快乐牌(joy)","为什么你应该投资于伯爵表(Piaget),它是世界上最贵的表"。

高价策略也称撇脂定价策略。企业为了追求利润最大化,在新产品上市初期,会利用顾客的求新心理,将产品价格定得较高。美国的雷诺公司、杜邦公司、拍立得公司等都运用过这种策略。例如,1945年雷诺公司从阿根廷引进了原子笔生产技术,所花费的投资是26万美元左右,每支笔的生产成本只有0.8美元,而其售价定为12.5美元。半年之后雷诺公司不仅收回了全部投资,还获得了近6倍于投资的利润。

低价市场的产品一般是大众化产品,消费者在购物时首先想到的品牌就是位于低价市场的品牌。在中国,人们谈到速溶咖啡,首先想到的是雀巢;但一谈到低价速溶咖啡,首先会想到力神。虽然国产的低价速溶咖啡很多,但从目前来看,力神占领了低价市场空当。

20世纪90年代,美国航空业很不景气,1992年全行业亏损20亿美元。与此种萧条氛围形成较大反差的是,美国西南航空公司却连创佳绩,1992年该公司的营业收入增长了25%。西南航空公司的成功主要归功于消费者对其低价的认同。为了宣传自己的低价形象,公司总裁克莱尔曾亲自走入电视台热点新闻节目。在节目中,克莱尔头顶一只公文包,说如果哪位乘客为乘坐该公司班机而感到寒碜的话,公司就送他一个这样的包。当主持人问为什么时,克莱尔说:"装钱呀! 乘坐西南航空的航班所省下的钱可以装满整整一包。"丰田公司在美国宣传凌志轿车时,将凌志图片和奔驰图片并列在一起,加大标题宣称"用 38 000 美元就可以购买到价值 75 000 美元的汽车,这在历史上还是第一次"。

营销不但要使企业盈利,而且要符合消费者长远利益,有利于社会的进步和发展。一些企业在定价时多以社会责任为目标,但这种高素质的企业还不多。例如美国麦得托尼克公司发明了世界第一台心脏起搏器,公司从人类的最大福利出发,本着救死扶伤的原则,坚持从社会责任出发为该产品定价,将产品的价格定得较低。

品牌的内涵是文化,具有良好文化底蕴的品牌具有独特的魅力,能给消费者带来精神上的满足和享受。从文化角度定位就是突出品牌的文化内涵,以形成品牌的个性化差异。张裕红酒"传奇品质,百年张裕"的品牌定位,揭示了酒的文化内涵,树立了独特的品牌形象,使一个拥有传奇品质的民族老字号企业屹然挺立。茶在中国人的生活中占据重要地位,不同品种的茶叶不仅具有不同的属性,也负载着不同的地域文化。"禅茶一味"茶叶则更多强调文化本身,品"禅茶一味"时更多的联想是禅文化。

文化定位可以凸显品牌的文化价值,进而转化为品牌价值,把文化财富转化为差异化的竞争优势,使产品在激烈的市场竞争中保持强大的生命力。品牌文化一旦与消费者内心认同的文化和价值产生共鸣,它所释放的能量就非常可观,它最终将转化为品牌巨大的附加值。

三、品牌个性

个性是一个心理学名词,指人所具有的稳定而持久的特征,它包括能力、气质、性格和兴趣。比如,有的人热情活泼,善于交际,表情丰富,行动敏捷;有的人迟钝缓慢,沉默寡言,性情孤僻,多愁善感;有的人则容易激动,控制不住自己,有时会为一点小事而和他人争得面红耳赤。这就是个性,能体现个体之间差异的那些独有的特征。

品牌个性是对品牌的人格化描述。它由企业通过产品本身、名称、产品包装、营销活动等展现,并最终被消费者所感知。如:万宝路的"阳刚",香奈儿的"优雅";华为的"狼性",中兴的"牛性"等。

(一)品牌个性的形成及来源

品牌个性的形成是长期有意识培育的结果,它来自多种因素。这些因素可以分为两类:与产品相关的因素和与消费者有关的因素。主要有以下五种。

1. 产品

产品是品牌的物质载体,可以向消费者提供功能利益、情感利益和自我表现利益,是形成品牌个性的主导力量。英特尔的 CPU 产品以极快的速度推陈出新,该公司的创新品质、创新速度形成了英特尔最重要的品牌个性,让电脑用户在享受成果的同时也感受到了英特尔的魅力,造就了英特尔巨大的品牌价值。劳力士品牌的个性是精确创新,它为此也在不断努力,以期完善自己。它研究的方向有两个:防水与自动。1926 年,第一只防水、防尘表问世;1929 年,制造出了风靡一时的"恒动"型表,该表成为所有自动表的先驱;1945 年,又推出能用 26 种语言表明日期的表。为鼓励创新,劳力士公司设立了企业精神奖,每 3 年颁发 1 次,以奖励科学研究、发明创造和在环境保护方面作出杰出贡献的人士。这些都为张扬劳力士品牌精确、创新的个性奠定了基础。

包装很容易直接凸显品牌个性,就像一个人的穿着打扮可以反映和强化其个性一样。今天,包装的意义已经远远超越了对商品的保护作用。包装可以提供便利,方便消费者携带、使用和保管;包装是无声的推销员,具有刺激消费者购买欲望的无形力量;包装是广告媒体,可以最直接地体现品牌个性和产品特色。瑞典的绝对牌伏特加,20 年来一直是引导时尚消费的经典品牌。它定位于时尚、尊贵,目标消费群是富豪、影星、艺术家、社会名流,声称是"艺术名流"的酒。其个性化包装对每一位消费者来说都不陌生;短颈圆肩的水晶瓶,透过完全透明的酒瓶,消费者感触到的是纯正、清爽、自信的伏特加。没有传统纸质酒标的绝对牌伏特加,让消费者感觉到的只有自信。其酒瓶除了包装作用,往往还被人们视为艺术珍品。

价格也可以反映品牌定位,暗示品牌个性。高价位的品牌可能会被认为是富有的、奢华的、上层社会的,例如奔驰、劳斯莱斯、路易十三极品葡萄酒;低价位的品牌会被认为是朴实的、节俭的、平民化的,例如一些普通日化产品。

2. 象征符号

象征符号对品牌个性有很强的影响力和驱动力。耐克公司著名的SWOOSH 标志,灵感来源于希腊胜利女神的翅膀,耐克希望自己的产品能给运动员带来胜利。其造型简洁,急如闪电,让人联想到使用耐克产品后的速度和爆发力。象征符号除了标志和其他识别符号外,象征物也很重要。象征物运用得当,可以赋予品牌以生命,让消费者与之对话,进行情感交流,进而成为忠实的朋友。象征物通常有四类：人物、动物、植物与卡通。

象征符号只有长期不断地坚持运用，才能加深印象。

3. 广告

广告有助于塑造品牌形象，显示品牌个性，不同的广告主题、风格会产生不同的广告效果。雀巢"奇巧"的广告创意始终带着幽默，其品牌不断传达给消费者一种休闲、轻松、幽默的个性。绝对牌伏特加的广告创意和风格同样独树一帜。多年来它坚持在平面广告中采用"标准格式"——以瓶子的特写为中心，下方加一行两个词的英文，总是以"Absolut"为首词，并以一个表示品质的词居次，如完美或澄清。在表现题材上与产品、物品、节目、口味、服装设计、主题艺术、欧洲城市、影片与文字、时事新闻等相结合，与视觉关联的标题措词及其引发的奇想赋予了广告无穷的魅力和奥妙。现在它的品牌个性已十分鲜明：时髦、独特、风趣、现代、年轻。

4. 使用者形象

品牌所定位的目标消费者不同，其给人的感觉和印象就会有所不同。一群具有类似的背景的消费者经常使用某一种品牌，久而久之，这群使用者的共有个性就被附着在该品牌上，从而形成该品牌稳定的个性。一般人很少喝人头马，即使广告铺天盖地，对他们也作用甚微；法国白兰地也是有钱人的酒，有钱的人才会钟情于它。所以，人头马、白兰地品牌形象的重要特征之一就是它可作为身份和地位的标志。

5. 企业领导人形象

具有独特个性的企业领导人会把自己的个性转移到品牌上，作为社会公众人物的领导人更是如此，这是形成品牌个性的一个重要因素。海尔集团的总裁张瑞敏诚恳、儒雅、睿智的个性无疑影响着人们对海尔品牌的看法。华为的任正非、万科的王石等都是通过个人沉淀的个性使企业、产品品牌受益。

香奈儿是迄今为止最具影响力和反叛精神的时装设计师。但香奈儿超越了服装的思想，超越了时尚的概念，她对服装核心功能的准确把握，使她的服装设计风格得以延续。服装"怎么穿"比"穿什么"更重要。她证明了一个事实：奢华和高雅的极致是简洁。追溯香奈儿品牌的发展历程，其实就是追溯品牌设计师香奈儿的一生，因为香奈儿品牌的前60年从未与夏奈尔本人传奇式的人生分开过。她的言行举止，她的社会地位，她的时尚风格，吸引了法国乃至全世界最核心人群的注意，她的整个生命历程其实就是香奈儿品牌最直接、最持久、最有效的广告运动。香奈儿本人就是香奈儿品牌,香奈儿品牌也就是香奈儿本人,而香奈儿品牌和香奈儿本人都融入了香奈儿式的生活方式和风格中。

(二) 品牌个性的价值

"万宝路(Marlboro)"这个名字其实是 Man always remember lovely because of romantic only 的缩写,意为"男人们总是忘不了女人的爱"。菲利普·莫里斯公司最初的用意在于让它充当女性烟民的"红颜知己"。为了表示对女烟民的关怀,公司把香烟的烟嘴染成红色,以期广大时尚女士为这种无微不至的关怀所打动,从而打开销路。然而几年过去了,莫里斯心中期待的销售热潮始终没有出现。20 世纪 60 年代初,公司请来了利奥-伯内特广告公司为万宝路作广告策划,勇敢地把女性化的品牌——万宝路一举改为男性化的品牌。菲利普·莫里斯公司投入巨额的广告费,在人们心目中树起了"哪里有男子汉,哪里就有万宝路"的品牌形象,那粗犷豪放、自由自在、纵横驰骋、四海为家、无拘无束的牛仔代表了在美国开拓事业中不屈不挠的男子汉精神,而这也正是万宝路的形象。万宝路被人格化了,其个性是:自由、野性与冒险。万宝路个性的转变使品牌绝处逢生,为企业带来巨额的品牌资产。

1. 差异化价值

在产品同质化的时代,差异化已经成为稀缺资源。没有差异性,一个品牌很难在市场上脱颖而出。通过品牌个性实现品牌差异化是企业经营的重要法宝。国内许多企业都喜欢用产品属性来展示其差异性,但这种建立在产品上的差异性很难保持。因为产品的差异性是基于技术的,一般比较容易仿效。品牌个性最能代表一个品牌与其他品牌的差异性,而这种差异性很难被模仿。

由品牌个性建立起来的差异深入到消费者的意识里,它提供了最重要、最牢固的差异化优势。个性给品牌一个脱颖而出的机会,并在消费者脑子里保留自己的位置。饮用水的基本功能是解渴,在饮用水市场,农夫山泉通过"我们不生产水,我们是大自然的搬运工",塑造了自己"天然"的个性,乐百氏通过"二十七层过滤",塑造了纯净的形象。鸡蛋的差异化并不大,"御康"品牌鸡蛋进入上海市场时,强调了蛋鸡"散养"的环境,打出了"会飞的鸡,健康的蛋"口号,其健康的形象受到消费者欢迎,鸡蛋价格是普通鸡蛋的 3 倍以上。

产品技术可以被模仿,但个性的模仿却很难被消费者接受,因为这种个性化的表达已经进入到消费者的心中。

2. 通过情感认同与消费者建立紧密联系

产品或服务是提供给人使用的,品牌个性使企业所提供的产品或服务人性化,从而使消费者消除戒备心理,较易接受企业的产品或服务。优良、鲜明的品牌个性能够吸引消费者,在消费者购买某个品牌的产品之前,这个品牌的个性已经把那些潜在的消费者征服了。

一旦明晰的品牌个性与消费者潜在的情感需求产生共鸣,人们就会购买这个品牌的产品,而不购买另外品牌的产品。品牌个性赋予消费者内心的感受会超越品牌定位;品牌个性也使品牌在消费者眼里活起来,这些元素能够超越产品的物理性能。正是品牌个性所传递的人性化的内容,使得消费者试着接受一种产品,下意识地把自己与一个品牌联系起来,不再选择其他品牌。真正的品牌有自己的生命,而这种生命不断通过个性展示,持续出现在人们的生活中。

在许许多多可以选择的品牌中,消费者开始考虑某个品牌时,品牌的"种子"已经种下。不过,此时在情感上,品牌并不一定就已经与潜在消费者联系上了。而品牌个性是消费者购买的动机触动器。

3. 品牌个性通过表达消费者个性形成消费者忠诚

品牌个性定义了人们的生活品质。品牌个性具有强烈的感染力,它能够抓住潜在消费者的兴趣,不断地保持情感的转换。正如具有沉稳、果断、自信个性的领导人具有超凡的个人魅力一样,品牌个性能够深深感染消费者,这种品牌的感染力随着时间的推移会形成强大的品牌动员力,使消费者成为该品牌的忠实顾客。这是品牌个性的重要价值所在。

(三)品牌个性的提炼

从功能上看,产品的同质化倾向严重,因此,唯有从品牌角度才能实现差异化区隔。提炼品牌个性需要从消费者角度考量,同时也要考虑到产品物质、功能层面的支撑。

1. 根据品牌定位确定品牌个性

品牌的定位其实也就是产品的最终购买者定位,也就是说你希望谁来购买你的产品,因此你必须关注这个群体的年龄、教育程度、收入状况、生活习惯、品位和个性特点等。只有确定了品牌的定位,才能确定品牌的个性。

2. 洞察消费者心理需求,确定品牌个性

品牌的个性塑造不能离开目标人群的消费心理,他喜欢的品牌也是跟他个性相符合的品牌。酒的市场虽然竞争激烈,但酒类产品的个性塑造明显不够,中国的白酒明显都缺少品牌个性的区隔,即使像茅台、五粮液这类历史悠久、具有较高知名度的酒你也很难感受到它们的个性。"绵柔、醇正"成了大多数白酒的诉求,品牌个性模糊。而一些洋酒品牌个性相对鲜明,如 XO,给人高贵、高雅和浪漫之感,它瞄准的是都市里高收入、追求生活质量和品位阶层。

3. 根据产品特点确定品牌个性

品牌塑造在前期阶段,要以产品为主,让消费者先去认知产品,了解产品,到一定程度后,才开始进行品牌的大力推广和塑造。比如企业的产品是工业用仪器仪表,那么产品概念主要应该在产品的功能和特点上,品牌的个性必须与产品特点相一致,品牌个性应该是诚实稳重的。

品牌个性的规划与表达应该力求简单明了。虽然人的个性极其复杂,但是品牌个性决不能太复杂。在品牌建设中,常常会碰上这样的问题,一个品牌有很多个性特点,往往很难取舍,如果面面俱到地表达那么多的个性特点,反而很容易把消费者搞糊涂,得不偿失。

4. 通过传播塑造个性

品牌的个性是指品牌的独特气质与特点,因此必须具有差异性,否则品牌就无法形成自身的张力。品牌个性的提炼与规划必须予以一定的形式表现与传播才能形成,被消费者认可。

品牌个性的差异性是建立在品牌定位的基础上的,不仅符合产品的特点和消费者状况,并表现在品牌的各个要素上,如产品包装、品牌标识、广告、价格差异、促销策略等。

宝洁公司的品牌管理非常成功,整个公司的品牌定位很简单,就是"宝洁公司,优质产品",在这个品牌定位的基础上,以洗发水为例,不同的品牌就有不同的特点和个性,"飘柔"是"自信","海飞丝"是"清新潇洒",潘婷是"靓丽",沙宣是"时尚"等。它们在广告代言人、广告诉求、产品包装上都与自己的个性保持一致,从而使每个品牌在消费者心中都留下深刻印象。

品牌个性传播,其中一个重要的原则是持续和一致,一切创意都要源于品牌的核心价值。

(四) 品牌个性的特点

而品牌个性的特征是多方面的,它主要表现为以下四个特点:

1. 稳定性

一般来说,品牌个性都需要保持一定的稳定性。因为稳定的品牌个性是持久地占据消费者心理的关键,如果品牌个性没有内在的稳定性,就不能称之为个性,自然也就谈不上与消费者产生共鸣,并彼此忠诚了。

2. 一致性

在品牌时代,品牌可以充分表现消费者真正的自我,表达个性的追求。无论是生活方式、兴趣、爱好以及希望,品牌帮助每个人更好地展示个性。正是品牌个性与消费者个性的这种一致性,才使得消费群体在这个多元化的社会里,愿意借助品牌表现自我,这也是品牌个性化的必然。在张扬个性的时代,人们按照自己的个性选择自己喜欢的品牌。全球经济一体化的发展,使这种趋势越来越明显。反过来说,也只有在品牌个性与消费者个性相一致的情况下,消费者才会主动购买,否则,就很难打动消费者。

3. 差异性

从根本上讲,品牌个性的目的就是帮助消费者认识品牌、区隔品牌,因此,差异性是品牌个性题中应有之义。许多细分品牌虽然定位差异性不大,但品牌个性会使之脱颖而出,表现出自己的与众不同。

4. 排他性

如果品牌个性得到了目标消费者的共鸣和接纳,它就会表现出强烈的排他性,建立起品牌的"防火墙",使竞争对手无法模仿,有利于品牌持续的经营。许多著名品牌都有自己鲜明的品牌个性,如锐步的野性、年轻、活力;微软的积极、进取、自我。这些品牌个性与目标消费者群体的个性吻合,征服了很多的消费者,表现出强烈的排他性,使竞争对手无法模仿,难于抗衡。

(五) 品牌个性塑造的原则:一切从品牌核心价值出发

品牌的核心价值是品牌个性的内核,而品牌个性是品牌价值的集中表现,两者是相互统一的。塑造品牌个性必须首先考虑品牌核心价值是什么,并以它为核心,一切从此出发。同时,如果要想提升品牌价值,那么也必须有鲜明的品牌个性支持,进一步丰富品牌内涵。

品牌定位是品牌个性的基础,而品牌个性是品牌定位的最直接体现,但两者间又不完全相同。当然,品牌个性并不像品牌标志、包装那样直观,可以看得见摸得着,它只是一种感觉。而这种感觉也会变化,存在于消费者心灵深处的力量强弱,将会直接影响它对品牌的购买决策。因此,塑造品牌个性也要考虑目标消费者的未来期望,才能保持与消费者的共鸣。

品牌个性的塑造,需要不断地投资,随着消费人群的更新及变化,品牌个性的表达方式也要作出相应的调整,不断地维护和管理。同时,加强品牌个性的投资,也是不断地为品牌做加法的过程,累积丰厚的品牌资产,实现了企业持续性发展。例如著名的箱包品牌 LV,它的目标消费者是成功人士,在品牌的打造过程中,它花了很多的资金,不断地对其"高贵、成功"的品牌个性进行了维护和管理,甚至采用了限量生产和预约登记的方法,想通过限定生产数量,带给目标消费者独一无二的感受。

(六) 品牌个性与品牌定位的关系

品牌个性的形成离不开准确的品牌定位,它是以品牌定位为基础的。品牌个性反映品牌定位,同时又是对品牌定位的深化。但品牌定位并不能决定品牌个性,两个品牌可能存在同样的定位,但却可以拥有不同的个性。例如万宝路和云丝顿香烟,它们的定位、品位、竞争类别和提供的利益点相同,表现方式也相对接近,强调现代而出众的形象。但万宝路因粗犷豪放的西部牛仔形象而使品牌个性更加突出,因而在世界市场上的份额经常领先于云丝顿香烟。

四、品牌愿景

愿景即所向往的前景。

品牌愿景是一个品牌为自己确定的未来最终将实现的蓝图。它不仅仅代表了包括企业管理者在内的所有为品牌工作的企业成员的共同愿望,更是对所有使用这类品牌的显在和潜在目标受众终极欲望的表达和描述。同时,品牌愿景必须与企业的使命、价值观和愿景保持一致。

《圣经》里说:"哪里没有愿景,人们即将灭亡。"缺乏品牌愿景的品牌战略规划和管理必将在激烈竞争中迷失方向,在业务延伸中失去衡量标准,致使品牌发展受阻。

品牌愿景就像灯塔一样,为出海的船夫指引着方向。品牌愿景是企业试图通过品牌带给人们的一个理想世界。因此,苹果电脑总能够提供源源不断的创造性,亚马逊网上书店让消费者在家就能享受到图书馆的服务。

（一）品牌愿景的构成

品牌愿景主要包含对未来环境的描述、对品牌终极目标的确定、品牌蓝图写真三个部分。

缺少对品牌未来环境的描述和品牌终极目标的确定，将不能形成一个科学、可行的品牌蓝图。缺少了这两个部分，再美妙的品牌蓝图都只能说是空想。

对未来环境的描述，对于一个成功品牌来说无疑是至关重要的。它是对未来环境的一种有见地的观察和预见，可以让品牌更容易被接受。这里的环境描述主要指政治环境、经济环境、社会环境、竞争环境、技术环境等，是对未来环境对该品牌影响最大的内容进行描述。

品牌蓝图写真，主要是把品牌未来环境、品牌的终极目标进行综合的、精炼的"美化"和描述。这里的"美化"，不是说未来的大环境全都是美的，而是将未来大环境的发展趋势为我所用。

（二）品牌愿景的作用

品牌愿景不仅能够为品牌带来清晰的、长远的目标，还可以增加内部员工的凝聚力和工作的积极性；同时，为品牌的延伸范围进行严格的界定；并对品牌核心价值、识别系统等方面的规划限定了基调。具体作用如下。

第一，品牌愿景驱使管理层一致努力实现品牌长期的财务和战略目标，在能够促进品牌增长的业务和方向上敢于投资，强化管理。

第二，品牌愿景指引企业对市场和消费者的深入调查，时刻把握市场和消费需求的变化，根据变化迅速调整产品、服务，以满足消费者未被满足的需求。

第三，品牌愿景可以清楚地告诉消费者、股东、社会利益相关者关于企业和品牌向何处去，如何到达，以及品牌在实现公司战略目标上将发挥什么作用。

第四，品牌愿景激励公司员工为了共同的使命、更远大的战略目标而奋斗，也可以避免品牌由于没有远期目标、漂浮不定而陷入巨大的市场旋涡和陷阱之中。

第五，品牌愿景为团队指明前进的方向，可以避免当面对不曾预见的威胁时，一个仓促的短期解决方案可能导致的品牌方向的偏移。

第六，品牌愿景对品牌战略规划中的品牌核心价值、品牌识别系统、品牌营销活动进行界定。

第七，品牌愿景为品牌延伸确定了清晰的范围。在品牌资产允许的情况下,规定了品牌可以延伸的行业、品类和不可以延伸的行业、品类。

(三) 品牌愿景规划的关键因素

在进行品牌愿景规划的时候,必须注意一些关键因素,否则容易导致品牌愿景成为大而空的套话,或者不能够被内部人员以及股东等相关利益者认同,最终导致品牌愿景实施失败。

首先,要营造适合品牌发展的文化。

所谓适合的文化主要是指在进行品牌愿景规划之前,要形成对品牌愿景的认同氛围。在这一文化氛围中,人们认同、向往这个愿景,愿意为这个愿景奋斗,绝不会有人嘲笑他人表达和讨论愿景。实质上,建立品牌愿景就是创造一种文化,而这种文化是建立在信念的基础上的,团队成员愿意为品牌愿景奋斗。

与此同时,品牌愿景的建立要依据企业内部的现有文化,它萌芽、成长于此文化,并通过自身的建立提升此文化。一个脱离组织现有文化氛围的品牌愿景其实现的几率是非常低的。

其次,中高层管理者的参与与互动。

一般而言,进行品牌愿景规划要了解企业低、中、高三个层次对愿景的描述与构想。在这个过程中,最重要的是找到愿景形成的关键影响者,而这样的人可能只是一两位,也可能是一个小群体。因为对于一个企业而言,整体的文化可能就是由一两个人或者几个人影响而形成的,比如很多民营企业,它们的整体文化和工作风格都是受老板的影响而形成的。所以,找到这个关键点对于品牌愿景的建立至关重要。同时,要发动组织所有成员参与,其实参与的过程也是理解的过程、提高认识的过程。

最后,要研究消费者的意见,但又要高于他们的意见。

品牌愿景不是企业董事会、管理者一相情愿的事,它不仅代表了品牌经营者的愿望和目标,更是消费者使用这个品牌的终极欲望的体现。品牌愿景要求品牌经营者必须对市场和消费者深入了解,权衡品牌所承担的社会责任,增强对社会的使命感。

品牌愿景规划要洞察消费者的需求,但又不能完全依据消费者的意见进行决策。因为消费者首先关注的是眼前的需要,而管理者进行品牌战略和品牌愿景规划时考虑的是一个长远的规划。所以,在确定愿景时,一定要高于他们的需求。

五、品牌使命

品牌使命就是品牌主体在社会历史和现实生活中所承担的重大责任,是能为顾客解决的实际问题。一般而言,它是在品牌愿景的指引下,品牌主体需要承担的责任。事实上,品牌使命为该品牌提供了存在的理由,也为组织的决策提供了依据,让公司内部人员在进行品牌营销运作时知道该如何投入资源、精力等。

微软把品牌使命定为让世界每一台电脑都能使用他的操作系统,并由此改变人们的生活方式。迪士尼则赋予了品牌"为人类创造欢乐"的使命,这让其在经历了几十年的社会变迁,同业纷纷倒下的情况下,依然蓬勃发展。

品牌使命规划的步骤如下。

1. 符合社会和顾客的需要

一个品牌的创建与成长一定是因为社会需要,品牌受众一定会对品牌主体所应该承担的责任有所期待,因此,品牌管理者一定要与社会、与顾客进行沟通,发现他们的期待。事实上,就品牌的社会责任而言,我们只需通过阅读一些主流的媒体,看看一些民众对社会现象的评论就可知大概。

2. 符合品牌愿景

所发现的期待一定要与品牌愿景相吻合才能够作为品牌主体的使命。使命要在愿景的引导下完成,偏离了品牌愿景的使命,容易造成不必要的混乱,让品牌受众难以理解,甚至无所适从。

3. 使命的提炼

由于品牌受众所表达的期待往往是比较模糊而不清晰的,为了能够更好地起到统帅品牌并深入品牌受众之心,我们需要把它提炼成一句响亮而又切合实际的口号。它不仅能让消费者产生共鸣,同时也让员工有一种神圣感,为品牌成长共同奋斗。

六、品牌口号

品牌口号就是用来传递品牌信息的短语。品牌口号常常出现在广告中,因此又称为广告语。

品牌口号是品牌宣传的有力方式，与品牌名称一样，能迅速有效地建立品牌资产。品牌口号一般能形象地传达品牌的内涵，是消费者理解品牌的"抓手"。耐克的"Just Do It!"是充满运动基因的品牌呐喊，直观地演绎出耐克的品牌精神。

品牌的所有主张或理念是通过品牌口号来承载和表现的。品牌口号是品牌与消费者沟通，形成共鸣的重要介质。如中国移动的"沟通从心开始"、海尔的"真诚到永远"、美的的"原来生活可以更美的"等。

品牌口号不同于传播口号。品牌口号是品牌精神的提炼，彰显的是一个品牌的气质。一般而言，没有严肃的论证，品牌口号不必轻易更改。而"传播口号"却是阶段性的产物。不同时期可以有不同表现。

（一）品牌口号的特征

（1）简短、有内涵，通常字数控制在 7—10 字左右。

（2）具有一定的稳定性和可识别性。

（3）有一定外延深度和广度。

（4）富有哲理和人文气息，极具亲和力，易于与目标受众产生共鸣。

（二）品牌口号的创作

1. 品牌口号的种类

品牌口号可分为：理念、科技、服务、品质、功能等五大类。如海信的"创新就是生活"属于理念类。M&M 的"只溶在口，不溶在手"属品质类。可口可乐的"清凉一刻"属功能类。海尔的"真诚到永远"和小天鹅的"全心全意小天鹅"就是服务类等。

大部分品牌口号属理念类，因为它具有高度的概括性，其内涵深刻、隽永，寓意深远；外延具有很宽泛的延伸性，包容性极强；表现形式短小精悍，发音响亮，容易传播、识别；应用起来尤其方便。

2. 品牌口号必是肯定的、正面的、蕴含品牌价值的

一条有穿透力、有深度、有内涵的品牌口号的传播力量是无穷的，而且往往会成为目标消费者的某种生活信条、处事原则，或成为生活方式、生活目标。一条高起点的品牌口号既与世俗不矛盾，又与目标消费者的价值理念高度和谐与对称。

第二节　品牌视觉系统

消费者购买品牌首先要知道、看到这个品牌，因此创建一个品牌，在明确品牌的理念之后，就要设计品牌的视觉系统。品牌视觉是品牌理念的视觉化，通过品牌名称、标识、标准字、标准颜色等视觉要素在各种载体上的应用，以及对各种载体的创意设计，把品牌理念以视觉方式传达给消费者。品牌视觉系统是品牌向消费者进行传播的有效方式。

视觉识别系统（Visual Identity）简称 VI，是传播企业经营理念、建立企业知名度、塑造企业形象的最直接的表达。品牌视觉系统是品牌战略性视觉设计的总体阐述，也是品牌战略和视觉设计的共同体。

品牌视觉系统一般分为基础系统和应用系统。基础系统包括：名称、标识（品牌标志）、标准字、标准色、象征图案（企业辅助图案）等。应用系统包括：办公用品、环境（指示牌等）、交通工具、服装服饰、印刷品（品牌文化手册或海报、画册等）、招牌（路牌和吊旗等）、包装系统、公务礼品、陈列展示、吉祥物，以及广告媒体部分（影像广告规范、报纸广告规范、网络广告规范），等等。具体应用中可以按需求增减。下面就品牌视觉系统中的核心要素进行讨论。

一、品牌名称

品牌名称以非常简洁的方式反映产品的内容和主要联想，是沟通中极其重要的因素。一则广告会持续半分钟，销售电话甚至长达半小时，而顾客关注品牌名称并在记忆中搜索或激活其意义，仅需几秒钟。品牌名称是品牌的核心元素，品牌创建从好名称开始。

1920 年，可口可乐最初进入中国的中文名译为"蝌蝌啃蜡"。消费者不知其义，知道后也不忍入口。其销量可想而知。直到 1979 年，中国改革开放后，可口可乐重新进入中国市场，中文名译为"可口可乐"，暗喻口感良好，使人舒心快乐，情况才大为改观。名称本身就是对产品的最好诠释与传播。

1998 年，深圳机场定名为黄田国际机场后，发现不少境外乘客特别是台湾乘客不愿意到该机场，舍近求远地在香港或广州白云国际机场乘机或降落。后来才了解到"黄田"在闽南语中与"黄泉"谐音，乘客很容易由"去黄田机场"联想到"去黄泉之路"，多么不吉利的名字！2001 年 10 月，深圳黄田国际机场更名为深圳宝安国际机场，"宝安"与"保安"谐音，含有"保护平安"之意，更名后，机场接待的境外乘客明显增加。

品牌名称给人的联想，直接影响消费者对品牌的接受，进而影响该品牌的销售量。这是由千百年来文字、方言、俗语对人形成的定性思维导致的，所以，品牌的名称也同样直接影响到消费者的想象空间，品牌的名称其实是一种无形的卖相。事实上，这种无形的卖相比起有形的卖相（如包装、陈列等）影响消费者的购买情绪更直接、更快速。在消费者心中，品牌名称与产品紧密相连。营销者很难在产品推出后改变名称。

给品牌命名既是一门艺术，也是一门科学。品牌命名应遵循三个原则。

（一）传播力要强

在品牌的经营上，一个成功的品牌之所以区别于普通的品牌，其中一个很重要的原因就是，消费者在消费时能够第一时间回忆起品牌的名称，成功的品牌拥有家喻户晓、妇孺皆知的知名度。因此，对于品牌的命名来说，首要的是要有传播力。不管给产品取一个什么样的名字，最重要的还是要最大限度地让品牌传播出去，使消费者尤其是目标消费者想得起、记得住！

品牌的传播力强不强取决于品牌名的文字组成和含义，两者相辅相成，缺一不可。独特、简单、顺口，寓意产品某种特性，这样的名称更有传播力。好的品牌名如百威、帮宝适、格力等，都给品牌增色很多。在保健品里面，脑白金就是一个传播力非常强的名字。"脑白金"这三个字朗朗上口、通俗易记，而且这三个字能将产品的信息传递给消费者，使人们在听到或者看到时，就自然而然联想到品牌的两个属性：一是产品作用的部位；二是产品的价值。假如把脑白金命名为："×××口服液"，情况又会怎样，结果当然是不言而喻了。

被誉为华人第一国际品牌、世界著名的宏碁（Acer）电脑 1976 年创业时的英文名称叫 Multitech，经过 10 年的努力，Multitech 刚刚在国际市场上小有名气，一家美国数据机厂商指控宏碁侵犯该公司的商标权，必须立即停止使用 Multitech 作为公司及品牌名称。经过查证，这家名叫 Multitech 的美国数据机制造商在美国确实拥有商标权，而且在欧洲许多国家都早宏碁一步完成登记。商标权的问题如果不能解决，宏碁的自有品牌 Multitech 在欧美许多国家恐将寸步难行。在全世界，以"～tech"为名的信息技术公司不胜枚举，因为大家都强调技术（tech），这样的名称没有差异性。同时因雷同性太高，在很多国家都不能注册，导致无法推广品牌。因此，当宏碁加速国际化脚步时，就不得不考虑更换品牌。宏碁将更改公司英文名称及商标的工作交给一家专业品牌管理公司。为了创造一个具有国际品位的品牌名称，委托公司动员纽约、英国、日本、澳大利亚、中国台湾地区分公司的创意工作者，运用电脑从 4 万多个名字中筛选，挑出 1 000 多个符合命名条件的名字，再交由宏碁的相关人士讨论，前后历时七八个月，终于决定选用 Acer 这个名字。

宏碁选择 Acer 作为新品牌名称，出于以下几方面的考虑：

（1）Acer 源于拉丁文，代表鲜明的、活泼的、敏锐的、有洞察力的，这些意义和宏碁所从事的高科技行业的特性相吻合。

（2）Acer 在英文中，源于词根 Ace（王牌），有优秀、杰出的含义。

（3）许多文件列举品牌名称时，习惯按英文字母顺序排列，Acer 第一个字母是 A，第二个字母是 C，取名 Acer 有助宏碁在报章媒体的资料中排在前列，增加消费者的印象。

（4）Acer 只有两个音节，四个英文字母，易读易记，比起原英文名显得更有价值感，也更有国际品位。

宏碁的成功有许多因素，但品牌名称肯定也起到了重要作用。

给品牌命名，传播力是一个核心要素。只有传播力强的品牌名才能为品牌的成功奠定坚实的基础。

（二）亲和力要强

品牌名尤其是大众消费品的品牌名，其创意必须符合消费者的认知与欣赏习惯。不同层次、不同文化背景的人都有其不同的行为取向，所以一定要根据产品定位来命名，让名称与消费者共鸣，引导消费者消费。"禅茶一味"作为茶叶品牌，传达出浓郁的文化气息，注定会受到高端人士的青睐；"扳倒驴"作为酒的品牌名，吸引的是豪放旷达的人士。

同样是国际知名香皂品牌，同样有传播力很强的品牌名，"舒肤佳"的品牌知名度和市场占有率与"力士"就显现出了截然不同的差异。同样是治疗更年期综合征，"太太静心口服液"却异军突起，后来者居上，赢得了更多的市场份额。

这里品牌名的亲和力起到了重要作用。品牌名的亲和力取决于品牌名称用词的风格、特征、倾向与消费者的文化共鸣。"力士"这个品牌名传播力强，但在亲和力上却远不如"舒肤佳"来得直接。"力士"给人的感觉男性化,但我们知道,一般情况下,在家庭中采购香皂的大多数是家庭主妇,因此"力士"这一名称和目标消费者的喜好显然是有差距的。而舒肤佳则不同,这一名词首先是中性化的用语,它不但更广泛地切合了目标消费者的偏好,而且,通过强调"舒"和"佳"两大焦点,给人以使用后会全身舒爽的联想,因此其亲和力更强。所以,在给品牌命名时,不但要注意品牌名的传播力,也要注意把握品牌名的亲和力,只有这样才能使品牌的传播达到最佳效果。

(三)可保护性

很多人都熟悉同仁堂的案例。康熙八年创办的北京同仁堂,当年是皇帝的御药房,至今已有 300 多年历史,可由于种种原因,"同仁堂"这块御笔金字招牌没去国外注册成商标,特别是在日本已被日商抢先注册,使得颇信中医的日本人从此在日本难觅中国"同仁堂"的芳踪。

大多数的中国企业国际大市场的观念差,商标保护意识薄弱,忽略了对自己精心经营的品牌的保护,给他人以可乘之机。"青岛"牌啤酒在美国被抢注;"凤凰"牌自行车在印度尼西亚被抢注;"竹叶青"酒在韩国被抢注;"阿诗玛"牌香烟在菲律宾被抢注;"大宝"在美国、英国、荷兰、比利时被抢注;"红星"二锅头在欧盟、瑞典、爱尔兰、新西兰、英国被抢注;"大白兔"商标在日本、菲律宾、印度尼西亚、美国、英国被抢注;天津麻花商标"桂发祥十八街"、北京酱菜老字号品牌"六必居"在加拿大被抢注;河南著名白酒品牌"杜康"在日本被抢注;在中国被列为"国宝级"保护的"一得阁"墨汁等在日本被抢注。商标权益得不到出口对象国的法律保护,致使我国企业在经济上受损,在经营上站不住脚,并且投诉无门,还面临着丧失整个国外市场的风险,处境十分被动。

这样的例子在国内也不鲜见。2001 年年初,吉林九鑫集团代理了济南东风制药厂的扬帆牌新肤螨灵霜之后,决定进军广州市场。于是投入了几百万的资金进行了市场运作。由于扬帆牌新肤螨灵霜是国内第一个提出"杀螨益肤"概念的产品,加之其广告宣传到位,因此扬帆牌新肤螨灵霜进入市场之后,很快在广州走俏,甚至一度出现过断货现象。

市场上很快出现了与扬帆牌新肤螨灵霜外包装相似,但价格却便宜得多的妆字号新肤螨灵霜,进行终端拦截。消费者和终端药店纷纷选择功能相似、价格更低的产品。扬帆牌新肤螨灵霜受到了巨大的冲击,销量一路下滑。由于长时间滞销，一些终端药店纷纷要求退货。济南东风制药厂在给产品命名时采用的是"注册商标＋通用名"的方式，因此从法律意义上来讲，受保护的只有注册商标"扬帆牌"，而通用名新肤螨灵霜是不受保护的。眼看着其他新肤螨灵霜在市场上肆虐，吉林九鑫集团和济南东风制药厂也只能哑巴吃黄连——有苦说不出了，最后只好收缩市场。

在给品牌命名时，企业要考虑品牌名的保护性，最好采用注册商品名来给产品命名。泰诺等都是以注册商品名来给产品命名的，而消炎药利君沙不但用注册商品名给产品命名，而且为了防止相似品牌的出现，还进行了与注册商品名的近似注册，以全面保护品牌不受侵犯。因此那些有实力和潜力开拓国际市场的中国企业，应该将眼光放长远，加强商标保护意识，有效地在海外展开商标注册工作。可以根据品牌和企业的发展战略，有针对性地在一些重点国家和区域进行注册。同时，也可以选择一些熟悉各国规定的代理机构帮助企业进行注册。

二、标识与符号

标识在积累品牌资产，尤其是建立品牌认知方面起着关键的作用。标识范围很广，包括公司名称、商标（文字标识）及抽象标识。标识的来历，可以追溯到上古时代的"图腾"。那时每个氏族和部落都选用一种与自己有"特别神秘关系"的动物或自然物作为本氏族或部落的特殊标记（即图腾）。如夏禹的祖先以黄熊为图腾，还有的氏族以太阳、月亮、乌鸦为图腾。最初人们将图腾刻在居住的洞穴和劳动工具上，后来它又作为战争和祭祀的标识，成为族旗、族徽。国家产生以后，它又演变成国旗、国徽。

古代人们在生产劳动和社会生活中，为方便联系、标示意义、区别事物的种类特征和归属，不断创造和广泛使用各种类型的标记，如路标、村标、碑碣、印信纹章等。广义上说，这些都是标识。在古埃及的墓穴中曾发现器皿带有标识图案，多半是制造者的标识和姓名，后来变化成图案。在古希腊，标识已广泛使用。在罗马和庞贝以及巴勒斯坦的古代建筑物上都曾发现刻有石匠专用的标识，如新月车轮、葡萄叶以及类似的简单图案。中国自有作坊店铺，就伴有招牌、幌子等标识。在唐代制造的纸张内已有暗纹标识。到宋代，商标的使用已相当普遍。如当时济南专造细针的刘家针铺，就在商品包装上印有兔的图形和"认门前白兔儿为记"字样的商标。欧洲中世纪士兵所戴的盔甲、头盖上都有辨别归属的隐形标记；贵族也都有家族的徽记。

到 21 世纪，公共标识、国际化标识开始在世界普及。随着社会经济、政治、科技、文化的飞跃发展，到现在，经过精心设计从而具有高度实用性和艺术性的标识，已被广泛应用于社会一切领域，对人类社会的发展与进步发挥着巨大作用和影响。一门新兴的科学——"符号标识学"应运而生。

标识以单纯、显著、易识别的物象、图形或文字符号为直观语言，它有以下特点和设计原则。

(一) 标识的特点

1. 功用性

标识的本质在于它的功用性。经过艺术设计的标识虽然具有观赏价值，但它主要不是为了供人观赏，而是为了实用。标识是人们进行生产活动、社会活动必不可少的直观工具。它除标示什么、代替什么之外，还具有表达意义、情感和指令行动等作用。

2. 识别性

标识最突出的特点是各具其貌，易于识别。显示事物自身特征，标示事物间不同的意义、区别与归属是标识的主要功能。各种标识直接关系到国家、集团、个人的根本利益，决不能相互雷同、混淆，造成错觉。因此标识必须特征鲜明，令人一眼即可识别，并过目不忘。

3. 显著性

显著是标识又一重要特点，除隐形标识外，绝大多数标识的设置就是要引起人们注意。因此色彩强烈醒目、图形简练清晰，是标识通常具有的特征。

4. 多样性

标识种类繁多、用途广泛，无论是从其应用形式、构成形式还是表现手段来看，都有着极其丰富的多样性。

其应用形式，不仅有平面的（几乎可利用任何物质的平面），还有立体的（如浮雕、圆雕、任意形立体物，或利用包装、容器等的特殊式样做标识等）。

其构成形式，有直接利用物象的，有以文字符号构成的，有以具象、意象或抽象图形构成的，有以色彩构成的。多数标识是由几种基本形式组合构成的。

就表现手段来看，其丰富性和多样性几乎难以概述，而且随着科技、文化、艺术的发展，总在不断创新。

5. 艺术性

凡经过设计的非自然标识都具有某种程度的艺术性。既符合实用要求,又符合美学原则。给予人以美感,是对其艺术性的基本要求。一般来说,艺术性强的标识更能吸引和感染人,给人以强烈和深刻的印象。

标识的高度艺术化是时代和文明进步的需要,是人们越来越高的文化素养的体现和审美心理的需要。

6. 准确性

标识无论要说明什么、指示什么,无论是寓意还是象征,其含义必须准确。首先它要易懂,符合人们的认识心理和认识能力。其次要准确,避免意料之外的多解或误解,尤应注意禁忌。让人在极短时间内一目了然、准确领会,正是标识优于语言、快于语言的长处。

7. 持久性

标识与广告或其他宣传品不同,一般都具有长期使用价值,不轻易改动。

(二) 品牌标识的设计原则

标识代表着企业品牌的经营理念、企业的文化特色、企业的规模、经营的内容和特点,因而是企业精神的具体象征,是品牌内涵的外在表现。它的设计原则有:

1. 同一性

社会大众对于标识的认同等于对企业、品牌的认同。标识绝不仅仅是企业的脸面,不能将其作为一种表面的装饰以飨大众,而是要通过它传达企业精神与品牌内涵。一旦消费大众对标识的认同不能和企业的实际情况相联系,不仅企业标识失去应有的意义,甚至会损害企业的根本概念。因此,只有企业的经营内容或企业的实态与外部象征——企业标识相一致时,才有可能获得社会大众的一致认同。

2. 识别性

标识是一种视觉语言,要求产生瞬间效应,因此标识设计应简练、明朗、醒目,有较好的识别性。这就要求设计者在设计中要体现构思的巧妙,而且要使它清晰、明了,适合各种使用场合,做到近看精致巧妙,远看清晰醒目,从各个角度、各个方向看上去都有较好的识别性。同时设计者还必须考虑到在不同媒体上的传播效果。

3. 领导性

标识不仅具有权威性,而且还体现在视觉要素的一体化和多样性上,其他视觉要素(辅助图案)都以标识为中心而展开。辅助图形是为了在标识(基本图形)单独不重复运用的情况下不感觉孤立而在基本图形基础上设计的商标图形,它一般有四种:文字图形、图案、人像和组合图形。

4. 造型美

在审美过程中,人们视觉所感受的图形,能带来美感。标识给人们带来的这种美感,往往是通过造型表现出来的。造型美是标识的重要艺术特色。造型分点、线、面、体四个方面。设计者要从这四个方面出发,通过掌握不同造型形式的相关规则,使所构成的图案,具有独立于各种具体事物结构的美。

5. 延展性

标识设计要考虑到与印刷方式、制作工艺技术、材料质地等相结合,并随应用项目的不同,采用多种对应性和延展性的变体设计,以产生切合、适宜的效果与表现。

6. 系统性

标识一旦确定,随之就应展开精致化作业,其中包括标识与其他基本设计要素的组合规定。目的是对未来标识的应用进行规划,达到系统化、规范化、标准化的科学管理,从而提高设计作业的效率,保持一定的设计水平。此外,当企业战略发生改变,业务出现多元化,视觉结构走向多样化的时候,可以用强有力的标识来统一各关系企业,采用同一标识不同色彩、同一外形不同图案或同一标识不同结构等方式,来强化关系企业的系统性。

7. 时代性

随着时代的变迁或品牌自身的发展,标识所反映的内容和风格,有可能与时代的节拍和品牌的变革不相吻合,因此标识也应该与时俱进。经历了50多年的肯德基为了战略需要先后更换过五代标志,对于肯德基来说,不断地更新标志识别系统能更好地为其经营发展服务,并体现品牌新的内涵和特点。

国际化标识设计还必须运用世界通用的艺术语言,要注意汲取各民族传统的共通部分,努力创造具有本国和本民族特色的世界通用标识艺术。既避免盲目的国际化,也要避免一味地追求本民族特色,以免造成沟通上的困难。此外,还必须注意各国和各民族的语言禁忌等。

三、品牌视觉系统的设计原则

视觉系统的设计不是机械的符号操作,而是以理念为内涵的生动表达。所以,视觉系统设计是以理念为基础,多角度、全方位地反映企业的文化。

视觉系统设计不能仅是设计师的异想天开,而要具有较强的可实施性。如果在实施上成本过于昂贵,再优秀的视觉设计也会由于难以落实而成为空中楼阁、纸上谈兵。

视觉系统涉及品牌经营的方方面面,因此,在积年累月的实施过程中,要加强应用过程中的管理,严格禁止各实施部门或人员的随意性,确保严格按照品牌视觉设计手册的规定执行,保证不走样。

视觉系统是品牌传播的系统工程。品牌的视觉识别系统将品牌理念通过静态、具体、直观的传播系统,有组织、有计划、准确、快捷地传达出去,并贯穿在企业的经营行为之中,使企业的精神、思想,经营方针、策略等通过视觉表达得以具象化。使社会公众能一目了然地掌握品牌的信息,产生认同。

品牌识别系统的具体设计程序如下。

(1)准备阶段。成立设计小组,理解消化品牌理念,确定贯穿设计的基本形式,搜集相关资讯,以利比较。设计小组由各具所长的人士组成。一般说来,应由企业的高层主要负责人总负责。因为他们比一般的管理人士和设计师对企业文化的了解更为透彻,宏观把握能力更强。其他成员主要是各专门行业的人士,以美工人员为主,以行销人员、市场调研人员为辅。如果条件许可,还可邀请美学、心理学等学科的专业人士参与部分设计工作。

(2)设计开发阶段。设计小组成立后,首先要充分地理解、消化企业的经营理念,并寻找与设计的结合点。这一工作有赖于设计人员与企业间的充分沟通。在各项准备工作就绪之后,设计小组即可进入具体的设计阶段。

(3)反馈修正阶段。标识是全部视觉系统的核心。在初稿完成后,不仅要在企业内部广泛征求意见,还要进行市场调研,观察消费者的反应,看是否能与消费者产生共鸣。

(4)修正并定型。在设计基本定型后,还要进行较大范围的调研,以便通过一定数量、不同层次的调研对象的信息反馈来检验设计的细节。

(5)编制设计手册。视觉系统定型后要形成设计手册,以保证在今后的市场拓展与品牌传播中不走样。它是品牌未来发展的行动指南,要在企业内部广泛宣传,尤其是关键操作部门的人员要深入理解并掌握;企业内部要有专人进行管理,确保应用中严格遵守,保持一致。

四、视觉应用

应用要素系统设计即对基本要素系统在各种媒体上的应用所作出的具体而明确的规定。在品牌视觉识别系统最基本的要素标志、标准字、标准色等被确定后,就要从事这些要素的精细化作业,开发各应用项目。当各种视觉设计要素在各应用项目上的组合关系确定后,就应严格地固定下来,以期通过同一性、系统化来加强视觉效果。应用要素系统大致有如下内容。

(一) 办公用品

办公用品包括信封、信纸、便笺、名片、徽章、工作证、请柬、文件夹、介绍信、备忘录、资料袋、公文表格等,其设计制作应充分体现出强烈的统一性和规范化,表现出企业的精神。设计方案应严格规定办公用品排列顺序、图形安排、文字格式、色彩套数及所有尺寸,以形成办公事务用品的严肃、完整和统一格式,给人一种全新的感受,从各细节表现出企业的风格,同时也展示出企业文化向各领域的渗透传播。

(二) 外部建筑环境

企业外部建筑环境主要包括:建筑造型、旗帜、门面、招牌、路标指示牌、广告塔等。在设计上可借助企业周围的环境,也可突出和强调品牌识别标志,并与周围环境保持协调。

(三) 内部建筑环境

内部建筑环境是指企业的办公室、会议室、休息室、销售场所等内部环境形象。品牌视觉内部应用主要包括:企业内部各部门标示、企业形象牌、吊旗、吊牌、货架标牌等。

(四) 交通工具

交通工具主要包括轿车、货车、工具车等,是一种流动性、公开化的品牌形象传播载体,其频繁流动并给人瞬间的记忆,与品牌的其他传播方式呼应,让受众不经意间与品牌相识,对品牌产生印象。设计时应具体考虑它们快速流动的特点,品牌标志和字体应醒目,色彩要强烈。

(五) 服装服饰

服装服饰主要有品牌管理人员制服、员工制服、礼仪制服、文化衬衫、领带、工作帽、胸卡等。企业整洁高雅的服装服饰统一设计,可以提高企业员工对企业产生归属感、荣誉感和主人翁意识,改变员工的精神面貌,促进工作效率的提高,提高员工对企业的责任心,设计时应严格区分出工作范围、性质和特点。

(六) 广告媒体

媒体的广告是一种长远、整体、宣传性极强的传播方式,可在短期内以最快的速度,在最广泛的范围将企业信息传达出去。主要包括电视、报纸、杂志、路牌、招贴广告等。设计要针对不同媒体受众特点明确传播内容的基本要素和形式。

(七) 产品包装

产品包装主要有纸盒、纸袋、木箱、玻璃包装、塑料包装等多种形式。科技的发展加快了包装的材料与包装形式更新的速度。产品包装起着保护、销售,传播企业和品牌形象的作用,包装档次某种程度上传达了商品质量和价格信息。所以系统化的包装设计具有强大的推销作用。成功的包装是最好、最便利的品牌宣传。

(八) 礼品

好的礼品设计以品牌标识为导向,以传播品牌形象为目的,在联系感情、协调关系的过程中展示品牌形象。礼品的范围很广,日常使用的主要有 T 恤衫、领带、领带夹、打火机、钥匙牌、雨伞、纪念章、礼品袋等。

(九) 陈列展示

陈列展示设计时要突出整体感、层次感,以突出品牌的精神风貌。它主要包括橱窗展示、展览、货架商品展示等。

(十) 印刷品

企业的印刷品主要包括企业简介、商品说明书、产品简介、企业简报、年历等，代表着品牌的形象直接与客户和社会大众等见面。在设计时要注意形成品牌特有的版式风格，营造一种统一的视觉形象以强化公众的印象。

(十一) 企业内刊

对内，企业内刊是品牌文化的"传教士"，是凝聚员工、统一思想的重要工具。

对外，企业内刊是品牌形象的展示窗口。通过企业内刊这个对外沟通平台，可以将企业文化、形象和产品更细致地展示给外界，树立企业品牌形象。

企业内刊在内容选择和编排方面要符合品牌理念，从品牌传播的角度设置栏目、选编文章；在视觉设计方面要遵循品牌视觉系统的要求。

(十二) 海报(招贴)

海报(招贴)，是指张贴于公共场所的告示或广告。可向消费者告知产品或服务的最新信息，告知消费者某种新的消费观念，从而促使消费者发生购买行为。

海报通常展现内容丰富，视觉效果明显而且具有较强的艺术表现力，不仅能够将品牌形象更完美地表现出来，而且更直观、生动，易于消费者对品牌形成进一步认知。创意精美、制作精良的海报可以有效提升品牌形象，拓展品牌认知度。

(十三) 宣传册

宣传册是品牌传播和营销中最常用的工具之一，宣传册设计不但包括封面封底的设计，还包括环衬、扉页、内文版式设计等。宣传册按介质可以分为纸质宣传册和电子宣传册；按展示内容及目的可以分为产品宣传册、公司形象宣传册和品牌展示宣传册等。使用宣传册的好处如下：

首先，宣传册使用灵活，应用广泛。内容可以由企业根据本身的需要选择。

其次，针对性强。宣传册可针对特定人群进行设计，或发放给特定人群。

再次，携带方便。

五、网络视觉应用

互联网已经渗入我们生活各方面，成为品牌传播的主要工具之一。

（一）企业网站

企业网站是企业在互联网上进行网络建设和形象宣传的平台。企业网站相当于一个企业的网络名片，不但对企业的形象是一个良好的宣传，同时可以辅助企业的销售，甚至可以直接实现产品的销售。企业网站可分为信息发布型和网上销售型。

企业网站属于企业，因此在功能上有较大的自主性和灵活性。

企业通过自己的网站可以主动发布信息，这是企业网站主动性的一面，但是发布在网站上的信息不会自动传递给用户，只能"被动地"等待用户自己来获取信息，这又表现出企业网站具有被动性的一面。

企业网站的网络营销价值，是通过网站的各种功能以及各种网络营销手段体现出来的，网站的功能是基础，网络营销方法的应用是条件。企业网站的功能需要通过网络营销手段才能体现出来。

企业网站的功能具有相对稳定性。一旦网站的结构和功能被设计完成并正式开始运作，在一定时期内将基本稳定，因此如果存在某些方面的缺陷，在下次升级之前的一段时间内，它将影响网络营销效果的发挥。

企业网站在网络营销中的作用不是孤立的，它往往是网络营销的基础。

随着技术的进步，网上销售的便利、快捷越来越受到消费者欢迎。因此企业网站的设计要充分考虑消费者感受，以品牌定位为基点；内容上除产品信息的传播外，要充分展示品牌的理念；视觉方面严格遵守品牌视觉系统的要求，避免主观性和随意性。

（二）博客

博客（Blog）就是以网络作为载体，简易便捷地发布信息，及时有效地与他人进行交流，集丰富多彩的个性化展示于一体的综合性平台。按功能分为基本博客和微型博客，按用户分为个人博客和企业博客。

博客营销，是指企业利用博客向用户传递品牌信息，实现营销。

博客营销为传统营销模式注入了一股新鲜血液，特别是为中小企业营销者开辟了一种新的营销思路。可帮助他们在创业初始阶段低成本占领市场，推广品牌、营销产品。博客以一种新颖的方式将品牌营销出去，可避开资金不足，品牌弱势的弊端，使公司不断壮大。

1. 根据品牌定位确定网络和内容

企业博客要根据品牌定位考虑在什么网站开博客，考虑企业具有哪些资源可以调用。侏罗纪母婴水选择宝宝树和红孩子这一类网站开博客，是基于其"母婴水"的定位，博客的内容多集中于母婴健康、水与健康等方面，结果很受欢迎。

正确选择博客平台，可以让您的博客更容易获得管理员及用户的青睐；博客的内容一要着眼于消费者的需求，二要取决于产品的属性及企业的资源，因为有资源，才能长期有高质量的内容发布出来，达到预期的营销效果。博客的"个人资料"就好像一个人的身份证，当你把自己的个人资料写全的时候，就更容易被更多的目标客户关注。

2. 营销品牌，先从营销人开始

博客要充分展示出品牌的个性，而这种个性要通过知识、故事去体现，生动形象，切忌呆板教条。例如企业或企业家具有足以感动人的经历，而这一经历恰巧又和品牌的发展紧密联系，就可以将之写下来。从企业家等个人的精神、品质也可以看到企业提供的产品及服务的品质，尤其是企业高管、技术专家。

3. 去商业化：知识搭桥，营销唱戏

有些博客看起来内容很多，但基本都是公司产品的介绍和推荐，让人读起来索然无味。而企业内部的技术专家、工程师、营销人员，通过开博客，讲述大家关注的技术难点、热点问题，为产品提供售后技术支持及服务，消费者就会非常感兴趣。产品品质，很大程度上是由企业的部分优秀技术专家决定的，企业的服务，很大程度上是由售后服务决定的。潜在客户从技术及售后问题解决中，可看出公司的真正实力。消费者接受了品牌的理念、产品的知识，接下来的购买就顺理成章。

文章要原创。因为不但您的博客浏览者喜欢看原创的，网站管理员也喜欢推荐原创的文章，搜索引擎也喜欢原创作品。原创文章搜索引擎更容易收录，博客的大量文章就出现在各大搜索引擎了。也就是说，只有原创的文章才有机会在各种地方出现，让企业的目标用户找到。

文章标题要醒目。无论文章多么好，用户第一时间是看到标题，然后才是文章，要想文章获得更多人关注，就要为文章取个好标题。好的标题不仅揭示文章的主要观点,还能与消费者共鸣,吸引读者深入阅读。

4. 博客名称要具有营销价值

就像文章标题一样,"博客名"可以反映一个博客的性质。如前所述,因为博客的特殊性,博客的文章相对于其他文章更容易被搜索引擎收录。所以给自己的博客起名字,最关键的是要和推广目的联系起来,这样当您的目标用户在百度、谷歌等搜索引擎搜索相关产品及服务时,就能排到前面。

5. 重在坚持

博客能否产生效益,除了网络选择、博客内容外,很重要的一点在于坚持。博客文章的撰写可以外包,也可以发动企业内部员工。在企业内部,寻找写作能力比较强、技术及营销经验丰富的员工,尤其是中层以上的管理人员维护博客,能有效展示企业文化。这类文章接地气,针对性强,对普通消费者很有吸引力。总之,要从管理上着手,建立有效的机制,长期坚持下去,企业信息在网上的记录多了,被用户发现的机会也会大大增加,才能提高知名度。

6. 认真排版,让阅读更享受

要根据品牌个性认真排版,让读者阅读更享受。切忌将文字编辑得龙飞凤舞,选择花里胡哨的模板,这样看起来吃力,访问速度也比较慢。

7. 好酒也怕巷子深:博客要推广

博客要取得理想的效果,就一定要想办法推广。博客推广的具体方法有许多,如利用所在行业网站推广、利用各种工具推广等。建议有条件的企业可以聘请专业的机构协助推广。

互联网的重要特点是互动,要第一时间与粉丝沟通、交流。

六、视频的视觉应用

(一) 网络视频

网络视频,即企业以视频文件格式将宣传短片放到互联网上传播。

网络视频营销,集电视广告与互联网营销两者"宠爱"于一身。它既具有电视短片的种种特征,如感染力强、形式内容多样等,又具有互联网营销的优势,例如互动性强、传播速度快、成本低廉等。

网络视频的制作一样要遵循品牌视觉系统的要求,符合品牌个性,否则将使品牌受损。

(二) 电视宣传片

电视宣传片多种多样,好的电视宣传片能让目标消费者轻松地了解一个企业的精神、文化、产品和品牌。

宣传片可以针对性地播放给客户、代理商、投资方、合作伙伴及主管部门的领导,也可以在网络媒体或电视媒体投放,形成更广泛的影响。在企业召开产品推介会、新闻发布会的时候更是发挥着独一无二的推广作用。电视片还可以分发、邮寄给目标客户,让客户深入了解企业或者产品;可以作为企业档案长期保存,其中一般包含了企业经营理念、企业现状介绍、企业发展规划等,多份阶段性更新的宣传片能组成生动的企业发展史。

电视宣传片可以有效提升企业的社会地位和企业形象。在目前绝大多数专门量身定做电视宣传片的都是一些实力强、规模大的企业,在很多人眼里,拥有自己的电视宣传片本身就是企业地位和实力的象征。

宣传片制作费用较低。一部电视宣传片的制作要比广告片制作节省许多经费,播出费亦比硬性广告片便宜许多。

宣传片信息量大,既可以回顾历史,也可以展示未来,能根据具体内容,选择任意长度,将需要告诉受众的和盘托出,使之对企业、品牌得以较全面、清晰地掌握。

在制作宣传片之前,需要考虑目标受众,根据受众以及企业的目的确定宣传片的类别。企业宣传片有很多种类,最常见的有品牌形象片、企业专题片、企业历史片等,尽管从形式上都是通过视频表现,但是定位不同,策划思路也不同。

宣传片服务于品牌的传播。宣传片的调性要符合品牌的调性。品牌调性并不显化,常常匿形于具体的品牌表现中,但品牌调性对品牌成败的影响程度远远超出常人的想象。宣传片作为品牌传播的工具之一,如果违背了品牌调性,则会给消费者的认知造成混乱,大大削弱宣传片的效果。举个例子,星巴克咖啡,它给人的品牌调性就是舒适、休闲、自由,而这种品牌调性是通过它店内的装饰、服务、产品等多方面的因素传达出来的。如果制作的宣传片是激烈、亢奋的,就与星巴克的品牌调性不符,传播效果会大打折扣。

七、终端视觉应用

一个商店(包括网上商城),影响消费者购买决策的诸多因素中,终端视觉扮演着非常重要的决策。终端品牌视觉可以引起消费者的无意识反应,刺激消费者的购买欲望。

终端视觉将产品的相关战略、品牌理念展现出来。优秀的终端视觉要对消费者心理进行预期设计,依据品牌理念、消费者便利度等设计陈列终端,将产品优势最大化展示出来,做到美观、易懂、易选,它对销量的好坏往往起到决定性的作用。

橱窗、柜台和店内各种陈列展示,能让顾客感受到各种商品流行趋势、设计主题,得到了愉快的享受,也刺激着消费的欲望。随着市场的细分,消费者的细分,在忠诚度日趋下降的今天,理解客户的感性需求,成为传播成功的核心要素。

美国著名市场营销专家 E. J. 麦卡锡指出:"市场营销应该从顾客开始,而不是从生产过程开始,应该由市场营销而不是生产决定要生产什么产品。"也就是说市场和顾客是第一位的,因此和市场、顾客直接见面的终端作用不可小觑。而营销并不创造需要,需要早就存在于营销活动出现之前。营销者要做的只是影响人们的欲望,其最直接、有效的手段是对产品的视觉展示。

终端是一个大秀场,除了必须秀出产品的本来价值之外,更应该秀出其所能带来的附加值。

"产品是生命,终端是灵魂",在终端的视觉元素中,时尚所能表达的已不仅仅是生活,而是独具一格的心理体验。产品如同演员,设计师好比是导演,管理者就是编剧,而视觉化终端就是向外展示这场表演的舞台。

1. 橱窗

橱窗是商店的第一展厅,它以商品为主,巧用布景、道具,以背景画面装饰为衬托,配以合适的灯光、色彩和文字说明,进行产品介绍和宣传。

空间设计中对橱窗的分类如下。

前向式橱窗:橱窗成直立壁面,单个或多个排列,面向街外或面对顾客通道,一般情况下顾客仅可在正面方向看到陈列的商品。

双向式橱窗:橱窗平行排列,面面相对伸展至商店入口,或设于店内通道两侧,橱窗的背板多用透明玻璃制作,顾客可在两侧观看到陈列的展品。

多向式橱窗:橱窗往往设于商场中央,橱窗的背板、侧板全用透明玻璃制作,顾客可从多个方向观看到陈列的展品。

橱窗是品牌文化的延伸。橱窗设计以最为直接的方式对产品的销售及企业文化的传播起着举足轻重的作用。它不仅仅是广告也是品牌风格的体现,消费者可以通过橱窗设计及视觉展示了解品牌文化。

橱窗是品牌的灵魂。橱窗是当今商业化的视觉艺术产物,是商业品牌与消费者最近距离的交流。在零售终端,橱窗扮演着"灵魂和眼睛"的角色。

2. 专柜

专柜即在终端专门针对某一类别、某一品牌进行组柜展示、销售。

专柜可以有效提升销售业绩。专柜本身就是商品档次说明,消费者往往以某品牌是否有专柜销售判断其为低端产品,还是高端产品。好的专柜在"体验经济"思想的影响下也可促进"回头率"的产生。

3. 产品陈列

产品陈列是指商店内柜台和货架上产品的陈列,目的是增强营业场所的整洁、美观、吸引顾客,提高售货现场的使用效率,减轻营业员的劳动强度,便于顾客选购产品,减少产品的损耗。

产品陈列的方法如下。

醒目陈列法:就是使顾客直接见到产品的正面,通过感官视觉的刺激,促进顾客购买。

有亲和力的陈列方法:既要让顾客正面看清产品,也要允许顾客用手自由接触产品,同其他产品进行比较。这样会让顾客对产品少一点距离感,也有利于选择和观看。

具有感官吸引的陈列方法:产品陈列丰满本身就可以刺激顾客购买的欲望,如果再强调产品花色、产品款式对比必定会增加产品的吸引力,增加卖场气氛,促进销售。

色彩陈列法:色彩陈列一般一个地区一个模式,不要超过三个模式。

季节陈列法:指根据季节变化,店堂内的配套装饰不断更新,产品陈列也不断更新。以季节性产品为中心进行摆列,将季节性产品摆在最前面、最醒目处。

良好的产品陈列可以有效提升品牌形象。众所周知,产品陈列是促成终端销售的最后机会之一,调查表明:顾客最后作出购买决定87％取决于该商品陈列的科学性与显眼度。而产品陈列又是最为廉价、最为基本的促销方式。它不需要您投入大量费用(甚至是免费的),只需要您静下心来,重新审视您经营的产品特点、消费者的购买习惯等,并从审美的角度对产品摆放进行艺术加工,就可能获得更大的效益。良好的产品陈列不仅可以刺激顾客购买,而且可以提高企业和品牌的形象。

产品陈列可以营造品牌氛围。我们知道一个卖场的整体氛围包含:橱窗装饰、货品陈列摆放、光源、色彩搭配等。产品本身不会说话,但我们可以利用陈列手法、造型艺术和灯光让其活起来。

产品陈列生动地展示产品,能有效提升销售额。服装在展示外在美方面表现最突出,其陈列效果也很容易体现。一件高档时装,如果把它很随意地挂在普通衣架上,其档次就显现不出来,顾客就可能看不上眼。如果把它"穿"在模特身上,用合适的灯光,再配以其他的衬托、装饰,其高雅的款式、精细的做工就很清楚地呈现在顾客面前,顾客就很容易为之所动。好的陈列和差的陈列,对销售额的影响很大,这是众多品牌和商家极度重视产品陈列的原因之一。

4. 卖点广告

卖点广告(POP,Point of Purchase),本来是指产品销售中的一种店头促销工具,其形式不拘,但以摆设在店头的展示物为主,如吊牌、海报、小贴纸、展示架、堆头、招牌、实物模型、旗帜等。其主要商业用途是刺激引导消费和活跃卖场气氛。常为短期促销所用,它的形式有户外招牌、展板、橱窗海报、店内台牌、价目表、吊旗,甚至是立体卡通模型等。其表现风格可夸张幽默,可色彩强烈,能有效地吸引顾客的眼球,唤起购买欲即可。作为一种低价高效的广告方式,它已被广泛应用。

(1) 卖点广告的形式如下。

店面卖点广告:是店铺的"面部表情",包括招牌、橱窗、标识物等。它常常以商品实物或象征物传达零售店的个性特色以及季节感等。

地面卖点广告:利用店内有效视觉效应空间,设置的商品陈列台、展示架、立体形象板、商品资料台等。

壁面卖点广告:利用墙壁、玻璃门窗、柜台等可应用的立面,粘贴商品海报、招贴传单等。以装饰和渲染气氛为主要功能。

悬挂卖点广告:从天花板垂吊下来的展示,高度适中。如:商品标识旗、服务承诺语、吉祥物、吊旗等。微风拂动,造成动感,从各个角度,都能直接引起注意。

货架卖点广告:利用商品货架的有效空隙,设置小巧的卖点广告,如:价目卡、商品宣传册、精致传单、小吉祥物等。通过近距离"阅读","强制"顾客接收商品信息。

指示卖点广告：箭形标识，是含有引发注意、指示方向、诱导等含义的视觉传达要素。如：区隔商品销售区域的指示牌，还有服务咨询台、导购图示等。以方便顾客购买为主要目的。

视听卖点广告：在店内视野较为开阔领域放置电视屏或大型彩色屏幕，播放商品广告、店面形象广告、本店商品介绍等，或利用店内广播系统传达商品信息。以动态画面和听觉抓住顾客的注意力。

全方位的卖点广告，为销售现场营造出系统完整的立体服务态势和商品"出嫁"的最佳环境氛围，能有效地刺激顾客的潜在购买欲。

（2）卖点广告的应用

卖点广告主要应用于超市卖场及各类零售终端专卖店等，目前各大型超市卖场多采用统一模板，由美工根据要求填写文字内容，以满足琳琅满目的柜面要求，其机动性和时效性都很强，所以一般单纯的手绘卖点广告是难以胜任的，必须以模块化方式批量制作。

第二章

品牌创建第二步：品牌成长

正像生命的成长，品牌成长包括品牌的儿童期、少年期、青年期、壮年期、成熟期等不同阶段；在这个过程中，品牌从区域品牌成长为大区品牌、国内品牌、国际品牌。而品牌营销、品牌传播、品牌公关活动及其他第三方资源等都将成为品牌成长的关键要素。

第一节　营销：品牌成长之体

有一个有趣的比喻。

一个男孩子喜欢一个女孩子，男孩子说："嫁给我吧，我会给你幸福。"——这是推销。

"嫁给我吧，我爸很有钱，我家有5套房子，结婚后都是你的。"——这是促销。

男孩子并不向女孩子求婚，但是女孩子被男孩子的气质和风度所迷倒。——这是营销。

女孩子并不知道男孩子有多好，但是女孩子所有的朋友都说他好。——这是品牌化营销。

由上可见，品牌化营销就是以品牌为核心竞争力的营销行为。我们怎样去理解品牌化营销呢？

一、最高境界的营销——品牌化营销

品牌化营销不是简单地给品牌贴上标签，而是把品牌作为营销的终极目

的,营销组织的设计、营销行为的每一个节点都有品牌的考量,具体如下。

一要有清晰的品牌理念,以及从理念衍生出的品牌视觉和品牌行为。品牌理念要充分融入营销的每一个环节。许多企业认为,品牌就是知名度,就是宣传,主要手段不外乎广告、公共关系,再加上销售推广上的道具设计。如此一来,品牌的重要性就大打折扣,品牌推广的实效性也大大降低。在这些企业中,品牌经营部门被相对地隔离在销售体系之外,品牌经营人员与销售人员缺少沟通交流的机制与动力,品牌经营被看作额外的投入。

实际上,在企业里,品牌经营体系不能脱离营销而独立存在。

一方面,从营销战略到营销战术组合的每一个环节都要有品牌因素的考量,组织的设计不能违背品牌成长的规律,品牌战略是企业发展战略的有机组成。产品组合如果不和品牌结构的设计同步,产品推广就会遭遇麻烦,甚至陷入混乱;产品的价格体系如果没有品牌分层的支持,产品的性价比就很难转化为优越的消费者感觉性价比;渠道的选择和终端的规划都受到品牌定位的制约,我们不能想象在大卖场里销售迪奥、范思哲。

另一方面,品牌从设计、构建到提升必须和营销行为同步,否则,品牌的效能将大大减弱。一般广告公司都很重视终端的视觉设计,但品牌化营销更重视销售现场的视觉,消费者触点管理。与消费者的所有关系既是销售行为的本身,也是重要的品牌流程,我们把它称为"品牌触点"。

二应以品牌为营销的核心资产。品牌化营销最基本的定义是,以品牌资产的发掘、构建、经营并系统化管理为核心的营销组织及行为。这里有两层意思:第一层是以品牌为营销的核心资产。销售收入、销售利润是产品的短期利益,品牌树立和维护才是终极目标。可口可乐称,即便一把大火一夜之间将所有的工厂化为灰烬,可口可乐也能够迅速东山再起,因为可口可乐庞大的品牌资产战无不胜。第二层是营销体系的设计要充分支持品牌资产的积累和经营。组织的战略目标是品牌,组织的行为为了实现这一目标而存在,不能因为短期的销售目标损伤品牌的目标,比如简单的降价促销等。如果营销组织不支持,品牌营销是不可能成功的。我们不能期待一个以单纯产品销售为导向的企业,会坚定地进行品牌投资,并成功地经营品牌资产。

最高境界的营销不是建立庞大的营销网络而是利用品牌符号,把无形的营销网络铺建到社会公众心里,使消费者认同这个产品、选择这个产品,投资商选择合作时认可这个企业、投资这个企业。品牌化是通过营销使客户形成对企业品牌和产品的认知、产生情感的过程。市场营销既是一种组织职能，也是为了组织自身及利益相关者的利益而创造、传播、传递客户价值，管理客户关系的一系列过程。品牌和营销不是独立的，两者相辅相成，互相促进。

（一）品牌营销的重点是品牌还是营销？

显然，品牌和营销对企业而言都十分重要，它们之间的关系可以简单归结为：品牌是核心，营销是手段；简言之，品牌化营销是以品牌为依托的营销。没有品牌的支持，营销难以做得精彩，做得长久；而没有有效的营销和推广，品牌的巨大价值则缺少实现和增值的途径。品牌化营销是"双剑合璧"的品牌经营模式。它既注重品牌资产的积累，也强调在品牌经营过程中市场的销售业绩。品牌和营销相互支持，相得益彰，产生合力效应，共同服务于市场，实现企业价值。

（二）物质要素和精神要素的整合

品牌化营销不仅强调突出产品特色、提供优质服务、营造优良环境，满足客户物质性或功能性需求，更强调创造个性、提升品位，满足精神层面的需要，而品牌的情感力量往往最能打动和影响消费者。

（三）品牌化营销是个性营销和情感营销

品牌化营销以品质、服务、环境、品位、个性、文化等的全方位打造为特点，它加入了传统的市场营销所没有的元素，如核心价值、个性、文化等。这使得品牌营销不仅可以从产品的属性、品质等物质层面展现自我，更能从认同、信赖、价值等精神层面打动消费者。

（四）品牌化营销是形象营销

品牌化营销借助于品牌的影响力，在客户心中建立可亲、可信的良好形象。品牌形象是指消费者对品牌所有联想的总和，这种联想一方面来自品牌的使用经验；另一方面来自他人、企业、公共组织提供的信息，这些联想在消费者心中形成总和。简而言之，品牌形象就是消费者对品牌的总体认知。借助于这种认知，将品牌的元素内化为消费者内心的感受和体验，在与其需要相契合的点上，可以激发其认可并保持忠诚。对于大多数消费者，品牌联想主要通过品牌识别产生。因此,一个亲和的、友好的品牌识别体系是形成良好品牌形象的关键。

二、品牌化营销的策略

(一) 将品牌行为充分融入营销的每一个环节

如前所述,品牌与营销相辅相成。品牌从设计、构建到提升必须和营销行为同步,品牌内涵设计要充分考虑消费者需求,品牌价值要有产品价值的支撑,品牌的效能将大大减弱。

(二) 实施品牌差异化营销

实施品牌差异化是决定市场商战胜负的关键因素,市场差异性巨大的品牌往往可以为企业带来巨大的利润,还可使企业更好地把握战略性发展的机会。

第一步:产品差异化

企业可以以满足个性化消费需求为目的,进行产品概念创新,产品功能创新、产品形态创新、产品包装创新、产品运用创新等。这前期,要做好市场调查和进行个性化的品牌定位,"没有调查就没有发言权",调研是一切营销活动的前提,它是进行品牌定位的重要资料来源。深入细致的市场调查有助于企业开发适销对路的产品,进行准确的产品定位。企业必须根据目标顾客群体的需求特点和倾向,结合企业的资源和优势,别出心裁,准确定位。其中最基本的是产品的功能性利益和特色化形态的创新。

第二步:价值差异化

产品的价值包含产品的使用价值和服务价值等。重视品牌产品的质量和优质的服务,就为品牌竞争奠定了良好的基础。质量是品牌的生命。持续稳定的优良品质,可以使一个品牌顺利成长为名牌。质量是品牌的立身之本。企业在重视产品质量的同时,还必须有优质的销售服务。在当今的市场竞争中,服务已不再是企业的分外工作,而是品牌整体的一部分,是市场竞争的焦点。海尔电器几年来所提倡的"星级服务"经过海尔集团巨大的人、财、物的投入和营造之后,获得了许多消费者的广泛认可。由此可见,优质的服务体系可以形成壁垒,从而使对手望而却步,还可以成为阻碍对手入侵的有效手段。

第三步:形象差异化

随着同类产品的差异性的日趋减小,品牌之间的同质性也在增大,消费者选择品牌时所运用的理性成分就越少，这样品牌的形象有时比具体功能还要重要。一个品牌名称无论怎么美，它都是一个抽象的词汇或者是一个符号，很难打动顾客，只有把它具体化，赋予它生动、具体的形象，才能活起来，才能与人们进行深层次的交流，人们才会对它产生情感，才会喜欢它。因此企业在选择好自己的品牌名称以及标志以后，还应当为这个品牌塑造一个个性化的形象。好的品牌形象可以向人们打开一扇窗，建立起一种交流和沟通，建立起品牌与目标顾客特有的情感联系。例如美国哈雷摩托在传播中就强调，出售的不是摩托车这件商品，他们出售的是"骑摩托车的乐趣"。"乐趣"这一品牌形象吸引了众多消费者的目光，使其与众不同。

第四步：传播方式差异化

近年来，广告对企业的产品销售、品牌传播以及企业成功的贡献已经越来越大了。因此，选择它的企业也越来越多。但它并不是唯一的传播方式。企业可以选择与产品契合又最贴近消费者的传播手段，以求从海量的信息中脱颖而出，为消费者所记住。

三、品牌化营销的意义

品牌化营销是高品位的营销理念，其意义自然不可小觑。通过品牌营销，企业可以实现品牌推广力量的最大化，可以获得营销效率的最大化，可以将营销风险降至最小，还可以使长期费用支出最小化。

（一）品牌化营销战略可以树立良好的企业形象

企业形象是企业在市场竞争中取胜的有力武器。品牌营销战略和企业形象息息相关，知名品牌往往就是企业形象良好的具体证明。品牌营销战略有助于企业形象的改善，良好的企业形象也有助于品牌营销战略的实施，两者互为保障。

（二）品牌化营销战略可以提高员工的向心力

品牌文化是企业文化的一部分，有时甚至与企业文化重合，它是增强企业凝聚力的黏合剂。这也是为什么一个拥有知名品牌的企业在内部组织管理中更容易统一意志，协调行动，同时还可以提高员工士气的原因。品牌营销不仅可以针对消费者，反过来也可以激励自身，鼓舞士气。

(三) 品牌化营销战略有助于提高经济效益

品牌本身是一种无形资产,其潜在的价值几乎开发不尽。我们可以利用它的光环在投入阶段降低采购成本;在生产阶段降低生产制造费用;品牌营销战略可以帮助很好地实现企业预定的销售目标。

四、品牌化营销的产品策略

产品策略是市场营销组合的核心,是价格策略、渠道策略和促销策略的基础。从社会经济发展看,产品的交换是社会分工的必要前提,企业生产与社会需要的统一是通过产品交换来实现的,企业与市场的关系也主要是通过产品或服务来联系的,产品也是品牌成长的基础。从企业内部而言,产品是企业生产活动的中心。因此,产品策略是企业市场营销活动的支柱和基石,是品牌成长的前提。

企业提供什么样的产品和服务去满足消费者的需求,就是产品策略。

(一) 产品的概念

生产经营活动都是围绕着产品进行的,即通过及时、有效地提供消费者所需要的产品而实现企业的发展目标。企业生产什么产品?为谁生产产品?生产多少产品?这是企业产品策略必须回答的问题。企业如何开发满足消费者需求的产品,并将产品迅速、高效地传送到消费者手中,构成了企业营销活动的主要内容。

产品是什么?以现代观念对产品进行界定,产品是指为留意、获取、使用或消费以满足某种欲望和需要而提供给市场的一切东西(菲利普·科特勒)。

科学技术的快速发展,社会的不断进步,消费者需求特征的日趋个性化,市场竞争程度的加深加广,导致了产品的内涵和外延也在不断扩大。

电视机、化妆品、家具等有形物品已不能涵盖现代观念的产品,产品的内涵已从有形物品扩大到服务(美容、咨询)、人员(体育、影视明星等)、地点(桂林、维也纳)和观念(教育)等;产品的外延也从其核心产品(基本功能)向形式产品(产品的基本形式)、期望产品(期望的产品属性和条件)、扩展产品(附加利益和服务)和潜在产品(产品的未来发展)拓展。即从核心产品发展到产品五个层次。

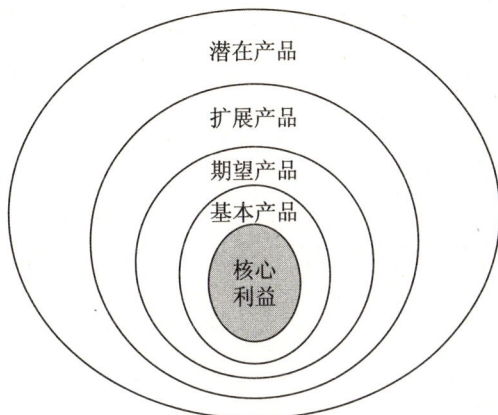

产品的五个层次

产品最基本的层次是核心利益,即向消费者提供的产品基本效用和利益,也是消费者真正要购买的利益和服务。消费者购买某种产品并非为了拥有该产品实体,而是为了获得能满足自身某种需要的效用和利益。如洗衣机的核心利益体现在它能让消费者方便、省力、省时地清洗衣物。产品核心功能需依附一定的实体来实现,产品实体称为一般产品,即产品的基本形式,主要包括产品的构造外形等。期望产品是消费者购买产品时期望的一整套属性和条件,如对于购买洗衣机的人来说,期望该机器能省时省力地清洗衣物,同时不损坏衣物,洗衣时噪音小,方便进排水,外形美观,使用安全可靠等。扩展产品是产品的第四个层次,即产品包含的附加服务和利益,主要包括运送、安装、调试、维修、零配件供应、技术人员培训等。扩展产品来源于对消费者需求的综合性和多层次性的深入研究,要求营销人员必须正视消费者的整体消费体系,但同时必须注意因扩展产品的增加而增加的成本消费者是否愿意承担的问题。产品的第五个层次是潜在产品,潜在产品预示着该产品最终可能的所有增加和改变。

现代企业产品外延的不断拓展缘于消费者需求的复杂化和竞争的白热化。在产品的核心功能趋同的情况下,谁能更快、更多、更好地满足消费者的复杂利益整合的需要,谁就能拥有消费者,占有市场,取得竞争优势。不断地拓展产品的外延部分已成为现代企业产品竞争的焦点,消费者对产品的期望价值越来越多地包含了其所能提供的服务、企业人员的素质及企业整体形象的"综合价值"。目前发达国家企业的产品竞争多集中在扩展产品层次,而发展中国家企业的产品竞争则主要集中在期望产品层次。若产品在核心利益上相同,但延伸产品不同,则可能被消费者看成是两种不同的产品,因此也会造成两种截然不同的销售状况。美国著名管理学家李维特曾说过:"新的竞争不在于工厂里制造出来的产品,而在于工厂外能够给产品加上包装、服务、广告、咨询、融资、送货或顾客认为有价值的其他东西。"

(二)产品是品牌理念的诠释

伟大的品牌的中心必定是个伟大的产品。产品是企业生命与品牌的承载体。对于企业而言,产品是其进入市场的前提条件,是其在市场中存活的根本,如果没有产品,企业就没有了与顾客交流的平台,也就没有了在市场存在的理由。

在技术同质化的今天,产品本身需要更多地体现品牌的理念,而品牌理念也可折射出顾客的价值取向。同样是家电,人们接受海尔,因为海尔产品意味着服务和品质;同样是手机,很多人选择苹果,因为苹果产品代表着时尚和互动,每一个可以区分的产品都是对企业品牌理念的诠释。

很长时间人们对中国的乳业品牌存在很大的不信任,大部分情况下不是因为这些品牌的理念不好。中国乳业品牌,大都会强调品质,强调原材料来自大草原,有可控的生产过程和绿色的标准。这些理念是产品需要的,也是顾客期待的。但当一些公司的产品给消费者带来痛苦的灾难时,这些概念是如此的苍白。真正让消费者感受品牌的理念的是企业的产品。

产品质量是市场衡量产品好坏的重要指标。产品质量不仅依赖于功能性指标,而且依赖于更加广泛的要素。比如,产品质量还受产品的发货、安装和服务周到程度的影响。

五、品牌化营销的渠道策略

营销学中的渠道即商品销售路线,是商品的流通路线,所指为厂家的商品通向社会的网络。故而渠道又称网络。渠道有长渠道与短渠道之分。

产品从下了生产线开始,就面临着一个很重要的问题——流通。产品只有能在市场上正常地运转和流通才能实现利润。所以,"渠道"和一个生产单位的"资金流"一样,都具有非凡的意义。

只有在现实的市场流通中注重产品的渠道维护,才能杜绝产品滞销带来的诸多问题。

营销渠道策略是整个营销系统的重要组成部分，它对降低企业成本和提高企业竞争力具有重要意义。随着市场发展进入新阶段，企业的营销渠道不断发生变革，旧的渠道模式已不能适应形势的变化。

营销渠道可以根据主导成员的不同，分成——以制造商为主导、以零售商为主导、以服务提供者为主导的营销渠道，以及其他形式的营销渠道。营销渠道的根本任务，就是把生产经营者与消费者或用户联系起来，使生产经营者生产的产品或提供的服务能够在恰当的时间、恰当的地点，以恰当的形式送给恰当的人。现代渠道已从原来的长线渠道变得逐渐扁平化——传统渠道由经销商、一级批发商、二级批发商、终端店组成，利润被渠道所瓜分。近几年，越来越多的企业舍弃一级批发商和二级批发商，直接对终端进行掌控，这样有利于产品的分销。控制渠道可以说是做好营销的必要手段，因此，甚至有"渠道为王"的说法。

企业营销渠道的选择将直接影响到其他的营销决策，如产品的定价。它同产品策略、价格策略、促销策略一样，也是企业是否能够成功开拓市场、实现销售及经营目标的重要环节。

企业的渠道策略可以根据产品特点和企业的资源，分为长渠道与短渠道、宽渠道或窄渠道、直接渠道或间接渠道、单一营销渠道和多营销渠道、传统营销渠道和垂直营销渠道策略。

渠道级别	销售渠道结构
0 级销售渠道	生产者→消费者
1 级销售渠道	生产者→零售商→消费者
2 级销售渠道	生产者→批发商→零售商→消费者
3 级销售渠道	生产者→代理商→批发商→零售商→消费者
	生产者→批发商→中间商→零售商→消费者

随着市场经济的发展，渠道策略新趋势表现为四个方面：

渠道结构以终端市场建设为中心。以前企业多用力在销售通路的顶端和中端，通过市场炒作和大户政策来展开销售工作；当市场转为相对饱和的状态，对企业的要求则由"经营渠道"变为"经营终端"。

渠道成员发展成伙伴型的关系。传统的渠道关系是"我"和"你"的关系，即每一个渠道成员都是一个独立的经营实体，以追求个体利益最大化为目标，其至不惜牺牲渠道和厂商的整体利益。在伙伴式销售渠道中,厂家与经销商由"你"和"我"的关系变为"我们"的关系。厂家与经销商一体化经营,实现厂家、渠道的集团控制,使分散的经销商形成一个有机体系,渠道成员为实现自己和大家的目标共同努力。

渠道体制由金字塔形向扁平化方向发展。销售渠道改为扁平化的结构,即销售渠道越来越短,而销售网点则越来越多。销售渠道变短,可以增加企业对渠道的控制力;销售网点增多,则有效地促进了产品的销售量。如一些企业由多层次的批发环节变为一层批发,即形成厂家——经销商——零售商这样的模式,企业直接向经销商、零售商提供服务。

网络渠道逐渐成为消费主渠道。随着技术的进步和"80后"、"90后"消费群的成熟,网络渠道虽不能完全取代传统渠道,但在消费中所占比重越来越大。而随着形势变化,渠道冲突也成为企业首先要解决的问题。

(一)网络营销渠道功能

与传统营销渠道一样,以互联网作为支撑的网络营销渠道也应具备传统营销渠道的功能。营销渠道是指与提供产品或服务以供使用或消费这一过程有关的一整套相互依存的机构,它涉及信息沟通、资金转移和事物转移等。一个完善的网上销售渠道应有三大系统:订货系统、结算系统和配送系统。

订货系统。它为消费者提供产品信息,同时方便厂家获取消费者的需求信息,以求达到供求平衡。一个完善的订货系统,可以最大限度降低库存,减少销售费用。

结算系统。消费者在购买产品后,可以有多种方式方便地进行付款,因此厂家(商家)应有多种结算方式。当前国外流行的几种方式有:信用卡、电子货币、网上划款等。而国内付款结算方式主要有:邮局汇款、货到付款、第三方担保支付等。

配送系统。一般来说,产品分为有形产品和无形产品,对于无形产品如服务、软件、音乐等可以直接通过网络进行配送,对于有形产品的配送,要涉及运输和仓储问题。国外已经形成了专业的配送公司,如著名的美国联邦快递公司,它的业务覆盖全球,实现全球快速的专递服务,以致于从事网上直销的 Dell 公司将美国货物的配送业务都交给它完成。因此,专业配送公司的存在是国外网上商店发展较为迅速的一个原因所在,在美国就有良好的专业配送服务体系作为网络营销的支撑。

（二）渠道冲突的管理

渠道冲突被定义为这样一种状态：一个渠道成员意识到另一个渠道成员正在阻挠或干扰自己实现目标或有效运作；或一个渠道成员意识到另一个渠道成员正在从事某种伤害、威胁其利益，或者以损害其利益为代价获取稀缺资源的活动，进而采取行动阻挡预期的危害。

传统渠道的冲突往往表现为区域间的冲突，即所谓的"冲货"，销售较差的区域代理商将货物流向销售较好的区域。这一类的冲突往往较好处理。网络购物的发展形成了新的渠道，与传统渠道必然形成冲突，也就是网络分销和传统分销渠道之间会产生冲突。而这种渠道冲突影响更大，如果处理不好，会影响消费者决策，对品牌形象损伤很大。因此，决策者应引起重视。

（三）渠道冲突为什么会产生

渠道冲突的产生有多种原因，根本原因是利益的冲突。

首先是传统渠道的抵制。当原拥有传统渠道系统的企业引入电子商务渠道时，传统渠道出于对自身利益的维护，会对电子商务采取抵制态度。传统经销商不合作直接导致了电子商务渠道与传统渠道的冲突，使企业在引入电子商务渠道时举步维艰。比如作为典型的传统渠道运营商，沃尔玛就曾放言，任何在网上进行直销的企业，沃尔玛都会毫不留情地将其产品撤出自己控制的零售终端。传统流通领域许多企业都采取了这种坚决的反抗态度，这就使得两种渠道的冲突不可避免。相对于以往的渠道冲突而言，新型渠道冲突并不一定缘于对现实利益的争夺，更多的是来自对电子商务渠道带给传统渠道的威胁。对电子商务渠道美好前景的预期使传统渠道在企业试图进行渠道变革时就竭力反对，采取不合作态度，这从最初就埋下新型渠道冲突的种子。

其次是渠道之间的争夺。对于同一个企业而言，多渠道的采用不可避免地带来了渠道之间的争夺：对企业资源的争夺和对市场份额的争夺。资本、人力、产品以及技术等对于企业来说都是宝贵且有限的，电子商务渠道与传统营销渠道之间势必会发生对这些资源的争夺，造成企业资源的非最佳配置。而当它们在同一个市场内争夺同一个客户群时，同样会引发利益冲突，致使双方渠道成员不满以及顾客茫然失措，使企业的营销效果大打折扣。

最后是渠道设计缺陷,渠道整合不力。在进行渠道变革时,企业必然面临如何合理设计渠道间关系、协调渠道成员行为等问题以避免冲突的产生,或是将渠道冲突控制在不会造成危害的水平等问题。许多企业由于渠道管理能力低下、多渠道运作经验不足,还未能掌握新旧渠道在愿景目标、经营特点以及市场定位上的差异,以及如何根据渠道差异使用恰当的定价、促销、宣传及服务手段,或者还未能摸索到适合自己行业、产品等要求的渠道整合模式。因此,不合理的多渠道策略非但不能达到在新旧渠道间取长补短的预期目标,更会导致冲突产生或是恶化冲突,助长渠道系统的"自主意识"和不稳定性。对于目前大多数企业尤其是国内企业而言,整合传统渠道和电子商务渠道的能力普遍较弱,常见的表现有:一是企业在某一区域市场内未能合理规划使用两类渠道,致使同一客户群在不同的渠道上接触到企业的同品牌产品。顾客可能会由于接受到有差异的信息而产生对该品牌甚至该企业的怀疑,而渠道间也会因为争夺顾客进行价格战或促销战,产生冲突。二是对这两类差异极大的渠道没有进行对口的营销组合设计,简单地使用统一的营销策略,渠道的管理与维护也不够"深",不够"细"。三是网络零售商相对于传统零售商来说与企业之间的交易关系更具多样化和灵活性,企业未能及时整合渠道掌控方式,致使两类渠道不能形成强有力的凝聚力,共同协助企业实现分销渠道的价值增值。

(四) 渠道冲突的影响

正面影响。第一,可以有效遏制中间商的过分膨胀,均衡厂家和中间商的力量,促成全面的合作局面。第二,有利于不断改善渠道环境,增加厂家的渠道权力,同时又可引起渠道的各个因素变动,最终推动渠道模式的变革朝集约化、扁平化方向发展。第三,推动中间商转型。中间商迫于生存的压力,不得不快速转变观念,发展或者转变职能,以适应厂商和市场的要求,避免被淘汰的命运。第四,可推动网上直销和传统分销各自的发展,品牌传播实现立体化,给消费者带来更大的利益。

负面影响。其一,网上直销不可避免地要从中间商处争夺客户,挫伤中间商的积极性,导致中间商的集体对抗。其二,各销售渠道利益分配难以均衡,易引起中间商的不满,导致销售策略难以执行,市场和价格混乱,品牌形象受损。其三,管理和传播成本加大,将消耗企业极大的精力和巨额的资金。

（五）渠道冲突的管理

制造商无论是自己建立电子商务直销渠道来直面终端消费者，还是借用分销渠道，都可能发生渠道冲突。为了避免销售渠道冲突带来的损失，保证产品价值最终被有效实现，保证品牌的统一形象，应该结合企业实际情况，采取有针对性的措施，避免渠道冲突，实现渠道间的合力。从企业角度来看，可以采取以下策略：

产品策略。根据产品的生命周期来决定是否采取在线销售，如当产品处于快速增长的阶段时，在线销售就不太会干涉传统渠道的销售，当产品处于成熟期或衰退期时在线销售就可能瓜分传统渠道的市场。这时网络销售与传统销售的冲突将会很大。

对此，可采取在线销售的产品与传统渠道销售的产品不同的策略，比如宝洁公司就是一个典型的例子，宝洁的网上渠道不销售其传统的美容产品，而销售全新产品，而这些产品也不会通过传统渠道销售。

（1）设计专用的产品线，如雅诗兰黛在其网站提供化妆品的定期填充、耐久性产品的维修保养、日常用品的会员福利俱乐部。

（2）使用不同品牌。在品牌名称、品牌内涵方面制造差异，以避免消费者进行价格、特性等方面的比较，从而降低冲突。

价格策略。价格上的差别是产生渠道冲突的一个重要因素，零售商往往会对价格有着很强的敏感性，因而容易做出过激的行动。对大多数消费者来说，价格仍是作购买决策的一个重要因素。因此，当企业采用电子商务分销渠道时，就需特别注意其价格策略，如在线销售的产品与传统渠道销售的产品极其相似时，在线销售的产品价格应不低于传统渠道销售的价格。

促销策略。鼓励和推动两类渠道间的交叉促销可以促进电子商务渠道与传统渠道的合作，减少新型渠道冲突的产生。企业在利用网络的优势，为自身产品做好宣传的同时，可以向消费者介绍并推荐更适合的传统渠道中的合作伙伴，或是在网站上辟出专栏让传统分销商进行广告宣传。同样的，通过传统渠道来扩大企业网站知名度或宣传企业经由第三方网站提供的网上业务，是一种很好的方式，一方面传统分销商能够利用与消费者的接触机会及其对消费者购买习惯的了解，适时地向理想的目标顾客进行宣传；另一方面还能促进渠道间的合作与交流，避免冲突的产生。

单一渠道策略。互联网只承担宣传、与消费者互动的任务，不接受在线订单;或者只在线接受订单,而将配送交给传统渠道来完成。这种策略,有利于降低渠道冲突。这样既使传统渠道消除了对电子商务渠道的对抗心理,同时也发挥了互联网的快捷、互动等优势,使品牌健康成长。

六、品牌终端展示

销售终端是指产品销售渠道的最末端,是产品被送达消费者完成交易的最终端口,是产品与消费者面对面的展示和交易的场所,是品牌实现的重要环节。如前文所述品牌终端展示管理就是通过有效的产品陈列、终端布置,加强终端售点对消费者的吸引力,营造气氛,促成消费,并实现售点及整体品牌形象的迅速提升,提高品牌在众多竞争对手中的地位。

终端的表现形式包括以下几种:

产品:包括包装、产品的附件、视觉表现等。

宣传品:说明书、宣传手册、折页、广告牌、灯箱广告、夹报、小报等。

促销物:挂牌、海报、堆箱、礼品、积分卡等。

辅助展示物:展柜、专柜、X展架等。

还有陈列位置与陈列方式;整洁度、美观度;与对手相比的区别等。

(一) 终端的管理

终端的管理主要分两块:

1. 卖点广告(POP)

卖点广告能在有限的空间引起顾客的注意,可以配合媒体广告和主题促销。

卖点广告产生效果的四大因素:位置、高度、大小、形式。因此投放卖点广告要注意以下几点:寻找焦点广告位置,避开广告过于集中的地方,保留尽可能长的时间;确认在视线高度、最显眼的位置。

2. 门店的宣传与展示

门店的宣传与展示是实现销售关键的"临门一脚"。好的宣传品可以充分展示品牌形象,节省促销时间与花费。让消费者更加了解产品,进而产生购买意愿。

门店宣传是产品展售中影响销售和提醒消费者购买的最后也是最重要的环节,因此宣传成功与否,自然会直接影响到产品展售整体的成败。门店宣传除了卖点广告外，与门店大小、格局、风格、档次以及活动安排等也有很大的关系。

（二）终端生动化

所谓终端生动化就是使企业终端能充分展示品牌形象，与其他产品有明显的差异，与消费者产生共鸣，使消费者能明显地看到品牌、了解并信任品牌，进而产生购买行为。主要内容包括：产品陈列生动；售店广告生动；售点人员服务到位。

（三）终端陈列的原则

1. 显而易见

谁能够抓住消费者的注意力，谁就是赢家。陈列要让产品显而易见，让消费者看清楚产品并引起注意是达成销售的首要条件。

2. 最大化

产品陈列的目标是占据较多的陈列空间，尽可能增加货架上的陈列种类。这样既可以增加产品展示的饱满度和可见度，又能防止陈列位置被对手挤占。

3. 垂直集中

人们视觉的习惯是先上下，后左右。垂直集中陈列，符合人们的观察习惯，也使产品陈列更有层次、更有气势。除非商场有特殊规定，一定要把公司所有规格和品种的产品集中展示。垂直集中陈列不仅可以抢夺消费者的视线，而且容易做出生动有效的陈列面。

4. 下重上轻

将重的、大的产品摆在下面，小的、轻的产品摆在上面，便于消费者拿取，这也符合人们的审美习惯。

5. 全品类集中

尽可能多地把一个公司的同一品类陈列在一个货架上，这既可满足不同消费者的需求，增加销量，又可集中提升品牌形象，加大产品的影响力。

6. 重点突出

在一个堆头或陈列架上陈列一系列产品时，除了全品类和最大化之外，一定要突出主打产品的位置，这样才能主次分明，让顾客一目了然。

7. 整洁统一

所有陈列在货架上的产品，标签必须统一将中文商标正面朝向消费者,可达到整齐划一、美观醒目的展示效果,产品整体陈列的风格和基调要统一。

8. 价格醒目

标示清楚、醒目的价格牌,是增加购买的动力之一。便于对同类产品进行价格比较,还可以写出特价和折扣数字以吸引消费者。

9. 先进先出

食品类商品按出厂日期将先出厂的产品摆放在最外一层,最近出厂的产品放在里面,避免产品滞留过期。专架、堆头的货物至少每两个星期翻动一次,把先出厂的产品放在外面。

10. 堆头规范

堆头陈列相比货架陈列能更集中、突出地展示品牌。不管是批发市场的堆箱陈列还是超市的堆头陈列,都应该遵循整体、协调、规范的原则。特别是超市堆头往往占据超市最佳的位置,是厂家花高代价买下做专项产品陈列的,从堆围、价格牌、产品摆放到卖点广告配置都要符合上述陈列原则;同时尽可能实现创意陈列,从整体造型到宣传品展示,都要精心设计,让品牌更醒目。

七、品牌化营销的价格策略

(一) 定价需考虑品牌定位

产品上市如何定价?除了考虑成本、期望毛利率、竞争对手价格等各种因素之外,还应当重点考虑产品的品牌定位。即在现实地位和期望定位两者的基础上,综合作出定价决策。品牌定位是产品定价的一个重要依据。因为它大致决定了产品的目标市场、营销战略以及销售利润。企业在制定经营政策的过程中要以品牌定位为基准,保持其面向市场的各项政策之间的协调性、一致性,以理顺企业内外各方面的关系,创造良好的品牌形象。

价格与品牌之间存在一种"鸡生蛋、蛋生鸡"的关系。一方面,越是强势品牌定价越高;另一方面,一种产品定价高,按逻辑就是"这产品一定好"。而战略性定价需要考虑的不仅是给一个产品定价,更是对整个产品线定价,给整个产品结构定价。有些高端产品要定一个高价,彰显品牌价值,可是真正的主流产品不在高端细分市场,但是由于高端市场的高定价和品牌宣示作用,使中流产品也能定一个高价格,而且销量还好。

很多企业都利用了价格与品牌之间的这种互动关系,在主流产品之外,推出几款价格很高的高端产品来显示自己的品牌地位,从而形成完整的价格体系。以美孚为代表的进口机油大都采取系列定价法,即按产品质量等级和黏度牌号的不同实行多品种定价,以适合不同层次的消费者需要,让消费者有更多的选择余地。美孚以中档偏高的价格为主,辅之以几款高价产品衬托,显示出企业的技术开发实力和品牌形象。

一般来说,在面对强势品牌的情况下,企业有以下几种选择:第一,推出同类产品,但是价格相对较低,低价幅度与品牌差距成正比,品牌差距越大,价格低得越多;第二,将产品线集中在中低档,规避与高端产品正面冲突。而面对品牌地位比自己弱的品牌,企业采取的方法则完全相反。

品牌的产品定价必须反映品牌之间的差距,否则会模糊品牌定位,还会使品牌价值无谓流失,使企业不能得到应有的利益。

品牌在零售定价方面的差距和品牌差距相一致的,毛利率的差距也与品牌方面的差距一致,甚至在渠道内部的定价方面,这几个品牌也显示了相似的差距。

如果企业无视品牌定位,则定价就会背离定位,导致定价失败。

战略性定价错误大多因为放弃自己原有的定位和细分市场,以崭新的定价策略进入另外一个细分市场,导致定价与品牌错位。如果同时没有大量的广告和市场沟通来支持这种转型,失败会来得很快。

如何正确地基于品牌定价仍然是一个难题。在实际操作中,高估或者低估品牌价值的现象非常普遍,某品牌曾经是消费类电子产品的名牌,采取典型的高定价战略。但是最近8年在数字技术领域,因为始终没有推出什么像样的产品,品牌价值大打折扣,于是遭到了竞争对手的有力阻击。对手以其为参照,在产品不相上下的前提下,价格略低,取得了成功。

(二)定价还需要考虑的其他因素

1. 竞争态势

竞争态势对定价有巨大影响,所有企业都受整个竞争态势的影响。企业无论大小必须考虑动态环境和竞争对手之间的力量对比,这样才能找到正确的定价战略。要正确认识竞争环境,判断自己的位置,定位自己的品牌,使定价既满足企业的要求,又能被消费者接受,在市场中形成有利地位。

(1)市场领先者。

市场领先者的目标应该是保持自己的优势地位,定价是保持优势地位的重要手段。领导型企业一方面要应对行业内竞争对手的挑战;另一方面还要阻击新进入者的威胁。

可口可乐在进入中国市场以后一直采用渗透定价法,一方面考虑到消费者的接受程度;另一方面考虑到消费者的价格承受力。毕竟要让消费者接受一个陌生的产品是有困难的,所以采取低价格占领市场为主。等到百事可乐公司进入中国市场时,作为市场追随者,他们在产品零售价上也只好跟随,由于市场份额小,还需要做更多的广告促销来吸引消费者,百事可乐在进入中国市场的最初十几年一直没有盈利。这就是可口可乐定价战略的成功所在。

这种策略的特征是在自己处于市场领导者地位时,可以主动降低价格,压缩竞争对手的生存空间,从而保证自己的优势地位。当自己在较大市场份额盈利时,竞争对手由于市场份额少,所以盈利也少,甚至由于规模小而无法盈利。

此外,这种定价战略还可以通过降低行业投资价值、提高市场进入壁垒来维持企业在行业内的领先地位,如果其他企业贸然进入就会面临非常大的经营风险。格兰仕就是这种定价战略最典型的实施者。由于中国家电业的产量过剩、重复建设严重,再加上国有企业的退出机制不完善,竞争普遍处于非理性状态。格兰仕将经营安全放在第一位,利润放在第二位,通过低价格战略,主动降低行业平均毛利率,以降低自己的盈利水平来保护自己安全盈利。以强硬而高调的降价声明和频繁降价的实际行动来警告潜在竞争对手——如果做不到格兰仕的规模肯定面临亏损。格兰仕的价格战略决心大、行动果断并且持续,由于微波炉市场明显容不下两个格兰仕,所以,这种低价格战略取得了预想的成功。

如果领导型企业拥有技术优势、垄断地位或者其他难以被压倒优势,就没有必要采用低价格战略捍卫自己的利益,而应该以高价格来获取高额利润。

(2) 挑战者的定价战略。

市场中的二线品牌或者新进入者在实力逊色的情况下,要采取挑战者战略来改变被动、落后的形势。挑战者战略的核心是:在总体实力不足的情况下,集中力量,争取在局部市场形成优势,通过局部市场的胜利,积小胜为大胜,提高自己的市场地位。价格战是挑战者最易使用也最易在短期内见效的战略。

利用价格战,从领先的竞争对手那里抢得市场份额。虽然自己的利润也下降,但是可以通过销量的增加来争取总体利润的提高。即使利润总量不能提高,能够提高自己在市场中的地位、大幅削弱竞争对手的盈利能力,也是一个胜利。这就是弱势企业频繁发动价格战的内部动机。

弱势企业不用担心发动价格战影响自己的品牌形象。20 世纪 70 年代初期,日本存储芯片制造企业为了打击最主要的竞争对手——英特尔公司,采取的定价策略是:无论英特尔的价格如何,日本企业的价格都比英特尔价格低 10%—15%。这一定价战略迫使英特尔公司放弃了存储芯片领域,转而进入微处理器领域。如果弱势企业发动价格战的时机恰好在行业出现拐点时,例如行业刚刚进入成长期,那价格战的威力会非常巨大。联想和长虹在 1995 年的价格战,恰逢行业的拐点,市场大众化普及阶段刚开始,所以联想和长虹都一跃成为行业内有影响的品牌。

(3) 寡头垄断下的定价战略。

寡头市场的特点是行业集中度非常高,2—4 家寡头企业拥有 60%—80% 的市场份额,企业之间各有特色,任何一家企业都不具备明显优势。在这种局面下,竞争必然长期化,且在企业经营的整个领域内展开,涵盖技术、营销、公共关系、资本运作等多个方面,而不是仅局限于某一个方面。这时,很多成熟的企业会放弃短期制胜的战略,谋求一定程度上的"竞合"。

如果一个企业,希望简单依靠单一价格手段,在短期内打败其他对手,就未免失之急躁,也不会取得成功。寡头之间的竞争依据行业周期而异,在成长期,竞争以价格、销售规模等数量因素决定;在成熟期,主要由技术、服务等质量因素决定。

有些时候,行业内某个细分市场正处于成长期,新的细分市场又出现了;当主要细分市场进入成熟期时,又有一个新的细分市场进入成长期。这种情况下,寡头竞争的局势就更加复杂了,但也给企业新的机会来打破平衡。如果一个企业能够提前准备、抓住这个机遇,就能一举获得优势。

(4) 产品差异化优势下的定价战略。

定价总是与一个特定产品直接相关联的,如果企业能够推出具有明显差异化优势的产品,就可以以一种高度独立的立场来定价,至于定高价还是定低价,则根据企业自己的战略目标来决定,而不一定受制于竞争对手。

苹果公司推出第一款 iPod 时,定了一个 399 美元的高价格,仍然由于其优异的性能和独特的工业设计受到广泛欢迎,市场反应非常好。半年以后,第二台容量更大的 iPod 推出,加入了通讯簿功能,定价升高到 499 美元。苹果利用产品的差异化优势获得了高额度的"产品溢价"。

　　2. 销量和利润目标

　　销量和利润有时是两个相互矛盾的目标,当一个企业追求较高销量时,也就是追求较大的市场份额时,就意味着他将采取以下措施之一:

　　第一,以更低价格推出同类产品。

　　第二,降低现有产品价格。

　　第三,进入更加低端的细分市场,或者推出更多低端市场的产品。

　　无论采取上述哪种措施,都意味着较低的利润率,即使该企业通过降低价格而猛烈扩大销量,最终得到更多的利润总量,其利润率一般也会下降,就是在具有规模经济性的行业也是如此。

　　在一个竞争激烈的市场中,保持市场份额也非易事,如果一个企业立足于维护其已有的市场份额,也会在上述三种措施中进行选择。

　　所以当一个企业宣布将致力于维护自己的市场份额时,竞争对手必须严阵以待。此时如果试图以降价来挤占对手的市场份额,必然遭到强烈的还击。最后最大的可能性是:双方的市场份额都没有大的变化,但是盈利情况都显著恶化。这种情况在我国企业的竞争中经常能够见到。

　　当一个企业以改善盈利能力、提高利润率作为自己的战略目标时,就难免要损失部分市场份额。因为它必然要在下列措施中进行选择:

　　第一,增加高端产品在自己产品结构中的比例,这些产品有较高的价格、较高的利润率,但是市场份额会较小。

　　第二,减少低端产品在自己产品结构中的比例,这些产品虽然有较大的市场份额,但价格较低、利润率也较低。

　　第三,在推出同等产品时,定价较高。

　　无论采取哪种措施,其利润率都会提高,但是市场份额有可能会减少。

　　例如,英国航空公司曾经在 20 世纪 90 年代采取低价竞争的战略,他们的策略是减少公务舱和头等舱的坐位,增加经济舱的坐位;此外,减少免费提供的饮食、减少其他服务内容,从而降低机票价格。而近几年,该航空公司放弃了低价竞争战略,这时,他们也采取措施改变了其产品和定价策略。他们减少了经济舱坐位,重点发展公务舱和头等舱坐位,增加服务内容,提高票价,包括经济舱的票价。从这个案例可以看出,企业的竞争战略决定了定价策略,并进而决定了价格和产品组合。

3. 产品生命周期

产品的生命周期对于战略性定价有显著影响,而生命周期的各个阶段对定价的影响又有很大不同。在生命周期的各个阶段之间都会出现一个拐点,拐点前后的定价战略有很大差别,企业能否正确认识到这个拐点,以及能否及时调整定价战略,会导致完全不同的竞争结果。

在拐点到来之前,企业往往采用撇脂定价法,产品的利润率比较高,面对高端用户。但是当产品开始向大众普及,消费者购买愿望大增,这时过高的价格就会成为购买的瓶颈。如果企业能准确地把握这个拐点,采取大众化的定价方式,率先开发这个庞大的市场,这样虽然价格降低了,但是总体利润和市场份额会有较大的上升,为企业带来巨大收益。

改变定价规则的风险在于对时机的把握,如果太早,拐点还没有来,大幅降价不能使市场份额的提升弥补降价的损失,企业会付出代价;如果一味等待,就会被别的企业捷足先登。我国很多行业内的领导型企业都是在市场拐点及时抓住机遇,使自己脱颖而出,并从此一路领先。

在行业成长期,大众化的拐点不一定只有一次,有时候拐点会分别出现在行业中的几个细分市场。一个企业能够抓住一个拐点,但不一定能够抓住下一个。这就是定价战略的复杂性所在。

价格策略受多种因素的影响,品牌因素应该成为产品定价的重要因素。品牌的成长是在一定的竞争环境中实现的,以销量和利润作为成熟的标志。在实际操作中,品牌、竞争、销量和利润,生命周期四个因素对定价战略的影响有时是截然相反的,这样就给定价决策增加了难度。例如,为了扩大市场份额,企业就会倾向于低价格战略,但是如果企业的品牌一直是高端品牌,就不宜采取低价格战略;如果一个企业在低端市场采取低价格战略,而在高端市场采取高价格战略,也会从两个相反的方面对品牌产生影响。这种时候,要找到正确而有效的定价战略就很不容易。

定价战略要解决的不仅是一个产品的价格,而是整条产品线的价格水平和结构;不仅要解决一个时间"点"上的产品价格,还要分阶段地调整价格体系。在不同形势下,即使在同一个企业,四类因素的重要性也会发生变化。这不仅仅是价格战略竞争的难点,也是价格战略竞争的魅力之所在。

第二节　传播：品牌成长之翼

品牌的出现是产品竞争的结果，也是消费者需求不断提升的结果。目标品牌若想在众多的品牌中脱颖而出，就必须对品牌形象进行塑造，让越来越多的消费者知道，进而忠诚于品牌。

在产品营销时代，企业关注与竞争对手的差异，期望为顾客提供与众不同的产品。20世纪50年代，雷斯提出了USP理论，意即要向消费者传达一个"独特的销售主张"，而且这一主张是竞争者所没法做到的。毋庸置疑，"独特的销售主张"理论为许多企业提供了一把利剑，使得他们能够通过为顾客提供与众不同的产品和服务获取利润。我们把这个阶段称为"关注产品阶段"。这个阶段人们更相信"酒香不怕巷子深"。

到了50年代末60年代初，随着科技进步，各种替代品和仿制品不断涌现，寻找独特性变得越来越困难，产品的差异化创新的速度往往跟不上模仿和复制的速度。大卫·奥格威提出了"品牌形象论"。认为在产品功能利益点越来越小的情况下，消费者购买时看重的是实质与心理利益之和，而形象化的品牌就是带来品牌的心理利益。品牌形象时代为企业带来的最大收益是使得企业明白了，在为顾客提供产品物质利益的同时，打造一个能够使得消费者感到亲切、产生共鸣的品牌形象是非常重要的。我们称这一阶段为"关注形象阶段"。这时传播逐渐受到重视。

70年代初，同质化的厄运也在"品牌形象"时代重演。其原因主要是随着竞争日益激烈，为了获取竞争优势，企业在品牌形象上相互攀比模仿，品牌形象亦难以差异化。

在顾客面对众多相似的形象无所适从时，两位美国年轻人特劳特和里斯提出了品牌定位论。并于1979年出版了专著《定位：攻心之战》。定位论强调：随着竞争激化，为了解决同质化、相似化日益严重的问题，需要创造心理差异、个性差异。主张从传播对象（消费者）角度出发，研究了解消费者所思所想，由外向内在传播对象心中占据独特的市场位置。

不可否认，定位理论为全球企业作出了相当杰出的贡献。它使得众多品牌经营者看到了精确击中顾客心理的希望，得以从无所适从的形象塑造迷局中解脱出来。我们把这一阶段称为"关注定位阶段"。

随着定位理论的发展,传播信息量和传播费用的日益剧增,即使是品牌拥有了一个准确的定位,但是要想在浩如烟海的信息中突出重围,也不是一件很容易的事情。

但无论如何,随着市场从卖方市场转向买方市场,营销哲学亦从"营销理念"转向"品牌塑造"。只有塑造品牌,实行差异化战略,企业才能在劲烈的竞争中脱颖而出,实现可持续发展。面对严重的产品同质化带来的竞争,品牌成了企业抵御竞争风浪的最有效工具;品牌战略,成为所有谋求长远发展企业的共同追求。

品牌影响力与价值的大小,取决于基于消费者的品牌关系。而品牌关系依赖于科学合理的品牌传播与推广。传统的品牌传播与推广只注重广告等形式,不知如何经营品牌关系。其效果很低、成本很高;面对竞争与消费者的理性,这种由内到外的线性思维方式已无法满足企业的发展需求。

于是品牌整合传播应运而生,其基础理论体系源于美国西北大学教授唐·舒尔茨(Don E.Schultz)创立的"整合营销传播(IMC)"学说。

其认为:依据消费者心理学的原理,消费者的头脑对一切事物都会通过选择性记忆进行汇总,并形成一定的概念。假使能够令传播的品牌概念与消费者已有的概念产生一定的关联,必然可以加深消费者对该概念的印象,并达到建立品牌网络和形成品牌联想的目的。

并且它从广告心理学入手,强调目的、过程、目标、行动的统一性和一致性。在不受任何单一目标的约束和管制下,与潜在顾客、现有顾客进行多方面的接触,并通过接触点向消费者传播一致的、清晰的企业形象。这种接触点小至产品的包装色彩,大至公司的新闻发布会。从全员营销的角度,强调了在品牌与顾客亲密接触的重要接触点上,设计和传播有价值的品牌信息的理念。"不是说你想说的,而是说顾客愿意听的;不是在你想说的地方说,而是在顾客想听的地方说"是它的核心思想之一。每一次与消费者的接触都会影响到消费者对企业的认知。每一个接触点传播利好品牌的信息,互动性越高、越一致,品牌的形象就越鲜明,消费者对品牌的忠诚度就会越高。

它是一种有利于品牌关系的推广互动过程,通过引导消费者来保持品牌形象的一致性,以加强企业与消费者及其他关系人之间的积极对话,推动品牌知名度、品牌忠诚度、品牌美誉度的有效构建,以增加品牌价值。

唐·舒尔茨提出,在21世纪的市场环境里,品牌管理者和消费者双方对市场营销均产生影响。这时重要的传播比促销组合、市场营销更具有深度。他主张,在21世纪,"品牌构筑"重要的是要根据"品牌传播"(或沟通)形成差异化。广告是主要面向企业外部的传播,但品牌传播是创造和消费者之间的"相互作用关系"的各种各样活动。品牌传播要素大致可分为"品牌信息"和"品牌接触",品牌信息是用广告、促销、公关等形式传达给消费者的概念、创意、形象、色彩、象征符号(商标)等;品牌接触则比信息更广,它包含使用经验和口碑传播等的"全部的品牌接触经验"。

一、传播与推广是品牌塑造的主要途径

品牌传播与推广就是企业以品牌的核心价值为原则,在品牌识别的整体框架下,选择广告、公关、销售、人际等传播方式,将特定品牌推广出去,以建立品牌形象,促进市场销售。品牌传播与推广是企业满足消费者需要,培养消费者忠诚度的有效手段,是品牌塑造的关键途径。通过品牌的有效传播推广,可以使品牌为广大消费者和社会公众所认知,实现品牌与目标市场的有效对接,为品牌及产品进入市场、拓展市场奠定基础,使品牌得以迅速发展。品牌传播与推广是传递品牌个性的手段,也是形成品牌文化的重要组成部分。

在产品同质化、媒介碎片化越来越严重的背景下,品牌整合传播成为传播的趋势。真正催生品牌整合传播并使其变得日益重要的不是传播者,相反,品牌整合传播发展的动力有两种:一种是品牌的外部因素——各种形式的信息技术引发消费者寻找信息与接收信息的革命性变化;另一种是品牌的内部因素,即高层管理者对传播的新的要求。

成功的品牌整合推广能够从消费者的需求出发,有效整合各种媒介手段,提升品牌的知名度和美誉度,保持顾客忠诚,扩大市场份额。同时,品牌整合推广是一种品牌组合运用,对提升核心竞争力意义重大。

二、什么是品牌整合推广

在现有的文献中对品牌整合推广的描述很多。品牌整合推广是在品牌经营理念指导下,从消费者出发,以直接影响购买行为、塑造品牌为目标,整合品牌推广的规划、组织和流程,运用所有手段进行有针对性的传播推广,以使效果

最优化的过程。

品牌整合推广不单单是以一种表情、一种声音，而是以更多的要素构成的概念。它的目标是以消费者或潜在消费者为对象，以直接影响目标消费者为目的的一种传播推广形态；它考虑消费者与品牌接触的所有要素，甚至使用以往不被看作传播形态但能有效营销的传播形态或要素。品牌整合推广是经过一定时间可测定的、有效果的、有效率的、相互作用的传播程序而设计的。

品牌整合推广可以分为横向整合和纵向整合两种。

横向整合主要是对各种传播工具进行整合，其主导思想是要重新制定品牌推广的游戏规则，将推广沟通战略由原来的四大传统媒体全方位展开，特别重视对现代电子媒体的运用，同时还用多重媒体的组合偏重多点表达。

纵向整合（重点是广告策略）强调把企业的一切传播活动如广告、促销、公关、包装、产品开发等进行一元化的整合重组，让消费者从不同的信息渠道获得对某一品牌的一致信息，增强品牌表达的一致性和完整性。总之品牌整合推广的核心是使消费者对品牌产生信任，使其长期存在于消费者的心中。

一个成功、完整的品牌推广应该包括三个层次（三个阶段）：一是品牌宽度推广阶段，即建立品牌知名度；二是品牌深度推广阶段，这一阶段主要是提升品牌忠诚度，提高品牌美誉度；三是品牌维护阶段。

三、品牌整合推广的含义

品牌整合推广的第一层含义：整合品牌传播内容。在追求"一种形象、一个声音"的品牌传播效果下，设法使所有的推广活动相配合。对于许多公司来讲，这也是他们的基本目标。因而我们可以把它看作整合的"一种形象、一个声音"方法。其目的在于使用各种形式的传播媒体将广告、公共关系、销售促进、直复营销等整合成一条直接针对消费者和潜在消费者的"无缝隙"的传播信息流。

品牌整合推广的第二层含义：整合品牌营销渠道。品牌整合推广并不仅仅是将传播活动融合成一种普通的视觉或口头的存在，人们日益认识到它所包含的内容远不止这些。因此，当信息技术波及销售渠道时，品牌整合推广的需求也会发生变化。

从品牌营销的角度而言，品牌整合推广还应包括渠道公司；这就意味着应学会如何协调制造商、服务商与分销商、批发商、零售商、特许经销商。

品牌整合推广的第三层含义：追求互动沟通。新的市场将会给品牌整合传播带来巨大变化。围绕单纯向外的传播系统的情况将不复存在。这里，品牌整合推广体系不是单纯向外的，而是互动的。它不再由营销人员或信息传播人员所控制，而是让消费者控制。现在的消费者不再是传播的目标，而是与营销人员或信息传播人员处于同等地位；他们也不再是品牌推广中被说服的对象，而是品牌聆听者和响应的对象。显然，新的市场将需要一个全新的方法对品牌进行整合推广。从"决定我们品牌管理人员想要做什么"，到明白"消费者真正需要品牌管理人员做什么"。这将可能成为所有整合任务中最艰难的任务。它的信息传送系统将是顾客想要听的，而不仅是我们品牌传播人员想要说的。这将使整合的概念进一步深化，而不是简单地合并和协调向外传播的计划而使之成为"一种声音，一个形象"，而是许多信息传播人员正是从这后一种概念开始进行品牌整合传播的，并且现在仍在使用这种概念。

四、品牌整合推广的基本原则

（一）受众的目标性

所谓目标性，就是要明确传播的目标，向哪些人传播。根据产品本身的特性，以品牌的高度为视角，以品牌的角度为原则，选择品牌所要传达的受众人群，有针对性地对目标人群作出有效的传播，才能达到品牌推广的目的。目标性原则是我们选择渠道、策划活动、整合媒介的重要标准。

（二）信息的统一性

菲利普·科特勒所描述的品牌表层因素如名称、图案、色彩、包装等，其信息含量是有限的，但"产品的特点"、"利益与服务的允诺"、"品牌认知"、"品牌联想"等品牌深层次的因素，却无疑聚合了丰富的信息。而它们构成了品牌传播推广的信息源，也就决定了品牌传播推广本身信息的聚合性。

传播并不是越多越好，品牌信息的丰富性要统一于品牌的核心价值，传播内容、传播媒介都应该与品牌核心价值及其衍生出的品牌个性保持一致。

（三）媒介的多元性

传统的大众传播媒介，如报纸、杂志、电视、广播、路牌、海报、灯箱等，对于现代社会的受众依然魅力犹存。对它们的选择组合本身就具有多元性。而新媒体的诞生，则使品牌传播的媒介多元性更加突出。如此，品牌传播在新旧媒介的选择中,就有了多元化的前提。

(四) 操作的系统性

在品牌传播推广中,其系统的构成主要为品牌的拥有者与品牌的消费者,两者由特定的信息、特定的媒介、特定的传播方式、相应的传播效果(如受众对品牌产品的消费、对品牌的评价)及相应的传播反馈等要素和环节连接。由于品牌传播追求的不仅是近期传播效果的最佳化,而且追求长远的品牌效应,因此品牌传播总是在品牌拥有者与消费者的互动关系中,遵循系统性原则进行操作。

(五) 传播的可信性

传播的可信性是指消费者对品牌传播信息的信任程度。在品牌建设过程中,品牌所有者总是要向市场发布关于该品牌的信息,包括新闻、广告等。但是,所传播的信息是否能够获得消费者的信任,就成为关键。因此,在品牌建设的初期,我们往往不采取广告策略,因为消费者明白广告是厂家自己给自己做的,属于"王婆卖瓜"。如果是新闻媒体自动地给予大量的客观的报道,则可以迅速取得消费者的信任,因为新闻媒体的主动报道,属于第三方行为,对消费者而言,具有较高的可信性。

五、品牌整合推广的基本方法
(一) 广告传播推广

广告作为一种主要的品牌传播推广手段,是指品牌所有者以付费方式,委托广告经营部门通过传播媒介,以策划为重点,创意为中心,对目标受众所进行的以品牌名称、品牌标志、品牌定位、品牌个性等为主要内容的宣传活动。

对品牌而言,广告是最重要的传播推广方式,有人甚至认为"品牌=产品+广告",由此可见广告对于品牌传播的重要性。根据资料显示,在美国排名前20位的品牌,每个品牌平均每年广告费用为3亿美元。人们了解一个品牌,绝大多数信息是通过广告获得的。

鉴于广告对于品牌传播的重要性,本书将专门论述。下面重点讨论企业在做广告时要把握的几项内容:

一要找到产品卖点和品牌定位。明确产品的最大价值是什么,最能打动消费者的是什么;明确希望在消费者心中建立的形象是什么。品牌的物理价值可能是相同的,最能与对手区隔的常常是情感价值。

二要先寻找有潜力的市场。要进行市场研究,了解新的消费心理和消费习惯的需求,再运用广告等手段来宣传,以吸引消费者。

三要把握住时机。企业要根据不同的市场时期,对广告的制作和发布采取不同的策略。不同时期,一方面指产品的宏观环境,同时也指产品自身的发展阶段。产品在初入市场、发展时期、成熟时期,广告策略是各不相同的。

四要连续进行广告。广告效果有滞后性。如果一个广告播放一段时间看到效果不明显就不播了,是很不明智的选择。因为这样会使之前的广告投入全部打水漂。广告有滞后性,企业需要稍作等待。另外,广告投放千万不能随意停下来,否则就会引起很多臆测,从而给企业和品牌带来不利影响。

五要注意广告媒介的选择和资源投入的比例,因为在广告传播活动中,媒介的传播价值往往是不均等的。

(二) 公共关系传播

公关是公共关系管理的简称,是企业形象、品牌、文化、技术等传播的一种有效解决途径,它包含投资者关系管理、员工传播、事件管理以及其他非付费传播等内容。作为品牌传播的一种手段,公关能利用第三方的认证,为品牌提供有利信息,从而教育和引导消费者。公关可为企业解决以下问题:一是塑造品牌知名度。巧妙创新运用新闻点,塑造组织和品牌的形象及知名度。二是树立美誉度和信任感,帮助企业在公众心中取得心理上的认同,这点是其他传播方式较难做到的。三是通过体验营销的方式,让难以衡量的公关效果具体化,普及一种消费文化或推行一种购买思想哲学。四是提升品牌的"赢"销力,促进品牌资产与社会责任增值。五是通过危机公关或标准营销,化解组织和营销压力。

(三) 促销推广

促销既是销售手段也是传播手段。促销传播是指通过鼓励对产品和服务进行尝试等促进销售的活动而进行品牌传播的一种方式,其主要工具有:赠券、赠品、抽奖等。

尽管促销传播有着很长的历史,但是长期以来,它并没有被人们所重视,直到近 20 年,许多品牌才开始采用这种手段进行品牌传播。

促销传播主要用来吸引品牌转换者。它在短期内能产生较好的销售反应,但长期效益有两面性。一面能吸引更多消费者尝试,使用甚至进一步忠实于该品牌。但另一面,对品牌形象而言,大量使用促销会降低品牌忠诚度,增加顾客对价格的敏感,淡化品牌的质量概念,促使企业偏重短期行为和效益。不过对小品牌来说,促销传播一般好处多于坏处,因为小品牌往往负担不起与市场领导者相匹配的大笔广告费,通过促销刺激,可以低成本吸引更多消费者。

(四) 人际沟通传播

人际沟通传播是通过人与人之间直接沟通,主要是通过企业人员的讲解咨询、示范操作、服务等,使公众了解和认识企业,并形成对企业的印象和评价,这种评价将直接影响企业形象。人际传播是形成品牌美誉度的重要途径,在品牌传播的方式中,人际传播最易为消费者接受。在保健品销售中,会议营销是一个很重要的销售模式,其实质就是人际传播。人际传播组织恰当,可以更快地提升品牌知名度。但人际传播的特点对产品与服务的质量要求很高,一旦出了问题,就会迅速发酵,使品牌受损。人际传播要想取得一个好的效果,还必须提高组织人员的素质,把好信息源这一关,只有这样才能发挥其积极作用。

品牌传播与传播方式的选择及设计密切相关,如果传播方式选择不当、设计不合理,就不可能收到好的传播效果。因此,企业在进行品牌传播时一定要把传播方式的选择和设计放在重要的位置上。相对而言,机理复杂的产品需要更多的人际沟通传播。

基于产品销售的推广与基于品牌创建的推广的最大不同,在于前者只强调产品功能利益,而后者同时还强调情感利益。品牌推广只有找对消费者和品牌共同的情感切入点与"燃点",和消费者进行心灵对话,达成共鸣,才能大大提高品牌推广的效果。从需要与动机、感觉和知觉、消费者的态度入手,迅速捕捉打动客户的情感因素,品牌推广就不难找到最佳策划方案。

六、品牌整合推广的价值

品牌整合推广对品牌的建设具有重要意义,主要体现为科学性、互动性、统一性和相对性。

（一）科学性

品牌整合推广是从品牌传播实践和客观市场需要的理论入手，依据一定的原则和程序，系统而科学地收集和分析相关的资料，得出有理论依据的推广结论。品牌整合推广是一种有理论指导、有控制手段的程序化的科学活动。

品牌推广是传播与品牌塑造有机结合，而品牌整合推广的操作性、实践性很强。所以，它必须以管理学、传播学及市场营销学等为其理论基础。这样就为其实践操作寻找到了理论指导。

（二）互动性

品牌的整合推广首先要在客观市场和消费者群体中调研，挖掘现实的消费需求和未来的需求发展趋势，再结合自己的实际情况确定品牌的发展战略和品牌定位，然后进行品牌整合推广。消费者接触或接收到品牌信息之后，会进行感性的或理性的筛选，注入他们的主观情感：或喜爱或讨厌或持保留态度。因此应适时地对品牌推广的过程进行监控，研究、分析品牌推广效果，与目标消费者进行互动沟通。根据反馈再次对之前的品牌战略和定位进行调整。

（三）从"由内向外"式的品牌推广到"由外向内"式的品牌传播

传统的品牌推广模式是由企业主观地选择和控制所要传播的品牌信息，而不是从客观市场或消费者需求中来决定所要传播的内容，品牌推广所选择的媒介和手段单一，受众完全处于被动接受的地位。对品牌推广效果的评估也仅仅依靠品牌产品的销售额的变化数据获得。

1957年美国通用电器的约翰·麦克金特结合品牌企业实践提出了"顾客导向的新的市场营销理念"。这一理念认为，实现企业目标的关键在于目标市场的需求与欲望，还在于是否能够比竞争者更有效率地满足这种需求。它将营销思维的出发点由"企业本位"转向"目标市场本位"：将营销工作的重心从"产品"转向"顾客需求"；将企业实现目标的方式由"扩大销售量来获得利润"转向"通过满足消费者需要来获得利润"；在实现战略目标的方式方法上，强调协调营销，在市场调研基础上确定目标市场，并通过"4P'S组合"来满足目标市场的需求；在内部建立起顾客导向和顾客满意的企业文化：建立以市场营销统领人力资源、生产、财务、研发等的企业经营管理的新机制。这种进化的、发展的品牌推广模式契合了"受众本位"的观点。

（四）统一性

如前所述品牌推广的整合视角基于两类：即品牌推广过程的整合与品牌推广工具的整合两种。前者包括品牌推广的纵向整合和横向整合两种。品牌推广过程的整合是在品牌战略的指导下，推广的每一个环节都在与目标消费者进行沟通，旨在让消费者了解某一品牌的个性特征、价值以及它是为什么人设计制造的。品牌推广工具的整合是在品牌战略的指导下，怎样综合运用各种传播媒体把品牌特征信息传播给目标消费者。品牌整合推广的统一性，就是把品牌推广的所有活动在品牌战略指导下进行整合，统一到品牌定位和品牌个性等上来。

品牌整合推广的统一性特征与品牌整合推广的一致性策略是有机结合的。所谓一致性，是指综合协调所有的品牌形象、品牌定位和口碑的信息保持一致，它可以使一个平淡无奇的创意也变得更加有力。我们知道，品牌资产是一项多元功能下的产物，它是所有与品牌有关的推广信息的结晶。统一性要求对于所有接触点所传达出的品牌信息都要加以监控，检测它们是否与企业的整体品牌战略相一致。

（五）相对性

品牌的内涵不同，风格各异，企业资源有别，其传播方式就应该不同。品牌整合推广的大的相对性表现在三个具体方面：一是相对性；二是权变性；三是其应用于操作层面的艺术性。相对性是相对于绝对性而言的。绝对性一般只限于在哲学层面进行研究，也就是对于宇宙之间的一些永恒特性进行探讨；而对于人类社会的人文社科领域没有绝对的"放之四海而皆准"的真理。相对性应用于管理学的领域，可从"最优化"和"权变性"两种维度进行考量。

最优化是指在一定的现实条件下，依据一定的评估标准，为完成特定的任务在多种预选方案中遴选出哪种方案最优。

品牌整合推广的相对性在权变性层面的考量，基于环境的不确定性。环境的不确定性越大，所选择的最优化品牌整合传播计划更应当是指导性的，计划的期限也应更短。如果正在发生着迅速的和重要的技术、社会、经济、法律或者其他变化，精确规定的计划实施路线，反而会成为品牌传播部门取得绩效的障碍。在不断变化的世界中，只有傻瓜才自以为是地相信他能准确地预测未来。但是这并不等于品牌整合传播计划的不重要。只是基于权变性的考量，管理良好的品牌传播部门，很少在非常详细的、定量化的计划上花费时间，而是紧紧跟随环境的变化趋势，开发面向未来的多种方案。

品牌整合推广操作层面的艺术性是指品牌整合推广的操作性、实践性很强，更大意义上是一种操作性的实务，因而，决不是"1＋1＝2"那么简单。品牌本身就是从实践中得来，品牌整合推广作为应用性的理论概念，必须灵活而艺术地应用于实践，才能达到品牌战略的既定目标。品牌整合推广应因品牌而异、因时而异、因地而异、因事而异。只有把品牌整合推广的知识和理论灵活而艺术地运用到实践当中，才能有效：品牌整合传播既是一门科学，又是一门艺术，优秀的品牌整合推广是科学和艺术的有机结合。

七、通过广告创建品牌

在众多的品牌塑造手段中，广告是十分重要的手段之一。从操作层面而言，相对于公关活动等手段，广告更容易体现主观愿望，更容易把控，所以一直受到企业的青睐。当然广告也不是万能的，广告塑造品牌必须以好的产品为基础，以定位准确、制作精美的广告去表现，同时通过整合的方式传播。

并且，有时广告对品牌形象的塑造也会产生负面影响。

广告一词，从字面解释，是广而告之的意思，这是广义的广告。狭义的广告是一种付费的宣传，即商业广告。

从上可知：第一，广告是用以宣传信息的（介绍或宣传商品与服务）；第二，广告需要借助一定的宣传媒体（如报纸、杂志、电视、广播、网络等）；第三，广告要付费。

因此，广告是借助一定的宣传媒体将有关商品或服务的信息传递给受众的一种有偿宣传方式。

（一）广告的作用

西方营销界有句格言："推销产品不作广告，犹如黑夜之中暗送秋波。"广告的重要作用，具体可以表现为以下几个方面：广告是企业传递和接受市场信息的重要来源之一；广告是企业促销的重要手段之一；广告既推动企业竞争又促进企业内部经营；广告是提高企业知名度和推广品牌的重要手段；广告可以降低企业的成本。

广告不是简单的告知，广告可以发掘消费者内心深处的需求，引导消费趋向,它对消费观念,消费心理和消费行为的趋向具有导引作用。

1. 广告在品牌塑造中的正面作用

广告在品牌塑造中有四大基础功能:提高品牌知名度、培养品牌忠诚度、深化品质认知度和激发品牌联想。它们共同构成品牌资产、品牌价值。

（1）广告可以使产品、品牌在短时间内建立知名度。

形成知名度是广告最明显的成果。但广告相对的代价是昂贵的。从众多广告中脱颖而出是非常困难的。这要求广告独特并易于记忆,有足够多的重复次数,选择到达率最佳的媒体等。一般来说,知名度与销售呈正相关。但是,高知名度并不一定意味着就是名牌,更不等同于高销售量。

品牌知名度是忠诚度的前提,是消费者认知品牌的第一步。

品牌知名度可以引发消费者好感。人是有惯性的动物,当世界变得越来越复杂,产品越来越相似时,越熟悉越了解的产品就越使人感到安心和舒适。

品牌知名度让品牌进入消费者的视线。研究表明,消费者在每个品类中能记住的品牌不超过6个。即使不能成为首选品牌,能够成为消费者在购买时主要考虑的几个品牌之一,即进入所谓的"品牌盒子"中,是销售中至关重要的一个环节。进入品牌盒子即意味着产品还有机会被选择,有机会成为首选品牌。

知名度也是一种承诺。高的知名度通常给人以大品牌的印象,有品质保证。当消费者面对其他同样的产品时,知名度代表着销售者的承诺。这种承诺包括了:

品牌的实力。创意独特、制作精美的广告说明公司实力雄厚而且有眼光有魄力。

品牌的品质。在产品供大于求的时代,各种品牌随处可见,其品质应可以令人放心。

品牌的服务。知名度代表更多监督,其售中、售后服务应该更加周到,令人满意,不会给购买者带来很多麻烦。

形成知名品牌的暗示。反复出现的广告产品会给消费者这样的感觉:如果不是国内外著名的老牌企业,也是一个优秀的新兴企业。

（2）广告能明显增加品牌忠诚度。

有研究表明:2/3的成功广告的效果是增加品牌忠诚度。

忠诚的顾客的特点是:

首先,经常性重复购买。

其次,惠顾公司提供的各种产品或服务系列。

再次,建立口碑。

最后,对其他竞争者的促销活动有免疫力。

上述的每一种行为,不论是直接或间接,都会促进销售额的增长。消费者持续购买同一个品牌,即使是面对更好的产品特点、更多的方便、更低的价钱也会有一定免疫力。这些行为有一个共同的指向,即对目标品牌的忠诚。显然顾客的忠诚与公司的利润会有十分紧密的关联性。品牌忠诚其实是品牌资产中最重要的资产。如果没有忠诚的品牌消费者,品牌不过是一个没有附加值的平面构成,是仅供识别的符号罢了。

广告对品牌的作用并非一蹴而就,而是一个逐渐影响的过程。

从认知、试用、肯定态度强化、信任到再强化到忠诚,就是说,由广告认知产生试用愿望,试用经验形成肯定态度,这种态度经企业的广告强化,就会增加重复购买或重复使用的可能性。如果继续强化,重复购买或重复使用就会转化为对品牌的信任和形成品牌忠诚。

一般企业认为广告的作用仅仅停留在告知的层面。其实从实际效果看,广告对品牌忠诚度的影响更多,也更加重要。广告对品牌忠诚的影响,国内外营销学者的研究很多,结论也基本上差不多,即广告不但能在推广早期引导试用行为,而且在推广后期会强化品牌忠诚。对成功的品牌来说,由较高的广告量引起的销售量的增加中,只有30%来自新的消费者,剩下的70%来自现有的消费者,这是由于广告强化了他们对品牌的忠诚。因此,对已经存在知名度的品牌来说,大部分广告的目的是使已经存在的消费者更加忠诚,而不是说服陌生消费者从其他品牌转移过来。

消费心理学家认为,消费者的态度更多是在试用之后形成的,而不是在试用之前形成。广告中有一种现象是:旅游广告最热心的读者是刚从所广告的目的地回来的旅游者。从理论上来讲,广告不仅让消费者认知产品,同时广告肯定并强化了消费者的使用经验。

品牌忠诚者的价值在于:

一是对忠诚使用者的营销成本相对低廉而赢来的利润相当丰厚。

有证据表明,品牌忠诚度提高一点点,都会导致该品牌利润的大幅度增长。某个品牌吸引一个新消费者的费用是留住一个已有消费者的4—6倍。Desatulock 和 Detzel 在其《努力保持消费者》一书中谈到"在汽车行业中,一个终生消费者可以平均为其所忠诚的品牌带来14000美元的收入;在应用制造业,一个终生忠诚的消费者价值超过2800美元;地方超级市场每年可以从忠诚的消费者那里获得4400美元左右"。

二是带动、吸引新的消费者。品牌忠诚度代表着每一个忠实的消费者都可以成为一个活的广告。有研究表明,1个购买后满意的顾客会对3个以上的人传播该产品。品牌忠诚度可以使一个老顾客成为一个品牌倡导者,以良好的使用经验形成口碑,口耳相传,吸引新的使用者。

三是使企业更从容面对竞争。忠诚的使用者会对产品产生依赖感,他们重复购买、重复使用,而对别的类似产品表现出一定的抵抗力。这样企业在品牌竞争中就更从容。

(3) 广告有助于建立正面的感知质量。

所谓感知质量是指顾客了解某一产品后,对该产品相对于其他同类产品的质量或优势的整体感受。感知质量是顾客对产品质量的主观感受,不同于真实质量或客观质量、产品质量、生产质量。感知质量是消费者对品牌的总体感觉,是看不见也摸不着的。

广告对感知质量的形成发挥着重要作用。

一是感知质量高,广告的效果往往更好。使用者更多地关心他们使用过或正在使用的产品的广告,将他们已有的关于品质认知的经验和体会与广告中的对比和联系。如果相符合,则原有的好感将会加深,更加信任这一品牌,对产品和自己的判断都很满意,成为品牌忠诚的拥护者。如果相反,消费者会认为广告是欺骗,原有的恶感进一步加深,变成极度反感和不信任。

二是感知质量有助于形成品牌定位。广告通常强调的是产品品质上的特点,也是产品提供给消费者的利益点,是消费者最关心、最喜爱的部分,是产品最具竞争力之所在。推广感知质量,可强化差别性,增强竞争力。

三是刺激、引导对新产品的消费。新产品上市,人们对品质一无所知。而高品质、定位准确的广告,通常使消费者对产品有了好感并愿意去购买。广告的品质一定程度上也反映了产品的品质。

四是有利于品牌延伸。感知质量还可以用来进行品牌延伸,即把品牌名称应用于新的产品门类中去。感知质量高的强势品牌往往可以扩展得更远,其成功概率也高于相对弱势的品牌。产品线延伸时,广告帮助消费者将原有的品质印象转嫁到新的产品上。

五是转化为高价优势。感知质量优势可以转化为品牌的高价优势。所谓一分钱一分货。反过来,人们在无法获取相关资料的前提下,一般会通过价格判断质量。高价优势不仅可以带来更多利润,还能反过来提高感知质量。

感知质量的建立需要生产质量的保证,同时也需要持续一致的高质量的广告。就如"罗马不是一天建成的"一样,你不可能一夜之间就交到一个真正的朋友,品质的印象也不是一朝一夕间能够建立的。品质的追求是琐碎的、无止境的。品质管理者必须对此有充分的认识,有计划、系统性地逐步树立品质印象。

(4) 广告可有效激发品牌联想。

品牌联想是指记忆中与品牌相联系的一切事物。说到一个品牌,人们总会有许许多多、各种各样的联想。提到麦当劳,人们会想到金色拱门、麦当劳叔叔,当然还有汉堡和薯条。提到海尔,人们可能会联想到优质服务、国际竞争力,民族品牌的代表。

品牌联想不仅客观存在,还会产生一定影响力,会影响顾客的购买决策。顾客的使用经历或品牌的宣传推广越多,品牌的联想就越强,对顾客购买的影响就越大。从品牌联想测试中可以发现,品牌联想状态与品牌地位有相当的一致性。

2. 广告对品牌形象塑造的负面作用

广告对于品牌塑造的正面作用是显著的,但不是绝对的。广告不当,对于树立品牌形象也有负面作用。广告内容低俗、广告传达的与品牌理念不一致都会给品牌带来不利的影响,有的广告甚至会给品牌带来损伤。

广告不要把产品变成"万能良药"。因为世界上根本没有万能良药。一些企业主缺乏或者忽视品牌知识,只是凭自己的好恶设计广告,其结果可想而知。另外,任何在一夜之间改变品牌信息或形象的尝试,都只能令人迷惑,毁掉了以前建立品牌所取得的成果。当然随着时间的推移,销售增幅变缓,产品逐渐失去了优势,这时为了使品牌保持新鲜感与时代感,为品牌找到新的利益点,塑造新的形象则是必须的。

(二) 广告塑造品牌的原则与要求

1. 一致性原则

首先是产品品质与品牌内涵的一致。如果产品功能低劣,或者消费者无法认知品牌真正的利益点,那么就是再大量的精心设计的广告也无法塑造强势品牌。

成功的品牌从来就是内涵与外表的协调统一体。这就要求从产品的设计开始，管理好所有与消费者密切相关的产品要素。其中，产品质量是最重要的，它是消费者购物时考虑的最主要的因素，是决定市场份额和销售成果的关键，是广告的基础。

其次是品牌定位、品牌个性与广告内容一致。人们只要想到任何一个成功的品牌，脑海中几乎都会浮现出协助建立该品牌的广告。成功的广告不仅要有大的创意，还必须有准确的品牌定位。

大家都熟悉的欧米茄（OMEGA）手表，一直是尊贵高雅的象征，可是很少人知道，代表了随意时尚、年轻、活力的斯沃琪（Swatch）手表跟欧米茄都是全球最具规模的制表集团 Swatch 集团旗下的品牌，是同一家公司的兄弟。为了凸显企业内各个子品牌的个性，适应不同的消费群体，公司在广告的宣传上，就要求有层次的取舍，打造不同的品牌形象，以迎合不同阶层消费者的需要。欧米茄面对的是成熟稳重，追求卓越生活和非凡品位的成功人士；Swatch 面对的就是年轻有活力，向往刺激和新鲜，体验多变生活的年轻一族。两个品牌广告分别采用了中世纪的宫廷贵妇素描和现代的酷炫人体彩绘来表达两种截然不同的生活方式和个性。

2. 持续性原则

任何事情都不可能一蹴而就。品牌形象在于消费者的心中，是一个不断变化的动态存在。品牌构筑的最终目标是，使消费者心目中的品牌形象不断接近企业的理想目标，唤起并稳定消费者的购买行为。因此，广告需要坚持不懈。一些企业投放广告后销量不理想，就迅速改变广告内容；当经济不景气时，首先削减广告预算；甚至企业负责人的好恶成为广告内容、广告投放媒介的标准，这些都会让品牌塑造遥遥无期。

品牌塑造是一项长期艰苦的系统工程，要求拥有者有全面的品牌意识，有一整套计划、行动纲领和前后一贯、坚持不懈的努力。

3. 品牌内涵的传承延伸

在品牌理论中，品牌内涵指的是企业和消费者得以沟通的显性知识和隐性知识的符号表达，它包括了有关品牌的联想、品牌的背景知识和信息、品牌商品的消费环境等。品牌形象的塑造得力于品牌内涵中企业和消费者之间最有效的沟通信息符号，通过整合传播，达到企业营销效果的最大化。作为信息传达媒介的广告,是商品经济和大众传播的产物。无论从其属性还是其强烈的意指作用方面都与符号的特征相吻合。正如美国著名广告人乔治·路易斯所说,广告人的使命就是运用各种符号、想象以及创意去拓展生命的意义。广告是企业和消费者交流沟通最直接的工具,品牌内涵能否被准确地解读和实现其价值生产,品牌形象能否被有效塑造,都取决于广告各要素能否发挥其应有的功效。因此,从品牌内涵构筑到广告符号价值生产的嬗变过程是至关重要的。

文化是在同一社会体系下,社会成员彼此间具有的共同价值观、行为观念、思想体系、偏好以及对物品或符号的解释。是在当今资讯流通快捷,消费者自我保护意识强烈的时代,对文化一定要灵活、准确地运用。文化的差异引起消费行为的差异,企业品牌内涵要注意消费者潜意识的东西,包括传统习俗和道德标准等一些以隐性知识存在的内容。

可口可乐每年在中国农历新年时的贺岁广告,都是采用了中国的传统元素烘托节日的气氛,用中国的吉祥娃娃和象征喜庆祥和的大红剪纸、鞭炮相互组合跟消费者拉近距离。可见,形成文化上的共融是达到品牌认同的有力措施。

"思考全球化,执行本地化(Think Globle, Act Local)"成为企业进行全球营销和本土营销的一个较好的原则,有助于企业和消费者有效互动沟通,共享企业信息符号,使企业的品牌内涵得以传承和延伸。

4. 品牌形象的传播整合

企业品牌要想健康地生存,除了做好自我充实和保护,与消费者的交流和沟通十分重要。广告是传播手段之一,品牌形象的传播整合是企业品牌整合营销传播中针对于品牌形象传播的更高层面手段。整合营销传播的核心内涵是以消费者为核心重组企业行为和市场行为,综合、协调使用各种形式的营销传播方式,对准一致的目标,通过各种不同的传播渠道,传递一致的营销信息,树立一致的品牌形象,实现与消费者的双向沟通,与消费者建立长久的密切关系,有效实现营销传播效果的最大化。简而言之,就是从企业营销战略与营销目标出发,对企业的营销传播资源实现优化配置和系列整合,以确保企业营销传播的统一性、一致性、一贯性。品牌形象的传播,就是综合、协调使用各种广告媒体来打造不同的"生活圈",通过对其品牌形象的视觉、行为、理念符号的集中传达来实现企业与消费者双向沟通效果的最优化,以达成整合传播的目的。

广告传播中品牌形象的沟通整合是企业建立品牌的必要途径。品牌形象的塑造是项庞大而艰巨的工程,只有通过整合传播,企业才能在当今激烈的市场竞争中占据一席之地;其次,广告传播是企业跟消费者之间的对话,只有通过沟通整合,两者才能形成"双赢"的效果。

第三节　公关:品牌成长之器

公关在品牌创建中的作用越来越受到重视。菲利普·科特勒说:"我希望企业开始将更多资金从广告转向公共关系。广告正在失去此前具有的有效性。由于受众分割不断增加,广告很难到达广大受众……最大的问题在于广告缺乏可信度。公众知道广告夸大其词,存有偏见。""通过公共关系创建一个新的品牌需要更多时间和创造性,但是最终公共关系会起到比爆炸式广告宣传更好的效果。"

另一位营销大师、"定位"之父阿尔·里斯在《公关第一广告第二》一书中甚至夸张地指出:"广告死了,公共关系永生。"

公共关系已经成为现代企业的一项管理职能,也成为企业战略的重要组成部分,它主要用以主动适应和调节不断变化着的内部、外部环境。现在有越来越多的企业感受到了公共关系在其中所起到的重要作用,以公关手段创建品牌。

但对于大多数企业而言,公关在品牌创建中的作用并未得到充分认识。很多人都在不同程度上将公共关系与广告、宣传、人际关系、交际活动等相混淆,错误地认为公关就是"攻关",就是陪顾客、上级吃饭,搞接待或者送礼疏通关系,甚至赋予公关暧昧的含义。在他们对公共关系没有正确认识的前提下,也不会真正地重视公共关系对企业品牌的塑造作用。

广告和公关自进入中国以来就受到不一样的遭遇,重广告轻公关成为中国企业的普遍现象。而正是这样的发展路线,导致了广告业迅速膨胀。一直以来公关被看作企业建立对外的公关关系,而没有发挥它重要的市场推广和传播的作用。广告能在受众中塑造品牌的知名度,而公关无疑是塑造品牌美誉度和信任感的利器。公共关系是塑造组织形象的重要环节,品牌战略及品牌效应、名流关系及名流效应就是最好的验证。

广告在品牌建设中无疑具有重要作用,但品牌建设不能仅仅依靠广告。广告固然是一种高效的现代传播手段,但是单纯运用这一种形式而忽略全方位、多方式的信息载体和手段只会导致品牌战略传播工作失衡，无助于完整的品牌形象和企业形象。

在多元化发展过程中，企业最容易误入品牌任意延伸的陷阱。过度延伸的风险使品牌稀释，淡化品牌联想，给企业造成危机。而对忽视公关的企业来说，这无疑是一个沉重的打击。一个好企业面对品牌建设中各种危机时，会正确认识公关的重要性，并适时运用公关解决危机。

一、公共关系的含义

公共关系一词源于英文 Public Relations，简称 PR 或公关。当一个社会组织意识到公共关系的存在，并认识到这一存在对组织发展的重要性时，就会采取措施，有目的地进行改善公共关系的活动。

19 世纪末 20 世纪初，美国公共关系的起步就是源于劳资纠纷，其大部分历史交织着雇主与雇员之间无休止的斗争。自公共关系产生，针对公共关系的定义的争议就没有停止过。1978 年 10 月，在墨西哥城召开的世界公共关系协会大会上，代表们达成共识：公共关系是一门艺术和社会科学。公共关系的实施是分析趋势，预测后果，向机构领导提供意见，履行一系列的计划的行动，以服务本机构和公众的利益。

简而言之，公共关系是指社会组织为树立自身的良好形象，运用传播媒介等沟通方式，与公众之间建立一种平等互惠的社会关系，即社会组织与公众之间的沟通、协调、合作的关系。

企业公共关系是指一切通过组织和公众之间的双向传播，协调关系、处理危机、塑造形象的公共关系活动。与政府公共关系、事业团体公共关系相比，企业公关的突出特点就是直接参加企业的营销活动，为组织增加经济效益。

相对于广告付费促销信息的本质，公共关系更易强化产品信息的可信赖性，美国哈佛大学的列宾教授称之为"信赖性的源泉"，他认为"信息经由记者或播音员这类第三者传播的时候，显得更有说服力"。

这一特性使得公共关系已成为建立、发展品牌最有效的途径。许多成功品牌如星巴克、亚马逊网络书店，中国的华为、阿里巴巴等品牌都不是花大钱做广告，而是通过公关活动、第三方媒体的报道，成为产业中家喻户晓的品牌。

在成熟市场，为争夺市场占有率而进行的斗争是一场规模宏大的战争，这场持久战永远是围绕市场份额而进行的，同时它也是输赢取决于消费者忠诚度的消耗战。在这种市场环境下,公关的重要性可想而知。

需要说明的是,公关活动与促销活动是两个有关系但又明显不同的概念。两者的目的、重心、手段不同。公关活动的目标是提高品牌美誉度,提升品牌影响力;促销活动的目标是提高销售额和市场占有率。公关活动的重心是公众、媒体、政府,促销活动的重心是消费者。公关是社会行为,营销是经济行为,公关活动关注公众,促销活动关注消费者。面对不同的公众,使用的公关手段也不一样。所以,要走出"公关活动就是促销"的误区,用公关手段解决公共关系问题,提升品牌形象。

二、公共关系与品牌创建

(一) 公关是品牌创建与发展的重要手段

公共关系作为品牌创建、发展、维护的重要手段,不仅担负着传统的"宣传"工作,还要为品牌确定更广泛的背景联系,引导普通公众或者目标消费者形成自己的观点或作出购买决策。通过传媒公关、资源整合、事件链接、公益赞助等有效方式,公关活动可积极促进品牌与市场的良性互动,不仅为企业提供反馈信息以预测公众舆论,同时还能影响和引导舆论。阿尔·里斯在《公关第一广告第二》中指出:"在时间安排和主题上,广告应该在公共关系之后。广告是公共关系通过其他方式的一种继续,而且应该安排在公共关系进程结束了之后。更进一步,广告的主题应该重复由公共关系在潜在顾客心中塑造出来的形象。"

(二) 公共关系的定位确定品牌的整体形象

品牌不是抽象的,它是以某种具体的形象在消费者心中存在的,甚至其定位的清晰度与品牌影响力有着直接的关系。我国企业在发展品牌战略的问题上,对公关定位注意不够,只重视生产的规模、产品的覆盖面与市场占有率,只重视品牌的知名度和影响力,而忽视创造消费者心目中品牌的社会形象。公共关系学是研究企业形象塑造的科学,企业形象的根本便是定位,没有定位的形象必定是空洞的形象、模糊的形象、缺乏可持续发展的形象。

(三) 公共关系传播塑造品牌在公众心目中的形象

公关传播就是把企业的品牌知名度、美誉度、定位向公众进行宣传、讲解,在公共心目中建立心理认知,培养信心和忠诚。公共关系传播不仅对于品牌成名有着不可替代的作用,而且在品牌形象发展中具有不可忽略的作用,公关传播确立品牌在公众心目中的位置,让公众信任品牌、热爱品牌、忠诚于品牌。美国华盛顿一家市场调查机构作了一次调查,结果是这样的:在来企业办事的人受到非礼待遇时,96%的人不直接抱怨,但是91%的人不会再到这个企业来,而且受到非礼待遇者平均要向他周围9个人讲述其感受,有13%的人要向他周围20个人讲述。塑造良好的形象的意识是公关意识的核心。随着新技术革命的推进,现代企业的关心重点正由有形资产向无形资产转移。

三、公关塑造品牌的基本原则

公关会利用第三者背书的方式,逐步打造品牌。通过一系列精心策划的公关计划,可使品牌的主要特色不断被广泛认知,演变成消费者喜好。成功的品牌懂得如何通过公关活动与消费者建立有效的联系。

第一,关联性。这是品牌公关的首要原则。公关常常面临着在活动与品牌之间建立紧密的联系;如果品牌在公关活动中的出现被视为"鸡肋"的话,品牌的钱就白花了,而且还会对企业在公众心中的形象产生消极影响。精明的企业力求两者连接得更加紧密和符合逻辑。对品牌而言,公关载体的选择可以为该品牌创造更强大、独特的关联。

菲利普·莫里斯公司的"万宝路"品牌一直都积极赞助各项国际体育活动,包括汽车赛、摩托车赛、滑雪、赛马以及自行车赛等,因为这些活动是挑战性非常强的活动,是能体现英雄本色的活动,是以男人为主体的活动,这与"万宝路"品牌的牛仔形象、真正的男子汉形象有内在一致性。这种赞助在体现"万宝路"关注社会、关爱体育事业的同时,突出、强化了"万宝路"品牌的个性与形象。

选择一个适合品牌形象的活动,如果还需要就公司为什么参与这个活动进行大量解释的话,这个活动可能不适合你的品牌。体育名牌常借助于赛事将其传播开来,时装和化妆品名牌更多的是通过时装发布会扩展市场。

第二,适时而动。品牌公关尤其是消费产品的公关,时机的把握非常重要。目前的社会由需求各异的"分众"构成,切换多样化的新闻角度,可让品牌进行持续的经营运作,在市场保持地位。

玉米罐头品牌"绿巨人"就是恰如其分地选择时机,适时地推出各式公关活动,因而能不断为营销注入新意,吸引媒体和消费者的注意。例如学校暑假是亲子相处时间最多的时候,该品牌就设计了"绿巨人亲子互动玉米大餐",请来童星及其母亲一起下厨,在轻松、温馨的气氛下做出一道道适合家长和小朋友一起动手的佳肴。酷热的8月,正是冷饮消费旺季,企业特别将玉米加入夏季冷饮的材料当中,更与著名餐厅合作举办"沁凉玉米周",搭上夏季冷饮热销的列车。

第三,和谐与协调。公关活动应以和谐、协调的方式参与,不矫揉造作,以免招致公众的反感,成为新闻界的攻击目标。否则非但不会提升品牌形象,还会适得其反。

"柯达"曾经投资200多万元,改造、设计中国张家界的三大景区,并对包括路线名称标志牌、景点与推荐摄影牌、珍贵物种介绍牌、环保公益牌、指路牌等300个设施牌进行改造。这些设施全部取材于自然原料,与自然生态环境融为一体,体现出柯达的环保意识。而每个路牌的柯达标志也与路牌的颜色相一致,并不显得突兀、刺眼,少了商业宣传的味道。在开发景区资源方面,柯达也作了很多细致的策划。通过柯达的设计与改造,每个主要景点都有一块柯达推荐的摄影景点石,既突出了张家界独具特色的美景,又激发了游客的拍摄欲望,刺激游客在摄影方面的消费。由此可见,柯达在做公益活动的过程中,注重从细微之处发现市场机会,使消费者在赞叹中提高了对其品牌的认知、理解,使品牌在消费者心目中的地位得到了提升。

第四,整合广告与促销。公关的效用,需要与广告、促销相嫁接,才能达到最大化。

例如,策划了"航天员专用牛奶"公关活动的蒙牛公司,在中国载人航天飞船神舟五号安全返回之后3小时内即在中央电视台启动其围绕这一活动制作的广告,在一夜之间更换了30多个城市的候车亭的户外广告,几天内各卖场的蒙牛产品就已经印上"中国航天员专用牛奶"的字样。多种手段的整合应用使得公关效应迅速提升,保证了品牌影响的最大化。

另外,将广告行为新闻化也成为一种越来越常见的整合方式。

给广告制造新闻效应的整合方式不仅可以吸引消费者对广告的兴趣,而且可以增强广告的可信性。

如今,把一次新的广告活动处理为新闻,已为很多企业所采纳。

第五,掌控信息源。信息发布是公关成功的重要一环。再好的公关活动,如果在这一环节执行不到位,导致信息扭曲,往往也会招致不良影响。

成熟品牌在这方面都很谨慎。

在这一方面,微软是个成功的典范。虽然反托拉斯官司缠身,但微软长久以来的公关表现备受好评。他们一直争取知名科技记者与编辑的正面报道,并且愿意付出相当的代价。微软会派一整个公关团队盯一个记者,确认他们报道的文字,务必使每个想法都不会遭到误解,甚至让一组微软的工程师飞到记者的办公室,带着表明微软立场的文件。

为了确保信息的良性传播,有的公司往往会作出十分周详、细致的安排。如 IBM 每年年初都会召开一个比较大型的记者会,把整年在中国市场业务战略,和 100 多家的媒体进行沟通。总部的发布会开完之后,同时各个产品线和服务线,也跟他们相关的媒体进行交流和沟通。2003 年提出"电子商务随需应变"这一划时代的革命性口号时,IBM 公司在第一时间将一本长达 30 多页的《新里程》白皮书发往世界各地,各地公关部门抓紧一切时间跟媒体沟通,在第一时间将"电子商务随需应变"的信息传达到所有的媒体和分析师那里。

对企业而言,对信息源的控制不仅能够保证其质量,还将确保品牌名称在整个公关活动中尽可能多地被提及。

四、公关创建品牌的方式与途径

用公关创建品牌,既是一种搭车式品牌发展策略,又是一种情感式品牌策略。是企业借助一定影响元素使品牌不断攀升。其最理想的状态是,品牌在短时间内得以迅速提升知名度、美誉度、信誉度,而后不断推出新的活动,形成可持续发展的机制。

(一) 制造、利用新闻

制造新闻是公关手段不可缺少的一部分,它能吸引公众与媒体参与讨论,使公众的目光短时间内集中在企业品牌上,是传播品牌及与消费者建立情感联系的便利途径。新闻公关的实施,需要对大众流行文化及新闻传媒运作机制有充分的了解,运用得好能切实起到"少花钱多做事"的营销效果。

纯粹的企业推广活动若不能从媒体的角度去策划,相关的公关稿件很难见诸媒体。设计公关活动,先要想到这其中有什么可以吸引记者关注的事情。而记者关注的是大众感兴趣的内容,因为只有大众感兴趣的题材才有必要发布。从公众的角度出发策划公关活动才能产生新闻效应。

此外,选择那些有价值、有分量而且比较适合所宣传的产品和公司的"事业"作为公关宣传的载体，无论是跨国公司，还是默默无闻的小企业，都将从中受益。

某美容连锁企业与电视台合办一档创业节目，参加这档节目胜出的创业候选人可以获得一笔创业奖励基金。该企业一年内为活动提供500多万元的基金，并为1 000多名观众提供总价值500多万元的就业培训课程。关注创业的人很大一部分会考虑连锁加盟体系，这一公关活动与该企业连锁体系的推广无疑十分吻合。

将企业公关主题与健康的社会环境相结合，这种策略能使品牌成为媒体所关注的信息源。

美容产业的知名人物安妮塔·罗迪克几乎没有打什么广告就让美体小铺成为知名品牌，就在于成功的品牌公关策略。

美体小铺反对用动物做实验，通过"要贸易，不要援助"的计划帮助发展中国家发展经济，为保护热带雨林做贡献，积极支持妇女运动，成为废物回收利用方面的一个榜样；该公司还参加了挽救鲸鱼种群的活动，宣传对其他濒危物种的保护，支持替代能源的发展。

通过传达对环境、本土居民及动物实验的看法，美体小铺能够不断地将报纸、杂志、电台和电视吸引过来，品牌也因此越做越大。

（二）为顾客提供体验活动

当消费者使用产品时，让消费者参与到更多的体验中去，这不仅有助于消费者对产品的了解，促进消费者购买，对品牌创建也有很大的推动作用。

阿迪达斯公司开创了"都市文化运动"，其中包括覆盖整个欧洲的群众参与活动，如街边足球挑战赛、街边足球节和田径诊所等。这些深受欢迎的活动不仅包括竞技比赛，而且也包括一些时装表演、音乐演出（包括Hip-hop乐队）和其他形式的娱乐活动。由于它的都市文化活动，阿迪达斯在没做媒体广告的情况下，扭转了始于20世纪80年代初的销售量下降的局面，并且在面对对手大量广告宣传竞争的环境下，市场份额不断增加。

自2011年起，上海三脉泉养生机构联合上海保健协会发起了旨在树立自主健康理念的"我的健康我做主"活动，摒弃不健康的生活方式，树立"合理膳食、适量运动、戒烟限酒、心理平衡"的生活理念。配合这项活动，三脉泉不定期举行各种规模的公益讲座，邀请中老年人参加。在这个过程中，三脉泉的"养生专家"形象被目标消费者接受并不断强化。

这些活动为消费者创造了新的体验。消费者觉得,这些品牌在回报社会,并将这种回报视为他们对品牌忠诚的一种公平交换。

(三) 把公关内容做成广告

广告是人们认识品牌的最便捷的手段,而把公关意识与企业品牌的形象引入广告中,可形成广告与众不同的魅力和特效。商品广告一般直接宣传或者推销其产品,注重引导人们的购买行为,商业色彩较浓。公关广告则着重宣传企业精神、企业文化、产品品牌,及对公众的态度、对美好生活的追求,注重与公众进行情感交流,引发公众的好感,因而公众色彩、社会色彩较浓,更富有人情味。两种类型的广告相结合能极大提升企业品牌形象。同时公关广告结合公关活动产生的影响,能大大提高品牌的声誉。

例如劲酒的广告:朋友不在酒量,在体谅。劲酒卖酒却劝人少喝酒。这种广告超越了叫卖,与消费者深层次沟通,体现了其对友谊与健康的主张,对品牌塑造起到了很好的作用。

为了实现更好的传播沟通效果,在公关广告中,应当使之独具一格、令人心动。因此,善用公关广告有助于公众对品牌内涵的深刻理解,增强公众对品牌的忠诚度,从而有助于建设、巩固品牌形象。

(四) 借助公关造势,强化企业品牌形象

"公关造势"即凭借自己的智慧和力量,抓住时机,通过展开公关活动来发动舆论、渲染气氛,在公众中建立、凸显良好的品牌形象。比如通过赞助教育、体育、卫生等事业,支持社会福利事业,参与国家、社区重大社会活动等手段提高品牌知名度和美誉度。

在品牌推广中,要重视运用网络这一日益发展的大众性的新型媒体,它可以进行文字、数据、图像、声音等全方位的沟通,具有超越时空、高度开放、双向互动、个性化、超文本、低成本等特点,利用这些特征,进行网上公关,会取得其他媒体难以达到的效果。

网上公关主要涉及两方面:一是对品牌信息的主动传播;二是对网络舆论的分析和监控。一边在及时了解客户所关心的问题;一边可避免一些负面效果。网络公关近年趋热,网络的优势被逐步发现。依靠现代科技,进行网上公

关,可与消费者建立牢固的感情基础,培育品牌忠诚度,从而达到强化品牌形象的目的。

五、公关维护管理品牌的途径和方式

品牌的维护管理是目前所有建立了自己品牌的企业都要面对的重要工作,也是那些正在建立自己品牌的企业必须要面对的问题。在企业发展过程中,并不是所有企业都能意识到品牌维护的重要性,也不是所有认识到品牌维护管理重要性的企业都能顺利实现目标。在品牌维护管理过程中,有的企业在声名鹊起之后,由于没有采取有效的品牌维护措施,导致企业品牌的迅速衰落。还有的企业,由于本身就缺乏系统的品牌维护管理观念,很难对企业经营中所遇到的品牌问题加以有效的解决。品牌维护管理是企业实施品牌战略中的一项影响深远而又艰巨的工作。品牌作为企业的重要资产,其市场竞争力和价值来之不易。但是,市场不是一成不变的,因此需要企业不断地对品牌进行维护。品牌的维护是品牌成长中的重要工作,需要企业持续地投入和坚持。因为只有做好了品牌维护管理,品牌树立的效果才能持续,品牌才能长期存在下去。

(一) 运用公共关系手段建立企业与公众的良好关系

公关活动形式须根据品牌成长的不同阶段及目标公众来进行有效的选择。比较常见的、典型的公关活动形式是赞助活动,即通过赞助文化、教育、体育、卫生等事业,支持社区福利事业,参与国家、社区重大社会活动等来塑造品牌良好形象,提高品牌知名度和美誉度。这种公关方式公益性强,影响力大,但成本相对较高。这里需要强调的几点有:第一,应选择与品牌目标市场接近的群体所关注的活动或项目作为赞助对象;第二,把目标确定在能促进品牌形象塑造的活动或项目上;第三,在赞助活动上切忌过分商业化,过于突出品牌,而使被赞助的社会活动本身失去应有的意义;第四,利用赞助活动来塑造、强化品牌形象比较适合于已经建立起知名度的品牌,对于新品牌或知名度不高的品牌,它只适宜作一个候选项。

(二) 运用公关手段处理品牌危机

当企业品牌形象因外界的原因受到影响而出现危机是,企业必须采取正确及时的危机公关策略化险为夷,从而渡过难关。在企业树立好品牌以后的经营过程中,品牌只有承受住市场的考验才算成功。而这种考验,有一些是突如其来的危机,对这些危机的公关是企业和品牌能否持续的关键。企业进行危机公关,一般都要和消费者、公众、媒体、权威机构及相关主体进行沟通协作,最终达到维护该品牌在消费者心中形象的目的。在风云莫测的市场竞争中,危机对品牌和企业来讲应如家常便饭,但是有些中国企业在面临危机时的不理智和不成熟,让其自身不堪一击。

品牌危机的处理是一个系统工程,本书还将在品牌管理部分专节论述。

(三) 内部公关:营造品牌发展的内部环境

企业形象是社会公众与消费者对企业整体的一个印象与评价,它可以从不同角度去进行分析。企业内部的员工是企业的主体,其精神风貌、言谈举止、工作态度,甚至仪表服饰都是企业形象人格化最为直接的表现,也是公共关系中不能忽视的一环。

六、公关活动的策划与执行

公关活动策划仅有思路远远不够,执行有时候比策划还要重要。所谓三分策划,七分执行。一流的策划如果没有一流的执行,可能只有二流、三流的效果,有时还会出现负效应。

(一) 目标量化

公关活动特别是大型公关活动往往耗费很多人力、物力和财力,明确的目标可以有效保证效果,起到事半功倍的效果。没有目标而耗费巨资的活动是不可取的。没有目标的公关活动,即使活动规模很大、规格很高、发稿很多,但主题不明确,没有设立目标,对品牌建设的促进也是事倍功半。有的企业开展公关活动,设定了不少目标,比如,提高知名度、美誉度,促进销售等,但是没有量化(提高知名度、美誉度的百分比,促进销售的货币额度),方向模糊,错把目的当目标,效果也是大打折扣。活动要有目标,而且一定要量化,它不是模糊的方向,而是立竿见影的效果。只有量化目标,公关活动的实施才有切实的依据,才会少走弯路。

(二) 亮点突出

公关活动是展示企业品牌形象的平台,不是一般的促销活动,要确定活动主题,并以此作为策划的依据和主线。很多公关活动,花了不少钱却留不下很深的印象。

在主题之下提炼一个鲜明的卖点,创造公关活动的"眼"并传播,就能把有关资源整合起来,完成活动目标。这里的卖点是公关活动环节设计中最精彩、最传神的地方。另一方面,公关活动策划需要创造一个高潮,把这个高潮环节设计得更有唯一性、相关性、易于传播。

(三) 做大公关的媒体

随着新技术的不断涌现,同新闻媒体、广告媒体一样,公关媒体也在发生着革命,网络等新兴媒体也被应用于公关活动。其实,公关活动本身也可被视为一个传播媒体,它具备大众媒体的很多特点,其作用和大众传媒相比,只是公关活动本身的影响范围较小。公关活动因其组织利益与公众利益并重的特点,具有广泛的社会传播性,本身就能吸引公众与媒体的参与。公关活动策划首先要做大自身的媒体,包括活动的规模、范围,都属策划的范畴。2008 年我们在策划"安全用药宣传周"时,由开始设想局限在南京市扩大到整个江苏省,由一周的时间,增加到活动前一周的预热宣传和活动后一周的评奖和验收,使活动的影响大大增强。

在策划与实施公关活动时,要配备好相应的会刊、通讯录、内刊、宣传资料等,实现传播资源整合,能有效提升公关活动的价值与效果。

(四) 分工明确,严格流程

每一次公关活动都是品牌的展示,其重要特点是不可重复,因此也更不允许失败。它不是拍电影、电视,不能重来,每一次都是现场直播,一旦出现失误无法弥补。因此,活动方案要考虑周全,做好各方面的预案,比如露天活动中的天气因素。要充分考虑活动现场的安保工作,充分预测到有可能发生的各种风险,并制定相应的对策。发生紧急事件时,要随机应变,不要手忙脚乱,应保持头脑清醒,迅速查明原因并迅速解决。活动执行要明确分工,每一个岗位都要有人负责,每一个环节都要能无缝连接。

(五) 及时总结、评估

公关活动是一项系统工程,活动的总结和评估也应该系统全面。多数企业在对公关活动进行评估时,往往是只评估实施效果,而忽略过程。实际上,除实施效果外,还应当评估活动目标是否正确、卖点是否鲜明、经费投入是否合理、投入与产出是否成正比、公众资料搜集是否全面、媒体组合是否科学、公众与媒体关系是否更加巩固、各方满意度是否量化等,这样公关活动的整体效果才能体现出来。这种全方位评估有利于活动绩效考核、责任到人,更能增加经验,为下一次公关活动的策划与实施打好基础。

第四节　第三方资源营造品牌成长的环境

第三方资源指企业、顾客之外的资源,如产品原产地的知名度、权威机构的背书等。

一、原产地或其他地理区域因素

由于历史的积淀,产品原产地等地理区域因素常常与品牌产生相关性。比如,茅台镇的白酒、杭州龙井的绿茶、阳澄湖的大闸蟹、安徽宣城的宣纸,乃至国际性区域,如法国香水、德国汽车等,消费者往往会产生正面的联想。许多品牌能够形成强烈的独特性,消费者对原产地的认同和信念起到了很重要的作用。

早在 1908 年法国政府就出台了最早的关于产地限制的行政法规,并批准了第一批原产地葡萄酒,包括香槟、干邑白兰地、波尔多等,并划定了各自的原产地范围。然而由于法规不完善,使得产地行政限制并没有得到落实。20 世纪 30 年代,许多制假者用一般的葡萄酒和饮料冒充名酒销售,法国的名酒生产者要求法国当局建立一个负责保护以原产地命名的葡萄酒和烈性酒的机构。1935 年,法国组建了"全国特产葡萄酒和烈性酒研究所",开始着手以原产地命名的研究工作。

中国在 20 世纪 90 年代引入这一概念,建立起原产地标记制度,不过仅用于单项商品的进出口活动。1999 年 8 月,中国国家质量技术监督局发布《原产地域产品保护规定》,正式将保护措施运用到中国国内的生产和贸易活动中。

随着我国加入世界贸易组织,保护外国原产地标志和中国原产地标志成为必须解决的问题。TRIPS 协议明确将原产地标志(地理标志)纳入法律保护范围。我国随后修改的《商标法》最重要的一点就是将原产地标志纳入了法律保护的轨道。

法律规定产品的原产地必须出现在产品或包装上,因此消费者购买产品时,常会产生对原产地的联想,并因此影响品牌选择。在营销活动中,考虑原产地的作用非常重要。

我国地理标志保护产品数量呈稳步增长趋势,产品范围涉及酒、茶叶、水果、花卉、工艺品、调味品、中药材、水产品以及其他加工食品等多个领域,产地范围遍布全国。现在,有越来越多的产品和企业以地理标志保护或者原产地作为卖点。

二、渠道

无论是利用社会渠道还是自建渠道,无论是互联网还是传统的实体店,企业离开渠道就无法实现产品的交付。而不同的渠道有着不同的品牌属性,消费者联想与渠道有着紧密的联系,分销渠道对所销售的品牌具有直接影响作用。对同一个产品,是从一家名品商店购买,还是从一家廉价商店或大众商店购买,消费者的感受是不一样的。上文曾讲过美国学者蒂姆·卡尔金斯做过一个实验,同样的一个带有两个 0.3 克拉钻石的 18K 金耳环,由于品牌及购买的渠道不同,受众愿意付出的价格会相差 10 倍以上。

分销渠道可以被看作渠道附加价值交付系统,也是品牌价值实现系统。因此,设计销售渠道必须找出目标市场中消费者的期望。消费者在意什么,忌讳什么? 是希望就近购买还是想到较远的商业中心购买? 对价格是否敏感? 是希望离开交货,还是愿意等待一定时间? 是看重品类齐全,还是偏好专门化?

企业选择什么样的渠道要考虑许多因素,但首先应该考虑目标消费者的需求所对应的渠道。渠道建设目标,如渠道设计、造型选择、色彩运用以及促销设计与信息的传达,都应该遵循品牌建设目标,符合品牌要求的形象,能与目标消费者产生共鸣。

三星电子为了实施重塑品牌战略,选定美国及欧洲一些发达国家为最初的投资对象,从正面灌输三星作为数字企业的形象以取得突破。基于这种理念,三星调整了品牌营销渠道:在美国市场,三星把产品撤出一些大型连锁商店,例如沃尔玛和 Kmart——因为这些连锁店是以低价格作为"号召力"的,在这些连锁超市消费的客户也更看重产品的价格。然后三星把 DVD 播放器、电视、电脑产品等转移至 Best Buy、Sears、Circuit City 等迎合高层次消费者的专卖店——因为这些商店的顾客更看重产品的质量和品牌。

销售场所的改变,使三星在消费者中的品牌联想从"低价格"转变为"高品质"。良好的品牌联想可以加强品牌意识,提升品牌价值。

对一个品牌而言,零售商品牌形象传递会有正面形象,也会有负面形象。许多高端品牌扩大市场时,往往通过新销售渠道的扩张来扩大消费群体,但常常带来相反的效果,让原有客户群远离该品牌。

(1) 零售商品牌形象的概念。

零售商作为一个服务提供商,其提供的服务在消费者心目中也会形成一个固有的认知,因此零售商品牌也是独立的品牌,对消费者形成品牌认知,并影响其出售的品牌形象。

(2) 零售商品牌形象维度。

识别出消费者心目中关键的零售品牌形象要素,有助于零售商集中力量于几个方面,建立起美好的品牌形象,提高顾客的惠顾愿望和行为。

美国营销专家戴维斯等在总结前人研究成果的基础上,把商店形象的构成要素划分为四个纬度:商品纬度,包括商品种类、商品质量、品牌组合和价格因素;商店纬度,包括商店地址、环境因素、商店氛围、商店名称;服务纬度,包括人员素质、服务水平及服务质量;推广纬度,包括广告宣传与公共关系,店内促销活动。消费者对商店品牌的感受来源于这四个维度,商店品牌建设也应该着眼于这四个维度。

相较传统零售商,网络零售商(网店)是基于互联网技术的销售终端,其自身特性和消费者感受都有许多不同。网店近几年发展迅猛,其品牌形象对消费者的购买意愿存在明显影响。

(一) 网络零售商品牌形象的构成维度

网络零售商的品牌形象大致有三个构成维度:一是网站和系统设施,包括便利性、安全性等;二是外观形象、购物方便度、交易服务、退货和售后服务;三是品牌个性等因素。

(二) 网络零售商品牌形象对消费者态度的影响

网络零售商品牌形象的三个维度与消费者的购买意愿具有显著的相关性。一是网站和系统设施对消费者购买意愿有正向影响。该维度包括了快速的系统反应时间、安全的交易处理系统、系统可靠性、系统适应性和可信的第三方或保险服务,该因素对消费者在实体店的购买意愿影响最大。目前电子商务发展过程中,网络零售商在系统性能和安全性方面更为消费者所看重。

二是便利性/外观同质性对消费者购买意愿有正向影响。良好的购物环境无论在实体店还是网店都是消费者关注的一个重要因素。商店的购物环境对顾客的忠诚度有正向影响。如今网络零售商虽然得到了充分的发展,但是由于近几年越来越多的企业进军网络零售领域,网络零售商的实力和服务质量也参差不齐,因此消费者对网络零售商完善其基础服务的需求也更加强烈。

三是品牌个性对消费者的购买意愿有正向影响。在电子商务发展的冲击下,消费者的消费观念已经发生了巨大的变化,消费者对个性化的追求进一步彰显。

(三) 对网络零售商的多渠道策略的建议

"80后"、"90后"消费群体的崛起,使得网络购物成为一种生活方式。而网络零售商必须洞察消费者心理,既要重视技术创新,又要重视品牌形象建设。

1. 加强品牌形象建设

网络零售商需要充分了解品牌形象能够创造附加价。与实体店一样,良好的网店品牌形象对于顾客来说可以产生降低成本与风险,提高自身收益的效果。因此网络零售商应该通过提供优质的服务、安全的交易环境、个性化的网站设计来使顾客达成购买,促进消费者建立与网商之间的感情,从而产生归属感。

2. 加强购物安全

从目前中国电子商务的发展现状来看,购物安全依然是头等大事,网络安全性也能很好地证明网络零售商的实力。网站的快速反应时间和可信的第三方担保和信任,是消费者选择网络零售商的关键因素。

3. 优化网店设计,改善网络购物环境

网站的设计和使用的便利性,都体现了该零售商基础服务的质量,如果基础服务都无法给消费者带来满足的话,之后的服务更无法取得消费者的信服。营造一个舒服便捷的网络购物环境对于网络零售商来说是提高其品牌形象的基本手段。

4. 塑造鲜明的品牌个性

随着信息技术的发展,消费者的需求也变得更加个性化,对于网络零售商来说,如何引起消费者的注意并让消费者对其产生好感变得更加困难。因此零售商也应该追求自身的个性化。

三、品牌授权与特许经营

品牌授权又称品牌许可,是指品牌的拥有者在通过特定的条款(如使用品牌的产品类别、产品销售的地理地区和使用的时间段)的基础上通过有关协议,允许被授权商使用授权商的品牌生产/销售某种产品或提供某种服务,并向品牌授权商支付商定数额的权利金的经营方式。

我们先通过一个案例来了解品牌授权。SNOOPY(史努比)是美国著名卡通画家查理·舒兹(Charles M.Schulz)先生创作的著名卡通形象。从 1950 年开始,在持续五六十年的时间里,全球共有 75 个国家、3 亿多读者在 2500 多家不同的报纸上看到了 1.8 万多套 SNOOPY 的漫画。通过漫画和卡通片的传播,SNOOPY 成为风靡世界的著名卡通人物。而带给舒兹先生庞大财富的不是"稿费",而是"卡通产品授权"。2002 年全球就有超过 2 万种与 SNOOPY 有关的产品,包括 0—4 岁婴儿装、浴巾、挂毯等家用纺织品;卡通钟表、体育用品、主题电脑、手机促销品、特色机车、主题公园等,每年利润高达 11 亿美元。

进行品牌授权的原因在于一个强大的品牌能够让消费者清晰识别并唤起消费者的品牌联想,进而促进消费者对其产品产生需求。比如一个 SNOOPY 图像可以赋予一个普通的杯子以产品功能性以外的故事性,从而吸引喜爱 SNOOPY 的消费者的购买。为了利用这种价值,一个品牌拥有者授权给另一个企业使用它的名称、标识或者其他关于它的品牌特征,用在他的产品或服务上。通过这种方式,双方都获得了机会和利益。

品牌授权为被授权商提供了一个对品牌形象已经熟悉且喜爱的消费群,而且消费者也愿意为此付出比以前更多的钱来购买被授权商的产品,提高了产品的利润率。是这些品牌标识的流行和消费者的熟悉帮助原本普通的、未区别开的产品显得与众不同。对被授权商而言,这一切的完成不需太久,品牌的好处能够立刻实现,而建立一个新品牌可能要花费数年。

对于品牌授权商来说,这些容易被消费者识别的品牌作为有效投资授权出去意味着品牌扩展,不用投入厂房、设备、办公、人员等就可以进入一个新的市场。通过授权给不同种类的制造商,品牌授权商可以推出种类丰富到无所不包的全系列产品,从服饰、文具、玩具、礼品、家用品到电脑桌面、屏幕保护程序、手机图案下载等,极大地增加了消费者与品牌形象直接接触的机会,有效地扩大了品牌宣传,延伸了品牌生命。

随着市场开放的深入,越来越多的中国企业选择品牌授权的形式运营,实现了很好的经济效益。珠海姗拉娜化妆品有限公司与美国统一专栏联合供稿公司正式签订特许协议,取得 SNOOPY 在中国区域内化妆品的唯一经营权。姗拉娜将推出 SNOOPY 品牌的婴幼儿、儿童、青少年系列 300 多种产品。姗拉娜借助 SNOOPY 的品牌知名度开拓市场,美国统一专栏联合供稿公司则利用姗拉娜的设计、生产和营销网络进入了中国的化妆品市场,优势互补,相得益彰。

品牌授权和特许经营的核心都在于首先建立"特",要有独特的产品、服务、经营模式或者独特的可被消费者识别的品牌形象;然后进行"许",即通过授权的方式实现低成本的快速扩张。"特"是前提,"许"是目的。

品牌授权和特许经营两者的组织形式和经营理念非常相似,但从本质上还是有很大的区别,品牌授权的操作更灵活、更容易达成授权双方的合作。

(一)"特"的不同

1. 授权的内容

特许经营的授权内容一般有两种:产品销售特许经营和经营模式特许经营。授权给经营人的是产品或服务甚至包括整套的经营模式。

品牌授权是授权方将自己的品牌授权给经营商,由经营商按约定的条件开发、生产、销售授权品牌的产品。

品牌授权强调授权方和被授权方的纽带是品牌,而特许经营许可方和被许可方的纽带则是一种产品、服务或一套经营系统。

2. 品牌的开发

品牌是特许经营系统中最重要的资产,在顾客眼中,品牌就是公司的声誉——他们所期望得到的感受和体验。品牌认知是特许经营人购买特许经营权时所希望拥有的一个部分。品牌的成名并非与生俱来,几乎所有的特许经营授权人,都是首先确立在当地的品牌认知(可能只是临近的各街区),然后逐步确立在地区或全国范围的地位。特许经营需要一个原始模型的企业,或者说是母公司,再进行复制开发。

品牌同样是品牌授权业最重要的资产,但品牌的创立则完全不同。品牌授权人一般会根据广为流传的传统故事结合现代流行元素开发品牌形象,并使品牌形象有足够的媒体出现机会和与目标受众的互动机会,从而具有足够的知名度和人气,为品牌授权和授权产品销售奠定基础。例如英国女作家罗琳创作的《哈利·波特》,首先是系列书在全球热卖,改拍成电影的第一集与第二集也在全球市场告捷,哈利·波特的人气也急剧增加,为作者、书商、电影商及相关授权产品生产者带来了连绵不断的市场商机。品牌授权业推广的重点在于不断培育品牌形象,提醒消费者这些品牌的存在,维持品牌的知名度。品牌授权商则不一定需要有品牌产品的生产制造实体。

(二)"许"的区别

1. 对被授权方的管理

特许经营的基础是产品或服务的标准化,它的营业系统提供是从创建公司之日起的几乎所有的经营细节,包括特许经营人如何管理建筑物的建设、订购适当的设备,甚至包括如何竖立标牌。所有健全的特许经营系统都努力创造最高程度的和谐统一,在世界上任何一个地方的所有的特许经营店都要看上去一样,感觉一样。特许经营强调严格规范化的管理原则,要求加盟店的经营管理模式与特许人相同,而且产品和服务的质量标准也必须统一。每一份麦当劳公司的汉堡外形和口感都是一致的,每一间如家旅馆房间都有统一的布置。

品牌授权的基础是开发品牌形象并维持该品牌形象的知名度和地位,凭借消费者对该品牌形象的喜爱而产生对其代表的产品的购买欲望而去授权制造商使用该品牌开发系列产品。品牌授权人对被授权方的管理主要是授权产品的品质控制,不能让低劣的产品影响品牌的形象。其次对被授权人可以生产销售的授权产品种类、授权产品的销售区域也会在合同中确定清楚。像上面提到的姗拉娜对SNOOPY的使用就被品牌授权商美国统一专栏联合供稿公司严格限定在沐浴粉、护肤霜/膏、乳液、润肤油、爽身粉、沐浴露、洗面奶等十几个大类,并将每两年对姗拉娜的使用情况及经营情况进行审核。

相对于特许经营,品牌授权给予被授权方更大的自由度,适应的行业较广,更容易达成品牌授权方和被授权方相互之间的优势互补。授权商专注于品牌经营,无须投资于生产线、人员等要素就可以获得丰富的产品种类;被授权商专注于生产和分销,无须投资大量的广告用于品牌建设就可以获得知名品牌带来的优势。

特许经营的成功在于一致性,即授权人和经营人都在用同样的模式从事同样产品或服务的经营活动。

品牌授权的特色则是统一品牌下授权人经营的产品或服务的不一致性,不同的授权人拥有不同授权产品类别。迪士尼公司在全球拥有 4000 多家品牌授权企业,其产品从最普通的圆珠笔,到价值两万美元一块的手表。正因为其中的不一致性,被授权方之间产生冲突的可能性和协调的难度较小,而且能够形成互补。通过同一品牌多种类授权产品在市场的密集渗透,易于造成消费者族群效应。

2. 拓展的方式

特许经营授权人通常为经营人划出一定的区域,在这一区域不允许公司总部或其他特许经营人开办其他相关的经营店。一个好的特许经营系统可通过不断地在适当的区域建立适量的经营店,确保品牌的认知,进行品牌渗透,实现业务拓展。

品牌授权的业务拓展首先是品牌拓展,不断地拓展品牌的知名度和品牌影响区域,比如哆啦 A 梦首先在日本流行,再风行港台,又进入中国内地。第二步是不断地通过授权进行产品种类的开发。授权产品的开发是品牌授权业的核心环节,一般是根据品牌的特点和适合目标消费群体开发相关系列产品,通过品牌形象的带动和丰富的产品种类造成的消费者族群效应,创造良好的业绩。

品牌授权创造了"三赢":拥有知名品牌的授权人可以不用大量的实体投资就可以进入一个新的市场;被授权方不需投入巨额广告费来树立一个新品牌,也不必经过漫长等待来赢得信誉,就能使产品的销售立竿见影,生产制造商将自己在当地生产、分销上的优势与一个久负盛名的知名品牌相结合,这一方式比其他任何商业模式能更快地带来利润;最重要的是,消费者可以合理的价格买到高质量的知名品牌产品。

品牌授权作为市场营销的重要工具在欧美已广泛开展,现在已经成为每个小时产生超过 1500 万美元零售价值的产业。据国际品牌授权业协会调查估计,在 2003 年授权产业的零售授权产品仅北美洲就达到 1100 亿美元。品牌授权也被称为 21 世纪最有前途的商业经营模式。

品牌授权的经营模式带来了品牌的商机,也凸显了没有品牌的危机。中国作为世界生产基地,能够生产出高质量、低成本的产品,是中国发展品牌授权业的优势。2008 年北京奥运会进行的授权经营就是实践授权的好机会,对于缺乏品牌的中国民营生产制造业,现在正是了解品牌授权经营、与国际授权品牌合作、发展自己品牌的关键时期。

四、名人背书

"背书"的本质是担保、保证。由于消费者通常倾向于怀疑大多数品牌的自我宣传。而"背书"为此提供了担保,除了少数特别成功的品牌本身即是有力的担保外,绝大多数品牌都需要使用背书;初创时期的品牌尤其需要使用背书。

使用名人为品牌背书是比较普遍的品牌推广形式。名人可以是明星、行业专家甚至企业家本人。通过名人为品牌背书,可以优化品牌的利用效率,是品牌在短时间内进入市场并获得较高市场认知的"捷径"。

(一) 名人背书的含义

品牌为了增强其在市场上的承诺强度,通常还会借用第三方的信誉,然后第三方以一种明示或者暗示的方式来对原先品牌的消费承诺作出再一次的确认和肯定。这种品牌营销策略,我们称其为"品牌背书"。通过品牌背书,品牌承诺被再度强化,并与消费者建立起可持续的、可信任的品牌关联。

名人代言广告是企业广为采用的广告形式,并流行于世界各地。名人广告成功的根本原因,在于名人将自身信誉延伸到或者借用给特定的企业品牌,向消费者输出双重信用。名人背书,创造了许多成功的品牌,例如乔丹与耐克、百事可乐与足球巨星等。

企业家作为一个特殊的群体,是某个企业或品牌的灵魂,由他们来宣扬商业理念和人生价值观念,也可抓住媒体和大众的眼球。

一种企业家由于其创新精神和科学领导力方面的突出表现,使其在商业社会甚至公众心中形成了强大的个体形象。例如微软的比尔·盖茨、通用的杰克·韦尔奇、海尔的张瑞敏、联想的柳传志等。这些企业家利用各种商业或者慈善场合,与商业同仁分享成功经验与失败教训。在鲜明的企业家品牌背后,人们想到的是值得信赖的企业品牌。

另一种企业家,将自己包装成娱乐化的品牌形象,在很大程度上,这些企业家已然成为企业品牌的代言人。例如潘石屹,声称自己就是"SOHO 的 CI"。因为,从盖房子到做节目主持、出书、撰写博客、出演电影,潘石屹用睿智和幽默带给公众快乐的同时,将 SOHO 公司的品牌也营销于无形之中。

这些企业家通过成就自身的个人品牌,在各种场合传递给受众正面的丰富联想,最终,受众还是会将对于企业家个人品牌的信任与关注转移到企业品牌本身,增加了企业品牌的认知度。

名人代言可以增强广告的沟通效果。名人可以增强消费者对广告的注意力,帮助广告从众多繁杂的信息中脱颖而出。名人代言也被发现可以在广告中创造可靠性,并且有助于对品牌名称的认知。

许多人将名人视为成功的典范,期望共享他们的价值和生活方式。他们往往以模仿名人的行动来提高自己的自信,这些模仿行为包括仿效名人对品牌的选择。它会增加购买决策,从而将名人的影响力转换成品牌资产,给企业带来实质的经济回报。

(二) 名人背书的风险

正面的形象可以对企业起到背书的作用,但如果作为背书的名人出现问题,同样会给品牌带来风险,消费者对名人的信任危机会转移到品牌。

欧美等发达国家,将名人背书广告看作是"证言广告"或者"明示担保"——消费者在使用名人背书的产品之后,如果受到财产或者人身方面的伤害,可以据此担保来进行索赔。并且,还对名人背书作出了严格的限制与规定,例如,美国要求形象代言人必须是代言产品的一定时间内的使用者,否则将会被重罚;在日本,如果明星代言的产品属于伪劣产品,本人要向社会公开道歉,并在很长时间内得不到任何工作;法国企业选择明星代言会通过有资质的公关公司,如果明星做虚假广告会受到处罚,重则锒铛入狱。

做广告的名人可能会给许多产品做广告。这会稀释名人的效应,使背书的品牌缺乏特别的含义,消费者可能会过多关注名人,记不住产品或品牌。

代言人与产品的特质相匹配的因素取决于在品牌(品牌名称、属性)与名人形象之间感知相近的程度,根据匹配假说,当代言人形象与代言产品的形象一致时,代言效果会更好。代言人形象与产品形象匹配度越高,信息就越容易被内化,对广告效果越会产生积极的影响。

代言人的选择应与消费者、企业产品相匹配。企业应依据产品特点,定位目标群体，总结该目标群体的特征，尤其是该群体的喜好、习惯、消费特点依赖的传播工具等，应成为企业在选择产品代言人时的重要考量。从而实现代言人与目标群体及产品三者之间的有效匹配。具体有下述几个方面。

代言人选择要与目标市场相一致。不同特色的产品，在运用代言人策略时，应首先从本企业的目标市场出发来选择代言人。现在的市场区域化特点越来越突出，不同地区的消费者有着不同的消费观念、消费模式和经济文化背景，代言人的选择也应该注意这些因素的影响，对代言人进行细分。我们要做的，就是把握好营销目标的区域化研究，了解区域受众的生活价值观，同时也要追踪社会新潮，分析代言人的动向及特点，找到目标市场与代言人之间的最佳结合点。

代言人选择要与品牌个性相一致。以品牌个性为诉求点的传播是一种更高层次的传播，同时也是在更激烈的市场竞争环境下的制胜法宝，只有在品牌与品牌形象代言人之间找到一种共同的价值诉求和文化审美认同，品牌代言人才能转化为品牌人格化的象征。

代言人的影响力范围要与所期望的品牌影响力范围相匹配。先定选择代言人的突出特点，如知名度、专业性、形象特征、个性特征等；然后扮演消费者角色，或者聘请消费者代表，对这些因素逐一进行联想。进行"情感移植"联想考查时，注意代言人的职业、形象与产品的关联性，与品牌形象的相近性。

（三）名人背书应遵守的原则

真实可信。真实是名人背书的生命，这是商业的基本伦理，更是对品牌负责任的态度；违背了真实原则，不仅起不到应有的效果，而且会适得其反。

竞争力原则。名人背书必须基于竞争环境，是竞争对手无法获得或者难以获得的，才可能为品牌胜出赢得机会。

基于消费者心理。大脑容量是有限的，信息凌乱、缺少创意的表达，或者消费者难以理解的名人背书会被消费者忽略、过滤掉。

需要持之以恒、细心保护。强有力的名人背书属于稀缺资源，一旦拥有，就应该让它在消费者心中建立与品牌的紧密的关联。因此要悉心保护，不能让竞争对手抢走。

适时升级。随着产品品牌的成长，产品销售区域扩大、延伸，品牌的影响力增强，代言人也应适当升级。

五、赞助

赞助对创建强势品牌的作用并未被国内大多数企业所深刻理解并很好运用，相反，由于对赞助活动的有效承接缺失，很多人只是把赞助当作一种提高知名度的行为。

赞助是指企业为了实现自己的目标（获得宣传效果或品牌增值）而向某些活动主办方提供支持的一种行为。这项投资需要为赞助者带来相应的商业回报。赞助可以采用资金，也可以采用物质资料，甚至是提供人力资源等多种形式。恰当的赞助活动可以快速积累品牌价值。

（一）赞助能提高品牌知名度

大量事例表明由于赞助活动的开展，公众对赞助商的品牌认知会大幅度地增强，特别是当品牌借助其他营销活动来加强赞助活动效果的时候。

仅仅出资成为赞助商（例如成为奥运会、亚运会、世界杯足球赛的赞助商）与以赞助单位名称为活动冠名，两种赞助所产生的效果存在明显差异，因为成为赞助商可能不是唯一，多个赞助商会稀释受众的注意力。而冠名赞助有明显的两个优点：一是品牌名可出现在所有需要用到赛事名称的地方，包括各类新闻报道和其他相关信息中；二是与成为活动的赞助商之一相比，在以品牌名称冠名的活动中，品牌与该项活动之间的联想更为紧密，活动的成功也是品牌的阶段性成功。

（二）赞助能丰富品牌联想

丰富品牌联想是赞助能作为快速建立品牌的一种重要方式的原因。

形成联想的关键是赞助品牌与活动的相关性。有这样四种联想是值得注意的，而赞助在产生这几种联想的过程中起着特殊的作用。

一，具体的关联。被赞助的活动具有鲜明的特点，与品牌有明显的关联性。比如，模特大赛一般都要进行形体、服装的模特展示，一个服装品牌就可以从这些关系中获得益处。

二，彰显品牌的领导地位。很多活动本身给人们的印象就是最好的或是最有声望的——各种项目的世界杯以及奥运会都属于这一类型。另外，因为所有的体育比赛都有获胜者，因此与获胜有关的联系以及努力实现获胜所需的决心和才能，都会在任何与比赛有关的事物上反映出来。

三,建立品牌与社区的联系。由于中国市场区域较大,赞助地方性活动是品牌建立社区联系的一种很好的途径,通过赞助地方性活动可发展与地方的关系。在一项调查中,2/3的被调查者表明对那些参与社区及基层群众活动的公司更有好感,而仅有40%的人对赞助全国性活动的公司表示同样的好感。

为了制造更大的声势及建立良好的协作关系,地方性赞助活动可以系列化,多地联动,形成声势。阿迪达斯街头挑战赛就是一个很好的例子,阿迪达斯会选择在大型城市如北京、上海、广州举办各种比赛,其影响就比孤立性的事件要大得多。阿迪达斯公司每年在中国组织很多活动,地方性比赛是在当地的组织、运动俱乐部及零售商的帮助下组织起来的。零售商也可以"租借"比赛或是另外举行由他们自己主办的活动。

四,体现品牌社会责任。对于一个品牌来说,通过赞助社会公益活动可以向公众表明该组织除了制造产品以外还有其鲜明、健康的社会价值观和使命感。

(三) 赞助为消费者提供品牌体验

让消费者亲身体验活动是增进消费者与品牌以及品牌组织机构之间联系的绝好机会。这种体验可以是一般性参与,如观看世界杯足球赛,也可以是直接参与,如参加阿迪达斯街头篮球挑战赛。

如果让消费者体验活动,特别是当该项活动具有一定威望的时候,企业就可以向他们充分展示该品牌及其组织机构。另外,它还为奖励重要的客户提供了既可行又独特的方法。

让消费者参与到活动中来,这样可以使他们成为品牌或活动中的一员。特别是在不同场合下多次重复这种经历后(比如说,每年一次),消费者对品牌就产生了极大的忠诚。这种密切的关系对于品牌来说才是一种真正的资产,特别当消费者把自己看作品牌组织机构的"自己人",或品牌赞助活动与消费者本人的身份、个性或生活方式建立关联时,最有可能产生这样的亲和力。

(四) 通过赞助活动改善品牌形象

被赞助的活动具有较强的影响力,并且与品牌有关联,活动的影响将有效带动品牌的影响力,从而使品牌形象得到改善或加强。心理学家发现,当某个重要联想层次较高,与被赞助的活动发生联系,并且又与品牌结合在一起时,人们会倾向于加强"该品牌也是高档次的,有品质的"这一观念。三星电子就是通过持续赞助奥运会、亚运会等国际性体育赛事,有效改善了品牌形象。

(五) 赞助活动的原则

赞助活动对品牌资产的作用并不是简单形成的,策划是否周密、执行是否到位,都对品牌资产的形成产生重要影响。

1. 品牌要有明确的传播目的

赞助的战略方针要与品牌传播目的相适应。通常有三种传播目的:增加品牌的知名度、加强品牌联想、发展顾客与品牌的关系。以上三点每一点对于赞助策略来说都是很重要的。

当然,具备明确的传播目的,首先要对品牌的核心价值、品牌个性、核心识别系统、延伸识别系统和价值取向有深入了解。赞助的目的是要加强还是改变品牌联想,或是两者兼备? 因此,这方面的必要知识可以促进赞助策略的确定,不仅在于赞助项目的选择,而且在于赞助的管理和开发利用。

2. 品牌要与被赞助项目属性相匹配

当赞助活动的联想与品牌联想和品牌个性恰好匹配时,品牌与赞助的活动更容易联系起来,品牌形象也很容易得到改善。

对于重要的赞助活动来说,应对被赞助项目在目标群体中的形象有一个深入的了解,被赞助的活动的特点、目标人群的情感要求,它们与品牌是否有较强的匹配度,这对最大限度地发挥赞助的作用非常重要。

3. 将品牌与被赞助的活动项目联系起来

一些赞助活动的效果不理想,很重要的原因就是没有在品牌与被赞助的活动这两者之间建立并保持某种联系。

对于建立品牌与比赛活动的联系,有一个直接的方法就是在比赛活动的电视转播中插播广告。这也是中国的企业经常采用的方式,而这种方式是比较简单也是容易成功的。

同时,这种联系所持续的时间以及它的紧密程度也是很重要的,因为对于一个不受时间限制的活动来说,这种联系的影响力可能会由此而成倍地增长。

创立属于品牌专有的活动是赞助活动的独特形式。对于企业而言,有时候非常适合赞助的活动很少,这时可以自己创立并拥有一项活动,以有效实现品牌创建目标。

斯托里伏特加滑雪赛是一组5项滑雪比赛,参赛者被严格限制在食品及酒吧服务的行业;这项活动包括一项配方竞赛;每场比赛后人们都可以品尝菜肴。

耐克公司在其赞助的国家队中举办了一系列的足球比赛,这些比赛就相当于一次小型的世界杯。

喜力啤酒每年的夏天都会在北京举办"喜力摇滚音乐会",主要对象当然是中国年轻时尚的消费者,但他们会邀请来自世界以及中国本地的摇滚歌手参加活动,活动每年都会吸引很多摇滚爱好者以及年轻人参加,甚至已经成为每年北京夏天年轻人热切期盼的活动,这一活动无疑是传播喜力品牌个性以及培养品牌忠诚度的大好时机。

4. 最大化利用赞助宣传的机会

赞助宣传有助于更成功有效地完成品牌创建的目的。赞助活动中,发布活动或产品的策略本身就有宣传价值。因此,如果你赞助了活动,你必须最大限度去利用这一资源。可以依托赞助活动组织相关活动,比如:耐克在世界杯前所举办的三对三蝎斗赛,不但事先让要在世界杯上亮相的超级足球明星先热热身,进行示范性比赛,还让众多的普通消费者也有了热身、亲身体验的机会,最大化地利用了耐克赞助世界杯的资源。还可以借助赞助进行促销,利用冠名结合广告进一步强化品牌知名度以及品牌个性等。还可以让重要的顾客参与活动,利用赞助活动推介新产品,为创建品牌而调动起各组织的积极性,以及使品牌介入到活动与客户的联系中。

三星抓住时尚人士热爱体育赛事的心理,通过赞助重大的体育赛事,成功增强了三星品牌的曝光率,增加了三星品牌的知名度,使三星品牌的价值迅速上升。但是三星以奥运会"TOP计划"为中心的多种体育赞助活动的成功,还在于三星电子的体育营销并不仅仅局限于体育赞助这一形式,他们还结合广告、促销、公关活动等多种手段进行整合营销。例如,在2000年悉尼奥运会上,三星推出了与三星的奥林匹克之约计划——在奥林匹克公园内建造了一座名为"相约奥林匹克"的运动员活动中心,利用三星尖端的通信产品和互联网、卫星及无线技术为运动员提供与家人和朋友交流的场所。另外,三星还推出了"共享三星快乐时刻"的特别服务,即三星为运动员和观众提供最新的三星手机,他们可以给他们在世界各地的家人和朋友打3分钟的免费电话来分享他们的奥运经历和感受。三星成功利用这一高科技的公共展台展示三星电子今天和未来的产品。该项目吸引了许多人的注意,并因其广泛的影响力在盐湖城再次推出。

　　成功的赞助不会自然出现,它必须是一个有步骤的规划过程。首先需要制定目标,再制定一项合适的计划以达到目标,最后由结果来进行检验。考虑到赞助是一个品牌联手合作的过程,因此需要不断地运用企业资源,以及积极地创造品牌知名度和相关联想。品牌共荣是赞助活动的终极财富。要想使赞助达到既定的效果,需要调动企业组织的所有部门的积极性,让每一个员工通过赞助活动展示品牌的活力,每一个部门都通过积极主动的管理运用,将赞助活动融入到品牌积累计划中,共同实现品牌的发展目标。

六、品牌联合

　　品牌联合是指两个或更多品牌相互联合,相互借势,使品牌本身的各种资源达到有效的整合,从而创造双赢的营销局面。狭义的品牌联合是指两个或两个以上的企业品牌,通过相互合作而形成的一个新的联合品牌,它们各自的品牌名称都保留在联合品牌之中。如索尼(Sony)和爱立信(Ericsson)结合形成新的联合品牌索尼爱立信(Sony Ericsson)。广义的品牌联合是指两个或两个以上的企业品牌以某种方式进行合作,通过联合,借助相互的竞争优势,形成单个企业品牌不具有的竞争力。它是一种合作方式,包括多种多样的形式,而不是仅限于建立一个新品牌。汤姆·布莱科特(Tom Blackett)和鲍勃·博德(Bob Boad)在合著的《品牌联合:联盟的科学》一书中将品牌联合定义为"用来涵括一系列涉及两个或多个品牌的市场行为。因此,品牌联合可以被认为包括赞助行为,如万宝路赞助法拉利车队,或安永会计师事务所支持莫奈画展等"。

　　品牌联合最早出现在酒店行业,由于联合品牌投资少、见效快等特点,品牌联合的使用开始向各个行业发展。1986 年,在信用卡领域,大陆航空(Continental Aidines)和内陆银行(Marine Midland Bank)首次推出联合品牌信用卡。1990 年 3 月,美国电报电话公司(AT&T)联合世界银行(Universal Bank)推出联合信用卡时,没人能预见它在信用卡行业所带来的影响,当人们还在质疑电话公司是否能胜任信用卡业务时,联合品牌信用卡却在 9 个月内赢得了 5200 万用户,之后引发了一系列选择联合伙伴发行联合信用卡的热潮。同年万事达(Master Card)首次使用联合品牌。1993 年,维萨(Visa)和万事达两家的联合品牌信用卡已占领了美国信用卡市场的 1/4 份额,而且联合品牌信用卡还在以每年 60% 的速度增长。从零售业到高科技的航空、计算机行业,品牌联合开始崭露头角。Intel 更是凭借与各大 PC 厂商联合推出 Intel Inside 的品牌战略，成为成功联合品牌(Ingredient Co-Branding)的成功范例。目前，使用联合品牌的企业行为在美国以每年 40％ 的速度增长。近年，联合品牌不再局限于推出新产品和服务，出现了使用联合品牌作为企业品牌的大型跨国公司。

（一）品牌联合的机会和利益

对已经建立起的品牌来说，品牌联合提供了新的收入来源，或者推动现存产品销售的机会；对于新的品牌来说，品牌联合会迅速提高品牌的知名度和认知度。品牌联合可以减少在进入新市场时的投资，为品牌赢得更多曝光率、降低风险、加速投资回报、实现利润最大化，以及提供和市场交流的全新方式。例如在雷克萨斯汽车上使用美国 BOSE 音响，既可以诠释雷克萨斯汽车的豪华定位，也形成了联合品牌。索尼公司在相机中使用德国的高档卡尔蔡司镜头来标注自己相机的质量。

品牌联合可以用来获取短期的战术利益，也可以为长期的战略目标服务。

1. 提高品牌资产价值

品牌联合可以从两个方面提高各联合品牌的资产价值。首先，合理的品牌联合能够提升各联合品牌渗透对方品牌消费市场的能力，扩大相联盟品牌消费群体接受它的可能性。

其次，品牌联合可以扩展和改善合作品牌的联想。一个品牌通过与另一个品牌的联合，使消费者对两个品牌的联合信息进行整合，可能使消费者对两个品牌的联想内容更加丰富，也可能对联合品牌的联想进行强化和提升。扩展品牌联想的内容，能够增强品牌的差异性和相关性。产品和服务的生命力日渐缩短，产品和服务的特色和创新在同一行业内很容易被复制。但是品牌联合产品却能抵挡这一趋势。通过融合原本属于不同行业的品牌价值和内涵，品牌联合产品和服务能形成品牌独一无二的特色。差异性能够使品牌独树一帜，提升品牌的竞争力；较强的相关性能够使品牌联想渗透到更广阔的消费市场，这两点都能使品牌的价值发生质的飞跃。法国蓝带是一家烹饪学院，它的品牌已成为最高水平烹饪的代名词。特福是法国一家领军的烹饪用具制造商，推出新的"整体"牌系列高质量炊具，得到蓝带的认可后与蓝带一起进行市场营销活动，这使特福"整体"品牌和烹饪质量紧密地联系起来，蓝带加深了人们对这个新产品的记忆和联想。

2. 实现优势互补和资源共享

各企业都拥有各自不同的独特技巧和资源,这种独特技巧和资源在市场竞争中形成企业的核心竞争优势。联合品牌中的各个品牌要素,可能在某些方面具有自己独特的优势。而且一个品牌所具有的某种优势有可能恰恰是另一个品牌缺乏并且必需的。联想集团与可口可乐在奥运领域展开多项合作。两家公司携手打造"联想—可口可乐地带",在100家联想销售门店中开辟出专门空间进行宣传,可口可乐公司负责提供各种免费饮料。而联想也推出联想可口可乐限量版笔记本电脑,这款新型电脑搭配奥运五环标志,由可口可乐公司授权联想公司设计、生产和销售。双方分享各自的客户资源,充分利用各自的品牌优势,联合发动一系列合作推广活动,谋求品牌建设和市场拓展的双赢。因此,进行品牌联合可以更好地实现各个品牌间的优势互补。

3. 降低品牌运营成本

在开拓市场方面,联合品牌可以降低促销费用,促销费用双方共担;加之各自品牌早期的广告和促销活动对联合品牌又助了一臂之力,相当于双方的促销费用都大大降低。

(二) 品牌联合的风险和陷阱

任何商业上的合伙关系都承担一定程度的风险。而品牌联合涉及两个乃至多个品牌成员,其复杂程度自然非同一般。企业经营者在意识到品牌联合具有巨大的利益相关性的同时,必须小心警惕联合不当所产生的重大风险:如果品牌联合运作得当,可以达到双赢的效果,但是如果运作不当,合作伙伴的一方或者双方都将会遭受恶果,甚至是无辜地受到对方过失的牵连。

1. 合作对象选择不合适,影响企业利益

当合作的一方发现品牌联合的行动不能达到他的财务计划或其他目标时,就存在着仓促终止协议的可能,这样会为另一方造成尴尬和困难的局面,使他们必须独自应对失望的客户,这种损失远远高于销售减少本身的损失。

另外,文化差异带来摩擦与冲突。企业都有其个性特点,可能处于不同的人文环境,拥有独特的企业文化,而其他企业的个性并不总能适合自己心意。品牌联合成员之间的工作态度和价值观可能大不一样,不能低估这种分歧在合作中造成摩擦的潜在可能。

2. 联合的动机及利益的冲突

与品牌联合相关的最大风险就是过分关切品牌联合表面上能够提供的即刻的金钱回报。应充分认识到品牌联合是对品牌价值长期增长有益的，如果为了短期利益实施冒险行为，或者不顾可持续发展原则，把现有的信誉转化为现金，对品牌联合来说是致命的。

联合的过程中，联合各方所承担的费用有时难以划定，利益冲突使相互间的关系较难处理。

3. 合作一方丧失了其品牌特征的独有性

品牌联合行动可能致使合作的某一品牌的排他使用权受到淡化或被别人分享。有特色的商标、器具、色彩组合、包装形状、广告主题和口号或者其他"市场指标"都不应该被低估，应该妥善地加以控制并只许可在品牌联合的活动中使用，只许以品牌所有者规定的方式使用。另外，如果合作的一方决定改变其品牌在市场的定位或战略，将可能成为品牌联合所要面对的重大问题。

（三）品牌联合营销的原则

一是品牌匹配。从维护品牌形象的战略角度来看，联合营销所选择的合作伙伴（品牌）必须符合"品牌匹配"的前提条件（通俗说法就是"门当户对"），即在品牌核心、品牌形象和品牌市场地位等方面必须是匹配的。即便是合作双方确实在某些方面存在一定的差距，其差距也不宜过于悬殊，否则，对品牌可能造成负面影响，其作用只能是"下拉"而不是"上托"。

二是资源共生。"资源共生"是品牌联合营销的基础。品牌之间开展联合营销，既是为了借助外来资源弥补自我品牌的缺陷，同时也是为了强化已有的优势资源，形成垄断地位，获得竞争筹码。因此，从联合营销的市场资源整合角度来看，联合营销所选择的合作伙伴（品牌）必须符合"资源共存"的要求，即联合营销的品牌之间必须拥有共同的、直接或间接的市场营销资源。譬如面对相似的市场、类同的渠道终端、一致的目标消费群体。

三是利益一致。利益一致是品牌联合营销的动力也是原则。品牌之间开展联合营销，是为了聚合资源作用于市场，借以获取品牌利益。因此，从品牌联合营销的市场目的角度来看，联合营销所选择的合作伙伴（品牌）必须是利益一致的，这样，品牌的联合才能够统一方向，才能够聚集资源形成市场能量，共同作用于同一渠道、同一市场、同一消费群体，实现品牌利益最大化。

四是机会均等。联合营销的品牌必须获得均等的机会,这一点至关重要。由于品牌分属不同的所有者,在合作过程中,无论哪一方内心深处都希望能够"借东风",利用合作伙伴的资源获得更多的品牌利益。市场没有傻瓜,对于利益的争取谁也不会懈怠。联合营销存在一个博弈与制衡的问题,博弈的最终结局就是联合品牌间的立场逐渐回归本位,在合作中获得均等的机会。因此,机会均等是联合营销的重要保障,是各个品牌开展联合营销的心理底线。

第三章

品牌创建第三步：品牌管理

品牌管理是对所拥有的品牌及其相应资源进行有效的分析、规划、积累、监管，以维护品牌与关系利益人的健康关系，促进品牌持续增值、实现品牌战略目标的过程。

广义而言，在品牌形成后，参与品牌创建的一切工作，如品牌战略、品牌营销等都属品牌管理。狭义的品牌管理是指在品牌战略确定后，品牌积累过程中围绕品牌核心价值创建、持续增长的执行、监管过程。本书品牌管理的研究范围聚焦于后者。

消费者对品牌的认知来源于品牌的使用和营销活动。可以说，企业的任何营销方案，都有可能从品牌认知或品牌形象方面改变消费者的观点。消费者观点的改变，将会对未来营销活动的成功产生间接影响。所以品牌管理就是要以品牌战略为标准，监督、管理品牌的所有活动，避免出现伤害品牌的决策。例如，在促销中频繁使用降价的手段，可能会形成或者强化该品牌"打折"的联想，从而对顾客忠诚度产生不利影响，并对未来的价格变动或者非价格导向的营销传播策略产生影响。

一、品牌管理的目标

品牌管理的目标就是让品牌保值和增值。而这一目标是靠许多基本手段和工作来完成。

（一）维护品牌一致性

品牌的一致性对于维护品牌联想的强度和偏好至关重要。中国市场发展时间较短，市场的变化相较成熟市场变化更快，经营者的经验相对不足，因此中国企业品牌管理者更容易改变，强调保持品牌的一致性更具有意义。

品牌的一致性并不意味着一成不变。恰恰相反，"一致性"也需要多种战术转换和变化，以保持战略目标和品牌方向。曾经有效的战术在使用数次后可能会失效，价格可能会波动，广告活动的创意和口号会有所不同，品牌结构可能调整。但应对这些变化一般而言要在品牌核心价值和品牌战略的指导下开展，而不能因为短期的销量或管理者的心意而随时变化。

（二）建立卓越的信誉

信誉是品牌的基础。没有信誉的品牌几乎没有办法去竞争。很多"洋"品牌同中国本土品牌竞争的热点就是信誉。由于"洋"品牌多年来在全球形成了规范的管理和经营体系使消费者对其品牌的信任远超过本土的品牌。本土品牌同跨国品牌竞争的起点是树立信誉，不是依靠炒作，而要依靠提升管理的水平，质量控制的能力，提高客户满意度的机制来建立信誉。

（三）争取广泛的支持

没有企业价值链上所有层面的全力支持，品牌是不容易维持的。除了客户的支持外，来自政府、媒体、专家、权威人士及经销商等的支持也同样重要。

（四）建立与客户亲密的关系

由于客户需求的动态变化和取得信息的机会不断增加，为客户提供个性化和多元化的服务已成为唯一的途径。只有那些同客户建立了紧密的长期关系的品牌才会是最后的胜利者。所以国内外的品牌现在都不遗余力地想办法同客户建立直接的联系并保持客户的忠诚度。

（五）增加客户亲身体验的机会

客户购买的习惯不断发生着巨大的变化。光靠广告上的信息就决定购买的概率已经越来越低了。消费者有时需要在购买前先尝试或体验，再决定自己是否购买。所以品牌的维持和推广的挑战就变成让客户在最方便的环境下，不需要花费太多时间、精力就可以充分了解产品质量、功能的挑战。

品牌管理并非易事，消费者越来越理性，可选择的空间越来越大，并且对于一般的营销套路已经产生了免疫力。

品牌主由于利益需求及品牌知识的缺乏,常常采取品牌延伸与组合。随着产品线的拓宽和延长,产品与品牌的关系越来越复杂。

媒体的碎片化导致选择最佳媒体组合的难度加大,品牌推广成本增加,进而使品牌创建的难度加大。

这些都将使品牌管理目标面临的更多的挑战。

二、品牌管理范畴

广义而言,一切有关品牌成长的要素的管理都属于品牌管理范畴。在企业运营中品牌管理应重点做好以下工作:

(1)品牌战略管理。涉及品牌战略目标、品牌愿景、品牌结构、品牌延伸等方面。缺乏品牌战略管理,犹如航行没有目标和航向。

(2)品牌理念管理。涉及品牌核心价值、品牌定位、品牌个性和风格等。对于消费者来说,他们对品牌的感知从一点一滴的局部开始,品牌理念管理让品牌核心识别不会因时间影响而模糊混乱。

(3)品牌视觉管理。品牌视觉涉及品牌外在形象管理,包括视觉系统整体规划、包装设计、广告表现、卖场规范、品牌手册、网站规范等,管理中要保证视觉形象输出的一致性与规范性。

(4)品牌推广管理。品牌推广是品牌树立、维护过程中的重要环节,它包括推广计划及执行、媒体预算与购买、品牌跟踪与评估。品牌推广管理强调整合性、一致性、有效性。以规范科学的推广快速实现品牌目的。

(5)品牌营销管理。涉及产品管理、价格管理、渠道管理、企业销售、市场研究、客户关系管理等方面。

(6)品牌危机管理。对突发事件、政策改变、消费投诉等影响品牌市场和声誉的危机进行应急公关和危机处理,化弊为利,消除影响。品牌危机是对品牌重大的威胁,快速、正确、果断的反应至关重要。

三、品牌管理的绩效评估

品牌的管理目标简单地说就是品牌资产的增值,而品牌资产的增值必须做到五个方面:一是品牌能在变化的市场环境中保持核心价值与个性。企业必须能适应外部环境因素的变化,同时不为短期的利益诱惑,坚持品牌战略。这样,整个品牌管理目标系统才能处于良好的运营状态。二是培养品牌的核心能力。一个品牌在进行纵向、横向扩张整合时,必须明白自身的核心能力究竟在整个价值链上的哪个环节。三是利用共同特性产生整合力量,即通过品牌各要素之间的相关性来使品牌系统产生整合力量。四是合理分配企业资源,在品牌系统目标下,对每个品牌目标的投资决策都要考虑其对整个目标的影响,而不能局限在单个目标的收益上。五是减少品牌内耗,防止企业各品牌管理目标在市场竞争中内耗,在品牌系统目标下,任何一个分品牌的增值都必须考虑整体系统的效益。

品牌管理绩效评估是对品牌战略计划所取得的实际绩效进行系统性评估,从而为品牌战略实施提供反馈。卡普兰说得好,"没有绩效就没有管理",品牌管理绩效评估对于品牌战略管理有着不可或缺的重要意义:首先是明确愿景。量化的指标能够明确原本高度概括的品牌愿景,有利于组织内部取得一致的意见;其次是推动执行,通过统一战略目标、合理分配资源和建立里程碑,来推动品牌战略的执行;再次是工作评价,工作评价与品牌绩效挂钩能够将品牌战略管理贯彻至每个人,落实到每一天;最后是控制战略,通过绩效考评不断地对品牌战略进行反馈、控制和校正,以确保能产生实际成效。

品牌绩效评价体系的设计需要从三个方面着手:首先是制定品牌绩效的衡量指标,以此衡量品牌战略是否在创造价值,通过盘存品牌资产的积累情况来判断对品牌的投资是否有预期的回报(也就是与品牌投资相关的品牌业绩的可接受程度),从而帮助品牌管理者评价品牌、品牌组合的真实强度以及获利能力。品牌绩效的衡量指标应该以品牌资产模型为依托,包括品牌知名度、品质认知度、品牌联想、品牌忠诚度和市场基础这五个维度。其次是将品牌绩效与整体绩效整合,借以实现品牌战略推动经营战略的意图,品牌战略不仅应该创造品牌价值,还应能够提升公司、股东价值,研究表明销售(根据市场的不同)多达70%的收入能够归功于品牌,所以非常有必要将品牌绩效指标嵌入企业的整体业绩体系中去,以防止传统的业绩体系单纯着眼于短期的财务指标而不利于长期的品牌健康。目前较完善的整体业绩体系设定方法是平衡计分卡(BSC),对品牌绩效指标进行筛选,将选取的关键品牌绩效指标(KBPI)引入其中替代原有"市场"维度,形成由"财务"、"品牌"、"流程"、"能力"这四个维度组成的全新的计分卡。最后是用关键品牌指标来考核责任人,单单用公司整体绩效指标体系反应品牌战略的要求还是不够的,更进一步的做法是将品牌战略的责任分解落实到那些关键责任人身上(前提是清晰地定义品牌与部门、岗位的关系),如此才能够将集体的目标分解为个人的目标,化个人的力量为集体的力量,只有将个人的日常工作与品牌的发展方向紧密结合为一体,才会形成对品牌战略执行和监控的强大力量。所谓的责任人不能仅仅是品牌管理部门的负责人,公司内部的高管以及所有影响品牌表现的职能/业务负责人都必须责任落实(明确其品牌资产保值/增值的任务),赋予其相应的品牌绩效指标并进行阶段性的考核,从而实现全员参与的"品牌化"。

四、品牌管理误区

误区一:品牌管理短视症

品牌管理有品牌意识而无长期规划。短期打响品牌知名度就以为大功告成,就减缓或停止品牌投入。

急功近利,饮鸩止渴。面对市场竞争压力,轻率地使用一些有短期效果而会伤害品牌核心价值的战术。如为追求销量而经常性地进行促销。或为快速提升品牌,而进行概念欺骗,过度承诺。

综观一些成功的品牌,不仅注重销量,更注重品牌的可持续性,甚至在某些时候,强调销量是次要的,品牌的建立才是最重要的。

误区二:品牌管理跟风症

追逐市场热点,人云亦云,忽视品牌整体价值感与品牌威望的提升。在产品日益同质化的今天,如果在品牌传播上仍不能有所区别,将会使产品很快被淹没在信息的海洋中,被人遗忘。这是一个需要个性的时代,与众不同才能脱颖而出。消费者总按照自己的喜好和个性去选择品牌。人们需要有个性的品牌。那些随大流、毫无个性就试图争取所有人的品牌,实际上将被所有人所不取。

误区三:广告依赖症

广告只是利用的工具,而非百试不爽的法宝。不能完全依赖于广告建设品牌,忽视品牌的建设是企业内外,营销、生产等全方位努力的过程。否则有广告则有销量,广告一停就没销量。尽管大量的广告投入能促进产品销售,但投下来却发现成本很高,品牌资产并没有提升,广告一停销量就立即大幅度下滑。

误区四:品牌管理随意症

有些企业在战略上缺乏定力，经常性摇摆不定。想到什么就做什么，没有全面系统的品牌规划。今天做这块，明天做那块，什么能赚钱就做什么。于是广告与宣传前后不一，各个时期推出的品牌形象与概念前后混乱、矛盾；各种营销活动各行其是，分散零乱，缺乏同步整合。

没有长期稳定的品牌管理组织。企业在品牌经营的过程中作过多尝试，而忽视市场调研，在品牌建设过程中常常盲目推广，任意延伸品牌。

品牌管理进入误区，总而言之是没有全面理解品牌的含义，没有把握品牌成长的规律，不明白品牌对消费者意味着什么。品牌不仅仅是一个商标、一个符号，还有对消费者的特殊含义，建设品牌，实质就是建立消费者对品牌的情感。

不了解品牌的意义，对于品牌成长缺乏耐心，就不会给予品牌充分的支持。

五、谁来管理品牌

品牌管理是战略性管理，只有从战略管理的高度才能真正做好品牌管理，因此设立战略性品牌管理部门十分重要。战略性品牌管理部门的主要职责包括：制定品牌管理的战略性文件，规定品牌管理策略方面的最高原则；建立母品牌的核心价值与定位，并使之适应公司文化及发展需要；定义品牌架构与组织的整体关系，并规划整个品牌系统，使公司每一个品牌都有明确的角色；品牌延伸、提升等问题的解决；品牌体验、品牌资产评估、品牌传播的战略性监控等。

品牌战略实施涉及一系列配置资源的过程，而资源配置是在组织的构架内进行的，所以组织的形态将极大地影响到战略实施的成败。一个得力的组织不仅能够完成艰巨的战略任务，甚至能够通过出色的执行产生意料不到的效果，而一个软弱的组织不仅会使得预定目标大打折扣，甚至还会因为各种莫名其妙的原因自己打垮自己。

品牌管理组织的设计需要从三个方面着手：第一是治理结构，必须形成董事会层面的品牌管理机制。董事会要充分重视品牌的战略意义，应该对品牌价值负责并指导品牌战略的关键决策；在董事会的内部组成上应该增设"品牌资产董事"这样的功能职位，通过切实负责的方式来防止品牌资产流失，以至有形资产流失。

第二是组织结构，必须让组织的整体结构能够有效地响应品牌战略的需要。既要考虑公司的业务要求，也要考虑品牌战略的要求。一线营销部门要把品牌建设作为重要的战略目标,营销与品牌建设融为一体。

第三是不仅要建立强有力的品牌管理部门,更应要求其他的功能部门都能够以品牌为导向。品牌是属于全公司的,无疑需要每个部门全体员工的合作,只有"公司运营品牌化"才能最终保证品牌战略的贯彻和落实,"公司运营品牌化"需要最高管理层亲自推动、协调和支持以确保品牌管理功能负有实责以及享有权威。另外品牌管理部门也应该参与最高层的决策以确保所有决策能够考虑到对品牌的影响:战略计划是否基于对品牌的深刻理解? 短期决策是否考虑到创建品牌的长期目标? 除此之外由于品牌战略管理所涉及的领域很广,品牌管理部门在日常工作中不可避免与其他功能管理部门有着大量、频繁和深入的联系,这些联系对品牌建设和品牌价值都有不可忽视的影响,理应得到支持。

(一) 品牌经理

品牌经理制是企业为其所辖的每一个品牌专门配备一名具有高度组织能力的经理,全面负责该品牌的产品开发、销售,并由他统一协调开发、生产以及销售部门的工作,处理品牌管理中涉及产品的所有方面的问题。

一般来说,在公司拥有不止一个产品品牌,各个品牌之间存在差异或者是数量较多,以至于按职能设置的销售系统无法良好地运转协调它们之间市场关系的情况下,建立上述的品牌经理制度是比较合适的。品牌经理能够负责解决本品牌的一切问题(影响到品牌组合的问题除外),通过交流、协调和说服来调动公司所有可能的资源。品牌经理的工作内容包括:

(1) 公司愿景和品牌的宣传贯彻。要想塑造一个品牌,公司首先要明确自己的使命和愿景,这样才能明确品牌的定位,品牌经理要设法让全体员工意识到本品牌的重要性,理解自己的品牌代表着什么。

(2) 品牌与客户关系的洞察与维护。品牌经理应专注于客户需求,准确的市场研究对于满足顾客需求至关重要。

(3) 品牌沟通。时机、广告、资讯的有效组合是品牌经理应当承担的职责,包括有效传达品牌内涵和仔细评估广告公司的方案。

(4) 内部品牌建设。形成工作机制,争取高层与员工的支持。高层和员工的支持绝对是品牌经理工作成功与否的前提。

(5) 争取产品支持。品牌必须有产品特性作为支撑,产品需要以设计规范、功能使用来满足顾客的需求。品牌经理虽不能指挥生产,但对产品的要求不能松懈。

（6）选择渠道。产品只有进入流通渠道才有收益，因此品牌经理必须保证产品在最短时间内以有足够的适当的渠道送达目标客户。

（7）争取资金支持。要获得品牌知名度，必须有充足的资金投入到宣传和推广中，这要求品牌经理在财务上具备两种能力：一是争取高层的预算支持；二是合理使用预算资金。

（8）品牌保护。品牌经理应该推进注册品牌商标，使品牌得到法律的保护。

（9）审视经营环境。品牌经理不仅要对市场的社会、经济环境保持敏感，还要关注市场的需求和技术的变化，并根据市场环境的变化提出相应的工作策略。

（二）品牌领袖与企业领袖

品牌经理是从产品品牌的角度去管理品牌，品牌领袖则是从企业品牌的角度来管理品牌。

品牌领袖是企业奉行的文化与理念的代表人物，品牌领袖是振奋人心、鼓舞士气的导师，是品牌的支柱与象征。

品牌领袖在品牌的整个发展过程中决定品牌命运，为品牌注入精神，并对品牌的理念和个性等的建立起决定作用。品牌领袖对于品牌的管理更多涉及的是精神层面上，而不侧重物质层面。

品牌领袖要么由企业品牌的缔造者担当，要么是在品牌建立过程中为品牌融入内涵的企业家，要么是在品牌危机时刻扭转乾坤的企业精神领袖。

星巴克的成功首先是舒尔茨在员工中，而不是在顾客中树立星巴克的形象。他力求员工对香浓的咖啡产生一种狂热。他们的激情和奉献使得他们成了咖啡及其品牌最合适的代言人。他们的热情在顾客中产生积极的反响，回头客越来越多。

（三）品牌管理委员会

传统品牌管理主要由市场部或广告部制定有关的品牌管理制度，其职责主要由各职能部门分担，各职能部门在各自的权责范围内对品牌进行管理。但是，此种品牌管理架构的突出问题是各平行职能部门难以有效沟通及协调,各个品牌无法整合。

成立品牌管理委员会,是以一个战略性的品牌管理部门或人员来弥补上述品牌管理体制的不足,其主要职责是建立整体品牌体系策略,确保各事业体品牌之间的沟通与整合,他们不再隶属于市场营销部门,而直接归属于公司最高层。

1. 品牌管理委员会的职责

品牌管理委员会主要是要解决企业品牌体系的规划、新品牌推出的原则等战略性问题,其主要职责包括:

(1)制定品牌管理的战略性文件、规定品牌管理与识别运用的一致性策略等最高原则。

(2)建立母品牌的核心价值及定位,并使之适应公司的文化及发展需要。

(3)定义品牌架构与组织的整体关系,并规划整个品牌系统,使公司每一个品牌都有明确的角色。

(4)品牌延伸、提升等方面战略性问题的解决。

(5)品牌资产评估、品牌传播的战略性监控等。

2. 品牌管理委员会的人员构成

在一个管理委员会里,主要构成人员应该包括企业董事会负责人、业务经营层面的负责人、品牌项目经理(管理一个大类多个品牌)、品牌经理、技术人员、营销人员、财务人员等。此外,非常重要的就是引进外脑,聘请专门的品牌顾问进行运营的全程指导。专业的品牌顾问不仅具有品牌创建方面的知识与管理经验,更重要的是他们能客观地洞察消费者与品牌的关系,为相关决策提供参考,提出专业意见。品牌顾问可以在如下方面有力地推进企业品牌建设:

(1)产品的市场容量、定位、属性及前景调研、分析。

(2)消费者研究,目标受众界定;竞争对手的研究分析;营销渠道、方式的调查分析;整合营销方案的制定。

(3)品牌建设与发展规划。

(4)广告媒体的研究与调查;整体传播策划、广告的创意与制作;媒体信息的制作和发布。

(5)营销方案实施的效果测评与改进。

（6）重大危急事件的公关策划。

（7）市场发展趋势调研及品牌营销方案的调整。

六、品牌的信息管理

狭义的品牌的信息管理是对品牌相关的信息搜集、整理、存储、传播和利用。也就是品牌信息从分散到集中，从无序到有序，从存储到传播，从传播到利用的过程。

广义的品牌信息管理不只是对品牌信息的管理，而且还涉及品牌信息活动的各种要素，如品牌信息的管理人员、机构等的管理，实现对各种资源的合理配置，满足品牌对信息的需求。

（一）品牌信息搜集源分类

（1）消费者。消费者是最大的信息源，也是最重要的信息源。消费者的需求直接决定了品牌的发展方向。消费者信息包含两大类：一是消费者对品牌的反应，是满意还是不满意，有什么建议和意见；二是消费者需求的变化。

（2）媒体。包括报纸、广播、电视、互联网等新媒体。媒体是提供信息最集中、最全面，也是实践性最强的信息源。媒体可以提供市场状况的相关信息，如竞争对手和同类型产品的情况。同时媒体也是引导消费时尚的先锋。

（3）各类相关的法律、政策及文献资料。品牌始终是生存在一定的社会环境中的，必然要受到这个环境中法律、政策的约束。因此，相关的法律、政策文件也是非常重要的信息源，它关系到市场导向等。

（4）内部员工。作为品牌的一员，他们可以以自己的立场，对品牌的内部管理提出建议；作为品牌与消费者的桥梁，他们又可以为品牌管理者提供一些难以搜集到的一线信息。

（5）其他如研究性组织、行业协会等。

（二）品牌信息搜集内容

（1）政策、法规信息，包括：国家经济长远发展规划，经济发展战略，各省、市、地区的政策、法规的变化，如京津冀发展规划的出台，对相关的品牌会产生重大影响。另外如《工商法》、《环境保护法》、《商品检验法》、《合同法》、《专利法》等，价格政策、商标政策、市场管理政策等都对品牌建设有重要价值。

（2）市场信息。市场信息是品牌管理者了解消费者需求、确定经营方向的依据。

市场需求信息主要指当前市场需求、近期需求、长远需求，潜在需求，以及需求变化的趋势。

消费者特征信息。包括消费者的人数、购买动机、消费方式、消费频率，年龄、职业、收入、爱好、习惯以及分布情况。

市场占有信息。主要是指本品牌在市场上的占有率。

价格信息。包括价格标准、价格浮动的范围以及价格变化的趋势。

销售渠道和销售技术信息。主要指经销商的状况、产品运输状况、宣传、推销方式、售后服务方式等。

（3）社会文化信息。包括一个地区或者国家的风俗习惯、伦理道德、价值观、思维方式、文学艺术等方面的信息。

（4）行业信息。包括本行业的发展态势和水平，同行业其他品牌的经营方针、市场占有率、品牌形象、广告和推销的方式、消费群体，技术水平、质量水准、价格、成本、利润、原料、购销制度以及售后服务等状况。以及与本行业相关的科技信息。

（5）财务金融信息。包括品牌的固定资产，如厂房、设备和生产工具的使用、管理和折旧状况等，流动资金周转状况，专用资金的使用情况和来源渠道；品牌收支状况，如原料支出、工资支出、生产费用、税金和销售收入等。财务金融信息的掌控有利于管理者提高资金利用率，正确处理品牌与各方面的财务关系，提高品牌的运转效率。

（6）人事信息。包括品牌内部的人事信息和社会的人才信息。

（7）物资信息。主要指品牌所需的原材料、燃料、动力、机器设备等生产资料的信息。

（三）品牌信息的传播管理

在品牌信息的产生管理中，品牌管理者对信息进行了充分的搜集和分析，并且抽象出利于促进消费者需求的品牌信息。接下去，品牌管理者要做的就是把这些品牌信息应用到经营管理中，把有价值的信息传播出去，使它们能够完整地到达消费者那里，从而真正在消费者心中树立品牌形象，实现品牌的推广。

（四）品牌信息传播的内容

品牌形象信息,包含生产该品牌的企业形象和该品牌的理念以及个性。

品牌产品信息。是与产品直接相关的信息。包括品牌产品的质量、价格、包装、商标、原材料、制作工艺、服务保障、权威认证等一系列信息。

品牌形象信息是概念,品牌产品信息是实体,前者是依托后者而存在的,如果没有后者的实物表现,前者不过是空中楼阁;后者通过前者达到升华,获得与同类品牌不同的效果。所以品牌管理者在传播品牌信息的时候,必须将两者结合起来,采用适当的形式进行传播,不能有所偏废。

（五）品牌信息传播的形式

品牌信息传播形式有很多种,如召开新闻发布会,向媒体通报品牌的最新信息;通过人际传播实现品牌信息的传递;参加交易会、经贸会等宣传品牌信息。最常用的品牌信息传播方式是广告和公关,这是品牌管理者使用最多,也是比较有效的品牌信息传播方式。

（六）品牌信息的反馈管理

品牌信息的反馈管理是品牌信息在传播过程中以及传播活动结束后,对效果的观察和评估。品牌信息的反馈分两个阶段:第一阶段是传播活动中密切注意消费者的反映,及时搜集各种信息,对品牌信息传播所产生的各种效果进行评价,不断调整品牌信息传播计划及实施品牌信息的各项策略,以保证品牌信息传播活动按既定目标进行并产生最佳效果。第二阶段是品牌信息传播之后,从消费者那里可得到各种各样的反映,经过研究整理后,再回送到品牌信息传播的决策者那里,决策者根据新的情况对品牌信息传播策略进行调整改进。

（七）首席信息官制度

首席信息官是 20 世纪 80 年代以来在一些发达国家的企业中出现的一个引人注目的新高层管理职位。其职能是:直接对最高层决策者负责,负责品牌的高层决策和长远发展规划,实现品牌信息的全面管理,包括负责开发信息技术、健全品牌信息管理系统、管理信息人员、实现品牌内部的信息共享等。

七、品牌视觉管理

如果说品牌理念是品牌的思想和灵魂，那么品牌的视觉系统则是品牌的外在形象。保持形象的一致性是创建强势品牌的重要原则。因此，品牌管理者的一个重要任务是不断提高公司视觉识别系统应用的准确率，逐步建立知行合一的品牌行为规范，构建品牌管理平台；在品牌视觉规范的基础上，充分利用公司网站、宣传画册、视频宣传片、行业展会、协会、内刊等渠道，放大品牌形象，推进各下属单位与公司品牌间的相互支撑；加强品牌内部渗透，适度强化品牌外部传播。

（一）严格执行视觉识别系统，确保应用的准确率

公司内部工作人员要熟知公司视觉识别系统的使用要求并能够规范使用，在实际工作中注重公司组织行为与本品牌之间的融汇；要求一般员工能够知晓公司视觉识别系统的基本内容和意义。同时扩大视觉识别系统的应用范围，提高外部对公司品牌的认知。

一要修订完善公司视觉识别系统手册。品牌的视觉识别系统一旦确立就要形成应用规范，不能轻易变动，但不排除定期对公司视觉识别系统手册中不适用的内容进行修订和补充。

二要组织应用培训。组织各下属单位的员工进行视觉识别系统应用培训，对公司品牌标志、标准色等基本应用元素进行全员宣传。

三是拟定视觉识别系统应用制度，明确使用要求，形成视觉识别系统应用指导和检查的标准。

四是检查、规范视觉识别系统应用效果。建立制度，开展视觉识别系统应用检查和整改，重点检查以公司视觉识别系统为主要标识的证件、名片、信函、传真、手提袋、礼品、展台设计等物品的使用，指导公司下属单位规范视觉识别系统应用。对不符合规范的要及时指出和整改。

（二）强化品牌形象传播意识，推进各下属单位与品牌间的相互支撑

通过固化的视觉资料，不断加深市场对公司及各品牌的认知，扩大品牌影响力。通过做好各下属单位与公司间的宣传协调，促进目标市场了解产品品牌与公司间关系，这样有利于在市场推介上合并公司资源，提高市场竞争力。

一是品牌名称、物料及宣传品的统一。

统一各下属单位品牌简称及宣传口号,并严格要求各单位在外部宣传的全部资料中出现本单位宣传口号。

统一品牌标识物品的制作。以公司视觉识别系统为主要应用元素的通用物品,如手提袋、信封、信纸、工作手册、旗帜等,各单位根据需要提出制作申请,由公司统一制作,这样既可降低制作费用,又可避免印刷工艺导致的视觉识别系统标准偏差等问题。

二是完善公司网站管理。互联网已经成为品牌传播的重要载体,因此要强调各下属单位网站建设工作的审批、与公司域名的关联。相关的网站都应该统一视觉识别系统规范。

(三) 加强内部传播,形成品牌化运营的机制

内部品牌渗透以培训为主,培训内容要设立品牌与文化版块,重点介绍公司视觉识别系统的基本内容和意义,提炼公司管理故事,品牌与文化结合,促使员工将公司品牌的内涵融于实际工作。

各下属单位根据本单位品牌工作计划,在平面宣传的设计上加入公司品牌元素,放大品牌支持效应。发挥所属行业主管部门的作用,可牵头组织行业会议期间到公司参观或现场交流,对公司及行业品牌产生正向积累作用。

(四) 加强品牌视觉识别系统工作的指导、监督

避免视觉识别系统成为摆设,关键在执行。对各下属单位宣传资料的审核要严格,确保视觉识别系统的有效传播。

要优化品牌管理流程。依据公司品牌管理方案,结合方案运行的实际情况,对工作流程进行修正和完善,提高品牌管理效率。要把视觉识别系统规范的使用纳入工作内容进行常规化考核,对违反规范的行为及时制止。

八、品牌文化的管理

我们所说的品牌文化包括两个方面:品牌内涵的文化属性;以品牌为导向的企业文化。

一个品牌之所以能够建立并得以传播,其背后必然有着深厚的文化背景作为支撑,品牌文化是品牌的重要组成部分。另一方面,随着管理水平的提高,对品牌的管理逐渐过渡到文化管理模式,品牌文化管理是使品牌更有活力的有力

手段,成为更多品牌管理者的有力武器。所以,对于一个品牌来说,建立有利于品牌发展的品牌文化,并对其实施有效的管理是不可忽视的环节。

(一)品牌文化的内容

品牌文化包括:内部管理文化、产品文化、质量文化、服务文化、营销文化等。一般又将品牌文化分为三个层次:物质层次、制度层次、精神层次。物质层次是由员工生产的该品牌的产品以及产生该品牌所需的物质设施等所构成的器物层面。物质层次是品牌文化的表层部分,是形成品牌文化的制度层和精神层的基础。它主要包括:产品品牌名称、标志、广告内容以及形式,产品生产场地环境和布置风格,品牌内部的报纸、刊物、有线广播、闭路电视、宣传栏等。物质层次也是品牌经营理念、管理哲学、工作作风以及审美意识的反映。尽管物质层次是品牌文化的最外层,但它却集中体现了一个品牌在消费者心目中的外在形象。因此,它是消费者对一个品牌总体评价的起点。

制度层次是品牌文化的中间层次,它主要指与品牌经营理念和管理哲学相适应的规章、制度、组织机构等。制度层次对品牌内部所有人员的所有行为产生制约作用和规范作用,它集中体现了物质层次和精神层次对品牌成员行为的要求,是以书面形式存在的品牌文化。

精神层次是指品牌管理者和所有员工共同信守的品牌愿景、使命、价值观、行为方式以及精神风貌等。精神层是品牌文化的精髓,是在品牌产生和发展过程中形成的独有的意识形态和文化观念。正是精神层决定了物质层和制度层的内容和形式,它主导着品牌文化的发展模式,是品牌文化的核心和灵魂。

(二)品牌文化是品牌管理的有效手段

第一,品牌文化规定了品牌所追求的远大目标,引导品牌健康发展。第二,品牌文化是一股极强的凝聚力量,它可以将各个方面、各个层次的人员团结在品牌文化的周围,使品牌产生凝聚力和向心力。第三,品牌文化能够激励职工奋发进取、提高士气,重视职业道德、形成创业动力。第四,品牌文化是以一种内化规范和人际伦理关系准则,对每个员工的思想和行为起约束作用。第五,品牌文化满足了人类消费行为的文化性,是品牌营销的重要手段。

品牌管理者要从宏观的角度来进行品牌文化的管理,即建立开放性的品牌文化系统。所谓开放性的品牌文化系统,就是遵循文化的时间性和空间性特点,把对品牌文化的管理看作一个动态的过程,吸收一切可以充实和美化品牌文化的内容,从而使品牌文化既能与时俱进,又能因地制宜,以便更好地引导消费者,同时又最大程度地激起内部员工的积极性和创造性。文化具有趋光性,有着向更先进文化靠拢的天性,建立开放性的品牌文化系统正是秉持文化的这一特性,使品牌文化能够历久弥新。品牌管理者的工作就是使品牌文化包容一切有利于品牌发展的文化因素,并使它们相互融合、消除冲突,从而使品牌文化与时俱进。

品牌文化也是以品牌为导向的企业文化。强势品牌必然内化为强势文化,强势文化也必然外化为强势品牌;没有文化的品牌只能是空心品牌,最终会被市场抛弃;没有品牌的文化也最终无法落地,形成生产力。品牌战略的实施需要得到品牌文化的支持,基于品牌的企业文化能够为品牌的稳健发展提供有利的环境,能够激励整个组织大力支持品牌的发展,动员全部力量去保护品牌的核心价值,在管理层更迭的情况下也能够保持品牌管理的连续性。品牌文化与企业文化就像一枚硬币的两面,用于沟通消费者则表现为品牌文化,用于企业内部的团队建设则是企业文化。

品牌文化的设计需要从三个方面着手:首先将品牌远景中的"价值观"移植入企业文化中的"共享价值观",如果企业文化价值观不支持品牌价值观就会导致品牌成为一个虚假的承诺,所以苹果的乔布斯强调,他只会雇佣符合品牌价值观的员工;其次是在品牌识别系统中引入"企业传奇"和"英雄人物";最后是将品牌体验和文化网络结合起来,其实集团层面品牌体验中的"针对员工的文化体验"和企业文化中的"文化网络"其核心内容是相同的。另外,即便针对顾客的品牌体验也能够与文化网络产生积极的互动,如哈雷·戴维森周年团圆庆祝活动能够同时引发忠诚顾客和内部员工的深度共鸣。

九、品牌资产管理

品牌不仅仅是产品标识。品牌能为企业带来收入,所以品牌是资本,习惯上称为品牌资产。根据"资源基础论"的观点,企业的持久竞争优势是建立在资源存量基础之上的,而存量水平只能通过长期积累才能实现。根据这一理论,未来品牌管理的内容应当是积累品牌资产。

"只要可口可乐这个品牌在,即使有一天,工厂在大火中化为灰烬,那么第二天早上,企业界新闻媒体的头条消息就是各大银行争着向可口可乐公司贷款。"前可口可乐公司董事长罗伯特·伍德鲁夫曾这样说。可口可乐这个品牌的无形资产已超过了全部有形资产之和。

（一）品牌资产的含义

品牌资产是一种超越生产、商品等所有有形资产以外的价值，是企业从事生产经营活动而投入在品牌建设中的成本及其可能带来的产出。品牌资产是一种无形资产，它是品牌知名度、品质认知度、品牌联想度以及品牌忠诚度等各种要素的集合体。另外，从财务管理的角度来说，品牌资产是将商品或服务冠上品牌后，所产生的额外收益。这一额外收益来自两个方面：一是对拥有该品牌的公司感兴趣的投资者，他们的出价包含了对于品牌的估值；二是购买该品牌产品的消费者，他们的出价包含此品牌高于市场一般价格溢价的部分，同样的产品因品牌的不同而带来额外的资金流入，这种额外的资金流入就是品牌带来的效益。

（二）品牌资产的构成

前面已经说到，品牌资产是一种无形资产，它是品牌知名度、品质认知度、品牌联想度以及品牌忠诚度等各种要素的集合体。

在品牌资产金字塔中，最终能够带来丰厚的利润，获取更多市场份额的便是品牌忠诚度及其溢价能力。品牌忠诚度及其溢价是伴随品牌知名度、品牌认可度、品牌联想这三大品牌资产形成的。

（三）品牌资产的积累

我们注意到，凡世界著名品牌都保持了与消费者长期、稳定的交易关系，这种关系已经超越了以产品功能为基础的利益关系，包含了情感因素和以某种信念为核心的忠诚关系。例如，对美国人来说，喝可口可乐是一种生活方式；对中国人来说，"中华"是国烟，"茅台"是国酒。品牌管理的最高境界就是打造消费者对品牌的某种信念和在此基础上的对品牌的忠诚。品牌资产既不像有形资本那样以实物形式存在，也不像人力资本那样存在于个体之中，而是一种关系存在，是一种关系资本。社会学家把这种以关系形式存在的资本叫作社会资本，并把其与有形资本和人力资本相并列。所以，积累品牌资产就是要培养顾客对品牌的忠诚关系。

（四）品牌资产的管理

从管理学的角度认识问题，我们第一应该知道在做什么；第二，清楚做这件事情的意义;第三,知道如何拆分目标形成细化的任务;第四要有规范的长期的效果评估系统;第五要有反馈提高的总结。这是最基本的品牌资产管理过程。每一步都要有很详细的行动内容与方法。有效的品牌资产管理具备以下特征:

一是清晰、明确的近期和远期品牌资产管理目标,同时,有详细的、结构化的明细任务与目标配套,使目标可落实。

二是决策过程严格遵守逻辑判断与结构化思维原则,使管理决策在总的方向上遵循已知的品牌资产管理规律,避免主观臆断。

三是建立规范的、持续的、具有累积效应的辅助决策系统;对市场的描述与探究建立在科学与经验相结合的基础上;具备对自身行为表现与效果进行实时诊断分析的能力。

下面我们从三个方面谈品牌资产的管理。

1. 消费者

品牌是连接消费者需求、个性和产品特征之间的纽带,这种连接越自然、越亲密,就越容易被消费者接受。

目标消费者生活中的问题、需求与期望是产品开发与市场开拓所必须了解的,这样我们才能满足消费者。

在营销当中,消费者购买地点、方式、数量、时间、购买决策都对销售有重要影响,如果品牌管理没有尊重这些行为与习惯,就可能出现问题。对习惯与行为的把握对认识消费者的品牌选择与态度很有帮助。

为什么有些消费者能够影响周围的消费者?为什么有些消费者经济水平较高却对价格很敏感?这些很可能与消费者的产品类别经历和品牌经历有关系。美国有研究表明,消费者评判一个品牌的标准之一就是不能低于以往品牌的满意度,如果使用不满意,则不满意程度只要不高于以往经历即可。消费者还可以分为成熟者和不成熟者,也可以分为品牌意识较强者和较弱者。这些背景的了解对品牌与消费者的沟通很重要。

作为一种常规的市场信息,人口特征、生活形态、地理差异等变量在营销决策中历来扮演重要角色。尤其是对市场区隔与细分,更是功不可没,如果没有这些信息的了解,品牌管理就无从谈起,营销行为就不知所云。

2. 产品和服务

在品牌管理中,产品和服务已经不是企业眼中的产品和服务了,而是被消费者感知到的产品和服务,它包括三个方面:

品质感知:产品和服务的品质的最终评价权在消费者的手中,他们是怎么看的才最重要,这就是为什么产品质量不一定要无限制地提高,但一定要达到他们的要求的原因。

成本感知:消费者得到产品和服务不仅仅要付出价钱,还要付出相关的比如交通、信息查询等成本,综合付出的不同使得消费者的选择千变万化。这里,成本与溢价的比例就可能起到决定作用。

需要感知:主要包括消费者的需要与产品提供的功能是否有差距?品牌表现如何?

3.品牌资产测量与评估

从以下几个方面测量和评估品牌资产是品牌资产管理的重要内容。

品牌知名度:高知名度可以占领销售制高点,这对品牌进入购买考虑范围非常重要。根据艾伦伯格的研究,在大多数情况下,某品牌在一个地区更受欢迎,那么在别的市场也是受欢迎的,没有在这个区域更流行,那么在别的区域也很难受欢迎。要受消费者欢迎,没有品牌知晓度是万万不能的。品牌资产的管理可以不断提高品牌在消费者中的知晓度,占领制高点。

品牌认知度:品牌沟通的一项重要任务就是传播品牌特性及给予消费者的利益,品牌知晓度只是让品牌进入考虑范围,在选择过程中,消费者比较倾向于买自己熟悉的产品。这也是我们反复强调在品牌创建中要"持续和一致"重要原因。

品牌忠诚度:品牌忠诚度直接关系到消费者对品牌的选用或放弃。企业对这一指标的监测能为营销活动带来很多意想不到的洞见。

(五) 品牌资产管理的一般方法

从品牌资产的定义可以看出,要想让品牌成为资产的一部分,就必须对品牌实施资产化管理,通过不断地对其进行投入来维护和巩固其价值。品牌资产管理要从构成品牌资产的几个要素入手,具体方法如下:

1.建立品牌知名度

品牌知名度的建立至少有两个作用:第一,消费者从众多品牌中能辨识并记得目标品牌;第二,能从新产品类别中产生联想。如何建立品牌知名度,前文已有详细论述。

2.建立品质认知度

消费者对品质的认知度完全来自产品或服务,它并不完全是指产品或服务

本身,同时也包含了生产品质和营销品质。建立品质认知度可从以下几个方面着手:

(1) 注重对品质的承诺。企业对品质的追求应该是长期的、细致的和无所不在的,决策层必须认清其必要性,并动员全体员工参与其中。

(2) 创造一种对品质孜孜追求的文化。好品质不是某个环节就可以完成的,所以最好的办法是创造出一种对品质不懈追求的文化,让文化渗透到每一个环节中去。

(3) 增加培育消费者的投入。经常关注、观察、收集目标消费者对不同品牌的反应是不可或缺的,公司要强化对消费者需求变化的敏感性。

(4) 注重创新。创新是唯一能够变被动为主动,进而去引导消费者的做法。

3. 建立品牌联想

品牌联想大致可以分为几方面:产品特性、性价比、使用方式、使用对象、生活方式与个性、产品类别、比较性差异等。品牌故事是建立品牌联想的重要途径之一。

4. 维持品牌忠诚度

对于一个企业来讲,开发新市场、发掘新的顾客群体固然重要,但维持现有顾客品牌忠诚度的意义同样重大。

维持品牌忠诚度的通常做法有:

(1) 给顾客一个不转换品牌的理由。比如推出新产品,适时更新广告来强化偏好度,举办促销等,让消费者不产生品牌转换的想法。

(2) 努力接近消费者,了解市场需求。通过定期的调查与分析,了解消费者的需求动向,进而根据动向调整产品、营销策略。

(3) 提高消费者的转移成本。一种产品拥有品牌附加值越高,消费者的转移成本就越高。因此,可有意识地突出一些转移成本,以此提高消费者的忠诚度。

提升品牌资产价值,从根本上讲要从企业内部挖掘潜力,通过内部的努力改变外部环境。

要切实转变观念,真正树立起品牌意识,凯恩斯说,观念可以改变历史的轨迹。对于一个企业来讲,观念可以改变品牌的命运。现实中,很多企业把品牌喊得很响,但是真正涉及投入品牌资产时,却只看成本,不看收益,也没有长期建设品牌的打算，不能真正从内心认识到建立品牌资产的长远意义，因此，转变观念就显得尤为迫切。

品牌资产价值的提升需要长期不断地投入。现代企业核心资产日趋无形化，无形资产尤其是品牌资产逐步成为企业价值的主体。所以，建立和提升品牌资产价值应该有长远的眼光和打算，眼睛不能只盯在眼前利益上，要舍得去投入人力、物力和财力。

十、品牌的架构管理

一个企业中有多个产品品类，这些品类是用一个品牌名称还是多个品牌名称？如用多个，这些品牌之间如何组合才能有效利用资源？一个新产品上市，是建立新品牌还是沿用原有品牌？收购一个公司，是用收购公司的品牌还是沿用原来的品牌，或者两者都不用，重新创建一个？这些都涉及品牌的架构管理。

品牌架构是指企业中不同产品品牌的组合，它具体规定了各个品牌的作用、各品牌之间的关系，以及各品牌在品牌体系中扮演的不同角色。合理的品牌架构有助于企业实施差异化的多品牌管理策略，减少消费者对企业复杂品牌体系的认知困扰；有助于企业有效协同经营品牌，更加合理地在各品牌中分配资源，降低品牌运营成本。

企业的品牌架构一般包括单一品牌架构、主副品牌架构、多品牌架构三种形式。企业品牌与产品品牌的关系，也包括从紧密联系到相对独立等多种形式。

多元化企业一般由主品牌、一系列产品受托人、托权品牌、副品牌和复杂的附属品牌构成。依据企业品牌与产品品牌关系的紧密与独立程度，可分为单一品牌、副品牌、受托品牌、多品牌管理架构。

（一）单一品牌架构

单一品牌架构是指企业生产和经营的几种不同产品统一使用一个品牌名称。无论产品品种、性质、功能、目标市场和定位有什么不同，统一使用一种品牌。通用电气、飞利浦、松下、沃尔沃等企业采用的都是单一品牌架构，公司品牌与产品品牌统一。

1. 单一品牌策略的种类

（1）产品线品牌策略。

企业赋予同一产品线上的产品同一种品牌。如："金利来，男人的世界"，金利来公司生产的皮带、皮包、钱夹、T恤衫、毛衣、西装、裤子、花边、领结、领带夹、皮鞋等男士服饰。该策略的优点很多，主要有以下几点：利于创建统一的品牌形象，提高品牌知名度，增强品牌的销售影响力；易于产品线的延伸；可节约促销费用，取得品牌规模效益。该策略在运营中的缺点也很明显，包括：产品线总是有限的，限制了已有品牌运用的范围；若其中一种产品出问题，其他产品的销售也会受到不良影响。

（2）范围品牌策略。

企业对具有同等质量或同等档次不同商品使用统一品牌。如：一个制药企业有多条药品生产线，生产各种不同功效、适用不同人群的药品，但这些不同的药品中同一档次的都采用同一种品牌。其他如日用品、食品等也可以实施范围品牌策略。它的优点有：避免信息传播泛滥；集中进行统一的品牌宣传，新产品上市费用大大降低；利于树立品牌稳定的质量形象，不会产生质量错位的现象。缺点有：随着产品数量的增多，品牌的透明度会受到影响，人们不知道品牌具体代表的产品，品牌覆盖产品范围越广，问题越严重；所有产品使用统一的沟通主题，各种产品的具体特点反映不出来，个性不够鲜明。

（3）伞形品牌策略。

企业生产的所有产品均使用一个品牌，而这些产品的目标市场和市场定位可能都不一样，产品宣传的创意和组织活动分别单独进行。它的优点有：能充分发挥单一品牌的作用，特别是名牌的效应，向不同市场扩张；公司集中使用资源，加强核心品牌的主导地位；具体产品的宣传，可根据市场定位和产品特点进行，因而基层开展促销有较大的自由和针对性。缺点有：实施过程中容易忽视产品宣传；品牌在同一档次产品中的横向延伸一般问题不大，但向不同产品档次的纵向延伸较困难，因为纵向延伸意味着品牌要囊括不同质量和水平的产品。

2. 单一品牌策略运用的条件

这一策略的运用前提是，进行准确的品牌定位并界定品牌使用范围，使定位一次涵盖现在与未来；对于企业推出的新产品，应在同类产品中具有相当强的实力。企业在使用单一品牌策略推出新产品时，必须考虑新推出的产品与该企业已有的成功品牌之间的关联度。

3. 单一品牌架构发展与管理策略

单一品牌架构适用于市场同质化程度高、市场定位明确、有固定目标消费群的企业;适用于技术先进、产品品质优良、在行业中处于领先地位的成熟企业;适用于产品在市场上有一定占有率、拥有强势品牌的企业。在工业类产品中,单一品牌对于产业相关性较高、客户消费模式相近的工业企业更为适用。在消费类产品中,如果企业的目标消费群体明确,客户对品牌的情感价值和功能价值需求相似,也可以运用单一品牌。如香奈儿这样的奢侈品品牌,由于全球范围内的客户群体消费特征类似,单一品牌策略将有助于企业更高效地进行全球品牌营销。

(二) 主副品牌架构

主副品牌策略是指企业在进行品牌延伸时,对延伸产品沿用主品牌的同时,新增一个副品牌的做法。如:"康佳—七彩星","长虹—红太阳","海尔—小小神童"等都属于主副品牌策略,"副品牌"在这里往往能起到"画龙点睛"的作用。

1. 主副品牌策略的优缺点

优点:副品牌能直观、形象地表达产品的优点和个性;能够减少宣传费用,增强促销效果。

缺点:同一产品的品牌层次过多,不容易形成企业要强调的重点,使用不当可能使产品变成一种"四不像";某一产品的失败,很可能会影响主品牌的形象和声誉,从而影响到主品牌下的其他产品。

2. 主副品牌间的关系

在品牌传播过程中,重点宣传主品牌,副品牌处于从属地位;副品牌应直观、形象地表达产品的优点和个性,使主副品牌形象更加丰满;主副品牌的中心应该是主品牌,副品牌要紧紧围绕着主品牌这个中心。

它的必要条件是:主品牌价值高,但又不足以突出所有子产品的个性。

3. 主副品牌策略运用的条件

若企业生产经营的是同一类型的产品,而且企业所处的行业市场竞争激烈,产品使用周期又较长,这种情况下,可以使用主副品牌策略,如家电行业;或企业生产经营的产品生命周期较短,但产品升级速度较快则也可采用主副品牌策略,如 IT 行业。

主副品牌架构指企业以一个主品牌涵盖企业的系列产品,同时针对不同产品设立副品牌,以副品牌来突出不同产品的价值定位和个性、形象。

全世界位列前 20 名的日用品品牌中,有 52% 的产品使用主副品牌架构。如在汽车行业,本田公司以本田为主品牌,雅阁为副品牌,本田品牌为雅阁品牌车作注释。说到品牌注释,在形式上,往往采用"别克——来自上海通用汽车"、"潘婷——宝洁公司优质产品"等形式的背书品牌战略。联想、海尔等国内企业也都采取主副品牌架构。

4. 主副品牌架构发展与管理策略

主副品牌架构适用于主品牌的品牌价值高,但客户群体价值需求差异化较大的企业。在一些行业,企业所涉及的产品在功能上和所提供的利益上差异很大,统一的品牌会让消费者混淆。这时,企业可以通过主副品牌策略进入不同的客户群体市场,或吸引偏好差异较大的消费群。

主副品牌架构中,主品牌可以承担不同的角色。

一是驱动角色。驱动性品牌是指能够促使消费者作出购买决策的品牌。比如宝马 7 系,对大多数消费者来说,宝马是驱动品牌,因为他们在作购买决策时,首先想到的是由宝马所体现的价值,而不是某种具体车型所传递的价值。

二是担保角色。担保性品牌是指能为所承诺的内容提供支持和信誉保证的品牌。由于公司品牌通常代表的是一个拥有人员、文化、价值和方案的组织,非常适合于扮演担保者的角色。

5. 主副品牌的创建策略

企业需要根据组织发展战略确立企业的产品发展战略,制定相应的品牌发展战略。如果企业已经建立了一个具有相当影响力和稳定性的企业主品牌,并希望在企业的主品牌之下再创建新的产品品牌,可以采取主副品牌的发展模式,通过描述品牌策略、背书品牌策略、联系品牌策略、独立品牌策略四种方式创建子产品品牌。

对于主副品牌的创建,取一个具有战略价值的名称是第一步。为了使它们发展成为一个品牌,企业还必须通过系统的品牌规划与品牌经营,在产品名称中植入品牌的核心价值基因,有效承载和传达企业的价值观以及产品所提供的核心的功能利益、情感利益和独特的个性认知。

(1) 描述品牌策略。

描述品牌策略指在企业的主品牌上添加描述,创建出新的子品牌。此方法主要指企业将主品牌作为最强大的品牌资产,而仅仅在其后附加一个简单的短语描述产品的特点。例如,"蒙牛优酸乳"就是一个典型的描述型名字。"优酸乳"是一种通用的乳品名称,不能成为注册商标,但是明确解释了产品所包含的内容。在这里,蒙牛的策略是放弃添加二级品牌认知,而是把焦点放在企业主品牌上,以激发消费者心中的正面品牌认知。

(2)背书品牌策略。

背书品牌策略指企业建立一个全新的品牌,但仍然使用企业的主品牌予以背书,以增强消费者的品牌认知和品牌认同,有效维护和发展新品牌。中粮近年建立的"悦活"果汁品牌,由"中粮出品"作为品牌背书,就是实例。

(3)联系品牌策略。

联系品牌策略指企业将主品牌的一部分名字与产品描述结合在一起,以充分利用主品牌的力量。雀巢公司推出的 Nescafe(雀巢咖啡)、Nestea(雀巢茶产品),都使用了这种策略。联系品牌策略能够建立与母品牌保持一种半独立关系的品牌。对于拥有强势主品牌的企业,联系品牌策略既能建立与主品牌的关联,又有利于建立差异化的品牌价值和个性形象,是一种比较有特色的品牌创建策略。

(三) 多品牌架构

多品牌策略就是给每一种产品冠以一个品牌名称,或是给每一类产品冠以一个品牌名称。如:宝洁公司的洗发水有海飞丝、飘柔、潘婷、沙宣等品牌,通用汽车公司有凯迪拉克、别克、雪弗兰、庞蒂克等品牌,广东科龙公司有容声、科龙、华宝等品牌。

1. 多品牌架构的优缺点

优点:多品牌具有较强的灵活性;多品牌能充分适应市场的差异性;多品牌有利于提高产品的市场占有率。

缺点:管理难度加大;投入成本高;导致内部各品牌之间的竞争。

2. 多品牌策略运用的条件

在准备采用多品牌策略时,企业应注意以下几方面条件是否成熟:消费者的感知、企业自身的能力、竞争状况、行业特征。

3. 多品牌架构发展与管理策略

多品牌架构适用于多元化发展的大型企业。大型企业组织结构复杂,产品线广,产品种类多,且针对不同市场,客户消费模式差异明显,产品定价水平各异,适宜采用多品牌架构。同时,大型企业实力相对强大,资源多,管理能力强,可以通过完善的品牌组织建设和制度体系建设,确保有效的品牌运营管理,从而保障对多个品牌有充分的资源投入和品牌间的有效协同。

企业发展多品牌架构,产品品牌都是独立存在的,基本上与企业品牌之间不存在联系或支持关系,各个品牌的价值属性和品牌个性形象通常差异明显,易于形成有效区隔,避免相互干扰。多品牌策略也有利于企业以创新产品契合创新品牌,以新的品牌价值定位和个性形象开拓新的客户市场,创建新的战略发展领域。

(四) 品牌关系谱

1. 影子托权战略

企业品牌根本不出现在产品包装及产品广告上。当一个低一级形象品牌进入高一级市场时,会受到消费者的质疑。当企业品牌的联想对于产品品牌的推广没有什么帮助甚至不利于产品品牌推广时,应采取影子托权战略,割裂产品品牌与企业品牌的关系。

2. 担保品牌战略

担保品牌是指企业品牌出现在产品包装不起眼的位置,企业宣传与消费者识别的重心是产品品牌,企业品牌只是对独立的产品品牌起担保或支持作用,主要告诉消费者担保品牌是产品品牌的制造商、供应商,以获得消费者的信任。

3. 共同驱动品牌战略

产品同时使用公司品牌和产品品牌两个品牌,两者在企业宣传和消费者识别的重心上难分伯仲,公司品牌和产品品牌共同驱动消费者作出购买决策。企业品牌主要起到让消费者对新产品认同、接受、信任的作用,产品品牌则起到张扬产品个性、突出新产品的作用。

4. 联合品牌战略

联合品牌是两个或更多不同所有者的品牌使用在同一个产品上。与其他品牌的联合是希望借助其他品牌的信誉度、美誉度、权威性提升本品牌的形象和价值。

联合品牌的使用有以下几种情况:

(1)"产品品牌＋成分品牌"。成分品牌是供应商为其下游产品中必需的原料、成分和部件建立的品牌。使用成分品牌有助于提升成品品牌的品质认知度,只有成分的品质卓越不凡,成品厂商才会允许协助推广和采用成分品牌。

（2）"产品品牌＋证明商标"。证明商标是对某种商品或服务具有检测和监督能力的组织注册、控制的,证明商标比普通品牌更具权威性。

（3）"产品品牌＋联合品牌"。竞合理念是现代市场经济的新思维,体现在品牌战略上就是联合推出新品牌,实现合作双方优势互补,提高品牌的竞争力。

（五）品牌架构中品牌地位的分析与管理策略

创建一个强大的品牌架构并没有一个统一的答案和方法。因为每个公司的情况都是独特的,在这种情况下有效的方法在另外一种情况下也许就会不适用。公司在发展,市场和消费者也在变化,管理者要在战略层面上对公司的品牌架构随时进行评估,并适时作出调整。一方面要创造新品牌成长的机会;另一方面要适时清理势弱而多余的品牌,以集中资源促进强势品牌的成长,同时让整体的品牌架构始终清晰。

根据各品牌在品牌架构中的地位,可以将品牌分为放弃品牌、奶牛品牌和战略品牌三类,然后根据品牌所属类别的不同,配置不同的资源,确定不同的品牌管理模式。

1. 放弃品牌

是指在一个没有吸引力的市场上处于弱势地位的品牌,或者是不适合公司长远发展的品牌。这些品牌所处的市场可能已经饱和,利润微薄,销售业绩平平甚至开始下降,或者品牌在市场上缺少独特性,而制定并实施能扭转形势的战略需要巨额投资。在这种情况下,应该考虑减少对这些品牌的投资,甚至放弃这些品牌。

2. 奶牛品牌

是指那些虽已出现疲态,但仍具有一定优势的品牌。这些品牌或许有一定的核心顾客群,仍能提供可观的利润。由于这些品牌几乎不需要继续投资就可以维持下去,因而它们能提供大量的现金流用以支持其他品牌。

3. 战略品牌

是指对公司未来绩效有重要影响的品牌。其重要性在于,首先,未来这些品牌能带来可观的销售额和利润。这些品牌有的已经是主导品牌,它们正打算维持或提高其市场地位;有的虽然目前还很小,但正朝着成为主导品牌的目标迈进。其次,这些品牌可能是其他业务或公司未来发展成败的关键,需要企业投入更多的资源来帮助它发展壮大。

十一、品牌的延伸管理

品牌延伸是一个常用的成长战略。品牌在消费者头脑中已经形成自己的内涵与联想，这种内涵的相关性和激励作用如果加以延伸利用，将会为公司创造巨大的效益。

品牌延伸是指企业将某一知名品牌或某一具有市场影响力的成功品牌扩展到新的产品上，凭借现有成功品牌推出新产品的过程。菲利普·科特勒对此的定义是："把一个现有的品牌名称使用到一个新类别的产品上。"

（一）品牌延伸的种类

一是大类延伸：指将主品牌延伸到不同于已有品牌产品类别的品牌延伸。苹果是个很典型的案例。过去苹果是计算机软硬件制造商，但是苹果超越计算机领域并持续创新，成为数字媒体制造商。

二是产品线延伸：主品牌用于延伸的产品与原产品同属一个类别，但定位于不同的细分市场。如推出新款式、新口味、新色彩、新配方、新包装的产品。

戴维·阿克曾指出，由于市场竞争日渐激烈，广告成本支出上升，使得新产品开发上市成功之机会日益降低。由于新产品上市成功率降低，许多企业于是改为采用产品线延伸策略；产品线延伸已具有品牌延伸之策略意义。娃哈哈从营养液到果奶的延伸即属于产品线延伸。

（二）品牌延伸的优缺点

优点：品牌延伸可以借用成熟品牌的知名度和影响力，使新产品很快打开市场，节约新产品市场导入的费用，节约营销成本；同时，品牌延伸可以丰富品牌旗下的产品线，给消费者带来完整的选择，给品牌注入新鲜感；品牌延伸有助于品牌资产与价值的提升，树立行业综合品牌形象；不同产品各自在市场上取得成功的美誉相互呼应声援，有助于拔高品牌形象。

缺点：一是原本清晰的产品形象变得模糊不清；二是品牌延伸降低了品牌在原来市场的专业化形象；三是万一个别产品在其市场上失败，会给其他产品带来损失，有损综合品牌形象。

（三）品牌延伸策略

分析品牌延伸成功与失败的案例，可以看到品牌延伸的规律："关联性"是品牌延伸时要考虑的关键因素。关联性越强,成功的概率越大。

一是在产业上延伸。从产业相关性分析,可向上、向下或同时向上向下延伸。这种延伸方式,为材料来源、产品销路提供了很好的支持。

另一种是产业平行延伸,一般适用于具有相同(或相近)的目标市场和销售渠道,相同的储运方式,相近的形象特征的产品领域。这样一方面有利于新产品的行销;另一方面有利于品牌形象的巩固。

二是在产品质量档次上延伸。包括三种延伸方法。

向上延伸,即在产品线上增加高档次产品生产线,使商品进入高档市场。

向下延伸,即在产品线中增加较低档次的产品。利用高档名牌产品的声誉,吸引购买力水平较低的顾客慕名购买这一品牌中的低档廉价产品。不过如果原品牌是知名度很高的名牌,这种延伸极易损害名牌的声誉,风险很大。

双向延伸,即原定位于中档产品市场的企业掌握了市场优势以后,决定向产品线的上下两个方向延伸,一方面增加高档产品,另一方面增加低档产品,扩大市场阵容。

三是其他相关延伸,也叫扩散法延伸。这对于刚成长起来的名牌非常有意义。它有四层含义:一是单一品牌可以扩散延伸到多种产品上去,成为系列品牌;二是一国一地的品牌可扩散到世界,成为国际品牌;三是一个品牌再扩散衍生出另一个品牌;四是名牌产品可扩散延伸到企业上去,使企业成为名牌企业。

(四) 品牌延伸的时机

品牌延伸的机会应该建立在品牌的情感特征之上,而不是物理或产品特性。成功的品牌延伸往往要选择好的延伸时机。

什么时候采用品牌延伸?

延伸品牌没有不良联想、延伸品牌与原来产业关联度高、企业广告投入有限、市场竞争并不非常激烈时是延伸的时机。

什么时候不采用品牌延伸?

原有品牌已经成为行业代名词,在新行业不具备核心竞争力时不采用品牌延伸策略。

(五) 延伸的规律

品牌延伸作为一种商业手段,其本身并没有好坏之分,而只有适不适合特定企业、特定市场的问题。品牌延伸策略的使用有一些规律可循。

（1）消费者对核心品牌的认知以及延伸产品与核心品牌之间的关联性，两者的不同决定了品牌延伸的范围。

高功能—高层次品牌，在技术、互补、替代、价值上延伸，较少受到限制，成功的机会比较大。比如，劳斯莱斯轿车向私家游艇延伸就是一种技术性、价值性延伸，而向专用轿车配件延伸则是互补性延伸，向另一型号豪华轿车延伸则是替代性。

高功能—低层次品牌，应选择技术性、互补性、替代性延伸，而不宜选择价值性延伸。如松下，其可以很成功地进入到各类电子产品上，却很难在名贵香水、高档时装上有所作为。

低功能—高层次品牌，只能采用价值性延伸，此外也可以向替代性产品进行延伸，但有一定的难度和风险。如高档洋酒，可以推出其他名贵产品，同时也可以延伸至另一款功能相似、档次相当的洋酒上。

低功能—低层次品牌，从理论上讲，延伸困难很大。但是，若要延伸，在互补性与替代性上如果操作得当，也能够获得成功。

（2）高品质、层次的品牌比一般品质、层次的品牌有更强的延伸力。消费者一般认为拥有高品质、高档品牌的企业会更有信誉、技术水平更高、服务质量更好，更珍惜自己的声誉，推出的产品更有保障，更值得信赖。即使延伸产品与品牌间的配适度不高，相对于一般品质品牌来说，消费者更容易接受高品质品牌的延伸产品。

（3）抽象性品牌比具象性品牌有更强的延伸力。抽象性品牌给消费者带来的主要是情感性利益、价值自我表现性利益，使人对品牌有抽象的联想，品牌延伸较少受产品种类的约束。品牌内涵越抽象，品牌的延伸力就越大。具象性品牌给消费者带来的主要是功能性利益，品牌的延伸力较小，即使有时主导产品与延伸产品有很强的相关性也更容易产生不愉快的联想。

（4）垂直延伸经常会失败。垂直延伸是指企业通过品牌延伸推出低档产品或高档产品，以进入低品质产品市场或高品质产品市场。对企业来说，将高品质品牌向低品质产品市场延伸，这种延伸很容易得逞，但这种延伸很容易损坏品牌的高品质形象，失去高品质品牌的老顾客，而失去老顾客对企业造成的损失是难以弥补的。低品质形象品牌向上延伸则比较困难，因为很难改变消费者对原品牌的印象。

十二、品牌的危机管理

品牌是企业的一项重要资产,品牌资产来源于品牌影响。品牌危机由品牌事件演化而成,是品牌联想朝着不利于品牌的方向变化的状态。品牌危机事件具有突发性的,必须在时间压力下作出决定的,高度威胁品牌主要价值的事件。如果负面事件得到很好处理,就不会演化为品牌危机。

危机管理是企业为应对各种危机情境所进行的规划、调整、化解等活动的过程,其目的在于消除或降低危机所带来的威胁和损失。危机管理是科学,也是艺术。它既要建立规范的组织和流程,也要因时因地而变。危机管理的最高境界是防患于未然,化危机于无形。

(一) 品牌危机的特征

(1) 突发性。品牌危机往往是突然发生的。在品牌运营过程中,一旦发生品牌危机,企业形象将严重受损,消费者对品牌的信任度急剧下降。

(2) 蔓延性。在市场经济中,各个利益组织息息相关,所以危机发生将会带来相应的成片反应,影响不同组织的相关利益。

(3) 破坏性。品牌危机的发生在本质上或事实上将产生一定的破坏作用,损害到消费者、企业、社会公众的利益。此时,从企业管理者的角度来看,品牌危机的危害性可能直观地表现为品牌市场价值的大幅度下降或企业信誉乃至企业整体形象受损。

(4) 被动性。由于信息不对称或是沟通系统失灵,信息无法迅速传递给危机处理者,使处于危机中的企业会因为时间仓促,过度紧张而失去理性的判断,使自己陷入完全被动的局面中。

(二) 品牌危机的类型

1. 品牌危机按性质分为三类

(1) 产品质量问题引发的危机。由于产品质量直接关系到公众的安全或健康问题,所以该类危机事件往往非常引人关注。

(2) 广告传播引发的危机。一般为夸大宣传,或传播中的其他错误引起。

(3) 其他非产品质量引发的危机。这类问题多由于企业内部某方面失误而引起的经营危机和困难。对于这类事件公众的关注程度较低。

2. 按形态分类为:突发性和渐进型两大类

(1) 突发性品牌危机。指公司在品牌管理中突然爆发了令企业措手不及的危机,危机一旦爆发,消费者对品牌的信任度也急剧下降,进而对企业产品产生抵触,拒绝购买,导致企业产品滞销,直接危及企业的生存。

(2) 渐进型品牌危机。渐进型品牌危机其发展是循序渐进的,不爆发则已,一旦爆发则具有毁灭性,难以挽回,其主要类型有:品牌战略制定和执行失误。品牌延伸策略失误。品牌扩张策略失误。品牌内外部环境恶化。品牌的内部环境是指品牌持有公司的内部状况;品牌的外部环境主要包括消费者、竞争对手、分销商、市场秩序、舆论和宏观环境等。

3. 根据危机产生原因来划分

(1) 直线式危机。这类危机可以找到直接引发原因。

(2) 传媒式危机。由于大众传播媒介对于某些事件的报道导致。

(3) 矩阵式危机(由多方面因素共同所致)。

4. 根据波及范围分类

(1) 系统危机。多由外界因素引发。但也并不排除内部原因。

系统危机的特征:波及广、影响大;内部的各微观单位被牵涉在内;可控性弱;不可预见性强。

(2) 非系统危机。内部因素所致较多,影响范围小,大多可控制。

(三) 品牌危机管理

1. 品牌危机预防

品牌危机管理的首要任务是防范。作为一个管理过程,它不仅表现为企业内部的品牌危机监测、跟踪和预警系统的建设与运作;更为重要的是,它必须将品牌危机的防范意识渗透到企业经营管理的全过程中。

品牌危机的防范包含两层含义:第一层是指品牌危机的避免,即排除潜伏的品牌危机,把危机消灭于萌芽之中;第二层是指针对引发品牌危机的可能性因素,事先制定各种危机处理预案。

因此也可以说,品牌危机防范的两层含义实质上是品牌危机防范的领导防线。

2. 品牌危机的预警系统

(1) 建立危机管理小组。在公司组织架构中明确设立关于品牌危机的常设和非常设相结合的组织系统。它包括了危机管理委员会,这是最高层次的非常设机构。一般由公司的最高领导担任组织领导。公司相关领导是该委员会的成员。他们应善于沟通、严谨细致、处乱不惊、具有亲和力,能够统揽全局,迅速作出决策。

品牌危机管理的常设机构一般是执行危机管理办公室。它一般包含竞争情报系统、品牌管理系统、战略管理系统、公关媒体管理系统、客户管理系统等。一旦危机产生时,它涉及的层面很广。

(2)建立信息监测系统。建立信息监测系统一方面可对竞争对手、市场、媒体、消费者的信息进行跟踪;另一方面可对品牌及公司内部产品、制度、推广等行为进行监测。一旦发现不利于品牌的信息及时上报危机管理小组。

新闻媒体左右社会舆论,他们的态度关系到企业的声誉和形象。平时要主动联系,搞好媒体关系。

(3)建立品牌自我诊断制度。品牌管理小组需要定期对时间段内的品牌运用进行诊断,查看是否脱离了品牌的发展方向或者背离了品牌的核心价值、理念以及对消费者的承诺。

(4)开展危机管理教育和培训。树立危机意识,在企业内树立群体品牌危机感,严格监控企业运营各环节,建立危机预警系统。危机意识是一种对企业环境时刻保持警觉并随时作出反应的意识。危机意识一定程度上是企业发展的原动力。在传媒高度发达的今天,信息传播一日千里,任何一个坏消息都会以最快的速度向全国乃至全世界扩散,甚至带来灭顶之灾。企业中的每个人都必须清楚,所有的不当行为都可能导致危机,必须把公司潜在的危机规避到最小。任何一个人都可能因失误或失职而将整个公司拖入危机。人人都应"居安思危",将危机的预防作为工作的组成部分。

(四) 危机事件处理

品牌的成长正如生命的成长,各种风险和危机都可能发生。在竞争愈发激烈、资讯传播系统异常发达的当今社会,危机如果不能正确处理,哪怕是一件很小的事情都会给品牌及企业声誉造成巨大的损害,甚至从此一蹶不振,走向衰亡。因此,有效的危机管理已经成为企业成长的必需技能。

由于种种原因,企业常常在危机出现时手足无措,甚至决策错误,措施不当,不仅无助于危机的消弭,反而使事情朝着不利的方向发展,甚至于无法控制,使多年建立的品牌毁于一旦。

危机出现后最不应有的态度和做法如下:

一是无视消费者情感,态度粗暴。

二是推脱责任,百般辩解。

三是鸵鸟政策,侥幸心理。鸵鸟政策是经济管理学中的名词,是根据鸵鸟的习性而来。据说鸵鸟是一种很有趣的动物,当它遇到危险的时候,就把头埋到沙土里,以为这样别人就看不见自己了,殊不知,自己大大的屁股露在外面,更加引人注目。鸵鸟政策指的就是在周围环境发生变化时,企业充耳不闻,自欺欺人,管理政策不能及时随之变化,从而导致决策失误。

面对危机,企业切不可模仿把头埋在沙土里的鸵鸟,那样即使回避得了一时,却可能为更大的危害播下了种子。

品牌危机事件处理原则如下。

1. 快速反应原则

以最快的速度启动危机处理计划,力争在 24 小时内将处理结果公布,如果危机发生时不能在 24 小时内对其作出反应,就会造成信息真空,让各种误会和猜疑产生。

2. 积极主动原则

任何危机发生后,都不能回避和被动性应付,而要积极地直面危机,有效控制事态。可任命专门负责的发言人,主动与新闻界沟通,并且可开辟高效的信息传播渠道。互联网的高度发达使每个人都有可能成为信息传播的源头,任何一点侥幸都有可能成为灾难。

3. 真诚坦率原则

"家丑不可外扬"是中国固有的一个观念,这种观念被应用到企业危机管理中则会造成比危机本身更为严重的影响,企业不但继续受到危机的影响,而且还会出现诚信危机。通常情况下,任何危机的发生都会使公众产生种种猜测和怀疑,有时媒体也会夸大事实。危机品牌要想取得公众和新闻媒介的信任,必须采取真诚、坦率的态度。因为越是隐瞒真相越会引起更大的怀疑,态度不端正也会引起公众的反感。

4. 统一口径原则

危机处理必须冷静、有序、果断,指挥协调统一,宣传解释统一、行动步骤统一,而不可失序、失控,否则只能造成更大的混乱,使局势恶化。

5. 全员参与原则

搞好内部公关,以争取内部员工的理解。企业员工不是危机的旁观者,而是参与者,做到"群防群治,群策群力"。让员工参与危机处理,不仅可以减轻企业震荡,而且能够发挥其宣传作用,减少企业内外压力。

6. 人道主义原则

危机在很多时候会造成人身财产损失。即使其不应当要求企业负责,企业也应本着人道主义的原则,对造成的财产损失给予相应的补偿,对造成身体伤害的人员及时救治。

7. 权威证实原则

如果危机事件中确实存在误解与不实,应在真诚坦率的原则下,通过权威部门的数据说明问题,争取公众的理解。

品牌危机具体处理如下。

一是危机发生之后,最迫切的任务就是表明企业的立场。企业应该表明的态度是:承认错误、接受批评、积极挽救、沟通理解、化解敌意、重建信任。

首先,要高姿态承担责任。危机公关的核心内容是:如何承认错误、如何承担责任、如何改进。危机公关是良心的公关,是基于企业经营理念的公关。要针对企业形象受损的内容和程度,重点开展弥补形象的公关关系活动,向公众进行有针对性的说明,欢迎公众的参观和了解,告诉公众企业新的工作进展和经营状态,以过硬的产品质量和一流的服务重新征服公众。只有良好的企业形象重新建立时,危机公关才能谈得上功德圆满。其次,要坦白危机真相。企业坦诚的结果,不仅不会使消费者背离,反而让关心企业的人消除顾虑,重新树立对企业的信心,赢得更多的口碑。敢于面对自身的失误,分析原因,寻找差距并及时改进,是企业最基本的经营理念。

二是企业领导要高度重视,表明态度。危机公关的主角应该按照危机的影响程度和范围来确定。一般来说,高层人物的出面,会使品牌危机管理公关传播的效应更好,对危机解决进程起关键性作用。

三是争取权威机构的坚定支持。危机时,他们的结论才是公众所相信的,千万不要简单的自己说自己对。

四是加强与公众的沟通。危机事件会伴随着种种猜疑不断发展,企业要注意及时地把最新情况与进展通报给媒体,也可以设立专门的信息沟通渠道,方便新闻媒体和社会公众的探询,为真相大白做铺垫。

危机往往造成信息失真。一方面是消费者的投诉反映;另一方面是新闻媒体的报道,危机容易逐步升级。因而,危机公关应该注意及时并有针对地与传播渠道沟通,争取媒体的理解与支持,使信息传播的负面效应降到最低。如果条件成熟的话,可以邀请消费者代表赴企业参观,尤其是忠实的老顾客,以企业自身实力说话,并通过他们之口影响到企业无法控制的人际传播范围。

五是品牌危机后续管理。品牌危机事件的结束不应该成为品牌危机管理的结束。企业应该对事件进一步调查分析,对内完善危机预警系统,加强内部沟通,恢复员工信心。对外加强传播沟通,担负社会责任,重塑企业形象。

十三、品牌管理的内外力量

品牌塑造和管理的主要力量在于企业内部。在品牌领袖的精神影响下,全员参与品牌管理和塑造;在品牌企业达到一定的规模之后,根据需要,考虑是否建立自己的专业的品牌规划管理部门。无论是否建立内部的品牌规划管理部门,都要考虑是否借助外力——品牌顾问公司来帮助塑造和管理品牌。

品牌管理究竟是自己内部组建部门负责,还是邀请"外脑",选择品牌管理公司负责更为合适,应视企业自身情况而定。它取决于企业的发展阶段、业务性质、经营规模、自身实力等因素。在重视并实施品牌管理的企业当中,有些企业设有诸如品牌管理部或企划部来全权负责自身品牌管理工作,部门内配有相关规划、管理、设计等工作人员。这样的好处在于内部人员对公司业务更熟悉,工作时响应速度也会更快。但不利之处也是显而易见的,因为,企业较难吸收外部专业的、有价值的、创新性的思想及信息,品牌管理思维往往局限于行业范畴,难以有进一步突破,而自身品牌管理人力、财力、物力成本也会增加,整体性价比不高。

邀请"外脑"可针对包括品牌战略规划、方案策划、形象设计以及具体推广进行设计、管理。专业的品牌管理公司可使企业将更多人力、物力投入到自己熟悉的经营管理工作中,自身仅需设少量品牌管理人员负责规划、引导、监督、实施。这样可以结合企业内部实际情况,吸收外界创意,很好地做到内外优势互补,推动企业品牌塑造和维护。

应该选择与品牌发展相适合的品牌管理公司,不应该一味地贪大、求洋。品牌管理咨询公司都有自己擅长的领域,应该根据自己品牌的发展阶段进行选择。另外,与品牌管理公司的配合首先应界定职责,明确工作流程,及时进行工作总结和效果评估,实现互补双赢,相得益彰。

参考文献

1. ［美］菲力普·科特勒：《市场营销学导论》，华夏出版社 2001 年版。

2. ［美］戴维·阿克著，吴进操、常小虹译：《管理品牌资产》，机械工业出版社 2013 年版。

3. ［美］戴维·阿克、乔吉姆塞勒著，耿帅译：《品牌领导》，机械工业出版社 2012 年版。

4. ［美］戴维·阿克著，李兆丰译：《创建强势品牌》，机械工业出版社 2013 年版。

5. ［美］凯文·莱恩·莱特著，卢宏泰、吴水龙译：《战略品牌管理》，中国人民大学出版社 2009 年版。

6. ［美］爱丽丝·M.泰伯特、蒂姆·卡尔金斯编，刘凤瑜译：《凯洛格品牌论》，人民邮电出版社 2006 年版。

7. ［美］艾·里斯、劳拉·里斯著，寿雯译：《品牌的起源》，山西出版集团·山西人民出版社 2010 年版。

8. ［美］艾·里斯、杰克·特劳特著，王恩冕、于少蔚译：《定位》，中国财政经济出版社 2002 年版。

9. ［美］马丁·林斯特龙著，赵萌萌译：《品牌洗脑》，中信出版社 2013 年版。

10. ［美］艾丽娜·惠勒、乔尔·卡茨著，刘月影译：《品牌地图》，上海人民美术出版社 2013 年版。

11. ［美］沃尔特·艾萨克森著，管延圻等译：《斯蒂夫·乔布斯传》，中信出版社 2011 年版。

12. 乔均：《品牌价值理论研究》，中国财政经济出版社 2007 年版。

13. 王海光：《旋转的历史》，上海人民出版社 1995 年版。

14. 胡晓云、李一峰:《品牌归于运动》,浙江大学出版社2003年版。

15. 谢长海:《企业宣传部门的公关职能》,《理论学习》1997年7月。

16. 斯坦·拉普编著:《社会化时代的直销营销》,企业管理出版社2014年版。

图书在版编目(CIP)数据

步步为赢:三步创建强势品牌/谢长海著.—上海:上海社会科学院出版社,2015

ISBN 978 - 7 - 5520 - 0835 - 7

Ⅰ.①步… Ⅱ.①谢… Ⅲ.①品牌-企业管理-研究 Ⅳ.①F273.2

中国版本图书馆 CIP 数据核字(2015)第 084627 号

步步为赢——三步创建强势品牌

著　　者:谢长海
责任编辑:王　勤
封面设计:黄婧昉
出版发行:上海社会科学院出版社
　　　　　上海淮海中路 622 弄 7 号　电话 63875741　邮编 200020
　　　　　http://www.sassp.org.cn　E-mail:sassp@sass.org.cn
照　　排:南京理工出版信息技术有限公司
印　　刷:上海信老印刷厂
开　　本:720×1020 毫米　1/16 开
印　　张:14.25
插　　页:1
字　　数:235 千字
版　　次:2015 年 5 月第 1 版　2015 年 5 月第 1 次印刷

ISBN 978 - 7 - 5520 - 0835 - 7/F·296　　　　定价:49.80 元